国家社科基金丛书
GUOJIA SHEKE JIJIN CONGSHU

# 华洋关系视野下近代民族保险业发展研究（1875—1937）

Studies on the Development of Modern National Insurance Industries from the Perspective of Sino Foreign Relations, 1875-1937

杨锦銮　著

人民出版社

责任编辑：王　淼
封面设计：石笑梦
版式设计：胡欣欣

**图书在版编目(CIP)数据**

华洋关系视野下近代民族保险业发展研究:1875—1937/杨锦銮 著. —北京:
人民出版社,2021.7
ISBN 978 - 7 - 01 - 023422 - 9

Ⅰ.①华…　Ⅱ.①杨…　Ⅲ.①保险业-经济史-研究-中国- 1875-1937
Ⅳ.①F842.9

中国版本图书馆 CIP 数据核字(2021)第 089566 号

**华洋关系视野下近代民族保险业发展研究(1875—1937)**
HUAYANG GUANXI SHIYE XIA JINDAI MINZU BAOXIANYE FAZHAN YANJIU(1875-1937)

杨锦銮　著

人民出版社 出版发行
(100706　北京市东城区隆福寺街 99 号)

环球东方(北京)印务有限公司印刷　新华书店经销

2021 年 7 月第 1 版　2021 年 7 月北京第 1 次印刷
开本:710 毫米×1000 毫米 1/16　印张:17.75
字数:241 千字

ISBN 978 - 7 - 01 - 023422 - 9　定价:58.00 元

邮购地址 100706　北京市东城区隆福寺街 99 号
人民东方图书销售中心　电话 (010)65250042　65289539

# 目　录

# 导　论

保险业在中国正式出现是在近代。作为近代经济领域中一种崭新的行业形态，它是伴随着近代中国经济、社会的转型而出现的，而这一新兴的行业形态及其蕴含的一系列知识观念又在一定程度上影响乃至形塑着近代中国经济、社会变迁的状貌。因此，保险业就不失为我们借以观察近代中国历史发展走向和社会复杂面相的重要切入点。考察保险业在近代中国从无到有、从小到大的发展历程，不仅是丰富中国保险史认识之必需，而且保险作为近代经济和社会变迁的见证，可以为我们观察和探究近代中国经济、社会提供一个新的视角。研究近代保险业的发展，有助于我们更好地认识近代中国经济的转型和社会的变迁，也可以为经济史或社会史研究创造更多的可能性。

本书拟对近代民族保险业发展作一系统探究。这一研究不仅可以历史地呈现近代民族保险业的发展概貌，而且有助于丰富和深化对近代保险史乃至金融史、经济史的认识和把握。

本书的研究意义更在于，通过对民族保险业作为近代民族企业的案例分析，来探讨近代民族企业在华洋交争的大格局下是如何起步、试图突围并逐步发展的。近代中国民族保险业的蹒跚步履正浓缩了民族企业在近代的艰辛发展历程。汪敬虞先生认为，中国近代经济史的中心线索是中国资本主义的发展与不发展:“近代中国资本主义有所发展,但又不能充分发展”①,近代“外国资本主义刺激了中国资本主义的产生,又压制了中国资本主义的发展”②。通过对近代民族保险业发展历程以及其中一系列重要问题的探讨,本书试图从一个具体的层面来验证汪敬虞先生关于中国近代资本主义经济“发展与不发展”的论断。

保险业在中国出现之后,其成长、发展经历了一个充满艰辛和曲折的过程。时至今日,保险已深入千家万户,成为人们日常生活的一部分。但是,从历史着眼,保险并非源自中国,而是西方资本主义社会的产物。源自西方的保险是如何传入中国的,又如何被中国社会所接受?这一问题值得我们深入研究。经过200多年的发展,保险业在国家经济生活中发挥着举足轻重的作用。当前,我国正处在由保险大国向保险强国转变的关键时期,但是伴随着保险业的快速发展,保险业自身也存在一些问题。现实是历史的延长线,历史可以为现实提供有价值的镜鉴,历史与现实原本就是一种相互缠绕、无法割裂的关系。研究近代民族保险业发展尤其是创立之初的一系列重要问题,可以为当下中国保险业的发展传播历史智慧,提供历史启示和借鉴。

从目前学术界研究的情况来看,对于这样一个跨学科的课题,包括史学界和经济学界(具体而言是保险学界)在内的学术界虽有一定的研究,但仍有若干问题需要进一步厘清。

## 一、学术史回顾

关于近代保险业的研究,其实早在民国时期就已开始。当然,那个时候研究的是“当代”意义上的保险。当时探讨保险问题的论著,又成为我们今天从事保险研究的史料依据。新中国成立以来,关于中国保险史的研究尚待进一

① 汪敬虞主编:《中国近代经济史(1895—1927)》上册,人民出版社2000年版,第75页。

② 汪敬虞:《中国资本主义的发展和不发展——中国近代经济史中心线索问题研究》,经济管理出版社2007年版,第47页。

步完善，保险史论著数量有限。

20 世纪 80 年代以来，随着中国保险业的重新建立和发展，对保险业的回溯探究也逐渐引起了人们的关注，学术界的相关研究正式起步。近四十年来，关于近代保险史的研究取得了一系列喜人的成果。

综观学术界的既有研究，主要表现在以下方面：

第一，在资料整理方面，值得一提的是出版了一种中国保险志书——上海社会科学院出版社 1989 年出版的《中国保险史志（1805—1949）》和一本保险资料汇编——上海人民出版社 1992 年出版的《中国保险法规暨章程大全（1865—1953）》。前者对近代中国保险史最基本的资料进行了较广泛的搜罗，后者则较全面地收集了近代中国的保险法规、章程，并按时间序列分类编排。上述两书的出版无疑为近代中国保险史的研究提供了不可多得的资料，也使得进一步的研究成为可能。但是，由于《中国保险史志（1805—1949）》一书是以志书形式来呈现的，受体例所限，内容搜罗还不是很全面，资料引用也不无疏漏，所以在利用时不可盲从，须谨慎核对原文献。此外，亦有一些资料散落在其他相关资料汇编如《天津商会档案汇编》《交通银行史料》《金城银行史料》《中国银行行史资料汇编》《中国近代航运史资料》等当中。这些资料的陆续整理出版，为近代保险史的研究提供了可能和便利。

第二，在保险史的研究方面，20 世纪 80 年代以来取得了较明显的成果，出现了两本具有奠基意义的通论性保险史著作。如，吴申元、郑韫瑜编著的《中国保险史话》（经济管理出版社 1993 年版）和中国保险学会、《中国保险史》编审委员会编的《中国保险史》（中国金融出版社 1998 年版）。前者虽说是史话，但对中国保险业发生、发展的基本进程作了初步勾勒；后者则在前者的基础上展现了我国保险业的发展状貌，其中近代中国保险业的发展构成该书的重要部分，该书的出版填补了系统的中国保险通史著作的空白。有了它们的开拓之功，接下来的进一步的深入研究就有了坚实的根基。

进入 21 世纪，有关保险史的研究又迎来了新的热潮，近代保险史研究又取得了许多新成果。检视近二十年的研究,可以看到近代保险史研究主要集中在保险史的宏观研究、保险思想和机构的研究、主要保险种类和有关保险立法的研究、保险史的区域研究、对民族保险业的研究以及保险业与近代社会转型问题的研究等方面。

### (一)保险史的宏观研究

从中国近代保险业的早期发端、发展历程研究来看,颜鹏飞等主编的《中国保险史志(1805—1949)》是第一部公开出版的保险史著述。在搜集整理大量保险史料的基础上,该书对1805—1949年中国保险业的发展作了奠基性的梳理。① 吴申元、郑韫瑜的《中国保险史话》主要对中国传统保险思想、保险组织概况、民族保险业的产生以及民国保险机构等进行了介绍。② 中国保险学会、《中国保险史》编审委员会编写的《中国保险史》则是国内第一本保险通史著作,该书前五章就中国保险的起源、民族保险业的产生和发展进行了详细的梳理,这对之后的保险史研究产生了重要影响。③

如果说这几本成书于20世纪八九十年代的著作还只是保险通史性著述的话,那么,赵兰亮的《近代上海保险市场研究(1843—1937)》则可以说是中国近代保险史研究的第一部学术专著。该书前四章主要依据外文资料论述近代上海外商保险业的投资经营状况,后五章论述了华商保险业发展中出现的一些值得关注的现象和问题,如"银保一体"、保险同业公会、保险行业监管以及保险法规等。④ 中国保险学会、《中国保险报》编著的《中国保险业二百年(1805—2005)》则通过收集各地的珍贵历史照片、实物照片和典藏文献,以图

---

① 参见颜鹏飞等主编:《中国保险史志(1805—1949)》,上海社会科学院出版社1989年版。

② 参见吴申元、郑韫瑜编著:《中国保险史话》,经济管理出版社1993年版。

③ 参见中国保险学会、《中国保险史》编审委员会编:《中国保险史》,中国金融出版社1998年版。

④ 参见赵兰亮:《近代上海保险市场研究(1843—1937)》,复旦大学出版社2003年版。

文并茂的方式追忆中国保险业从最初起步到不断发展的轨迹。① 2017 年,保险学界出版了修订的《保险史话》,该书对保险的起源、中国保险业的兴起与发展等进行了梳理。②

论文方面,谭文凤探讨了保险业在近代中国的产生原因、发展状况及特点作用,将保险招商局创办之前视为民族保险业试办、产生阶段,五四运动为初步发展阶段。③ 白京兰分析了民国时期中国保险业的发展及其特点,认为近代中国的政权和社会性质决定了保险业不能遵循经济规律独立发展,只能是国家政权的附属。④ 蔡云辉对近代中国保险业的发展特点和意义也进行了论析。⑤ 傅宏认为,近代中国的保险业发轫于洋务运动时期,但直到 1927 年才获得实质性发展。民国时期保险业经历了一个曲折而漫长的发展历程,但最后却落得衰败凋零的局面。⑥

池子华、董鹏选取 1927—1937 年中国保险业为考察对象,探讨其快速发展情况及其原因,认为这一时期投资环境的改善、银行业的发展、国人思想观念的转变、政府的扶持和保险业的联合经营等诸多因素共同促成了保险业的快速发展。⑦ 敖文蔚则认为,中国保险业在 1927—1937 年这十年里步履艰难的原因在于当时综合国力弱和现代文明程度低,加之政府的管制和保险业界自身水平有限。⑧ 柳治国就 19 世纪中国的外商保险业进行了专门论述,认为

---

① 参见中国保险学会、《中国保险报》编著:《中国保险业二百年(1805—2005)》,当代世界出版社 2005 年版。

② 参见姚庆海主编、童伟明副主编:《保险史话》(修订本),社会科学文献出版社 2017 年版。

③ 谭文凤:《中国近代保险业述略》,《历史档案》2001 年第 2 期。

④ 白京兰:《民国时期保险业发展特点浅析》,《中南民族大学学报(人文社会科学版)》2003 年第 S2 期。

⑤ 蔡云辉:《近代中国城市中的保险业》,《赣南师范学院学报》2003 年第 2 期。

⑥ 傅宏:《民国时期的人寿保险业简论》,《贵州教育学院学报(社会科学版)》2001 年第 5 期。

⑦ 池子华、董鹏:《南京国民政府时期保险业探析——以 1927—1937 年为中心》,《江苏社会科学》2008 年第 3 期。

⑧ 敖文蔚:《1927—1937 年中国保险业发展艰难之原因》,《民国档案》2000 年第 2 期。

外商保险业的涌入一定程度上促进了中国民族保险业的产生。①

## (二)保险思想和机构的研究

保险思想和机构的研究作为保险史研究的重要内容,近年出现了大量研究成果,成为保险史研究的一大热点。

### 1. 关于保险思想的研究

从保险思想的整体研究来看,麻光炳认为以储粮赈济为主要内容的传统保险不可能向近代保险转化。近代民族工商业的逐步发展和西方近代保险思想在中国的传播,为民族保险业的产生、发展奠定了基础。② 翟海涛、何英指出,晚清的一批有识之士如梁廷枏、魏源、洪仁玕、王韬、徐润、唐廷枢、陈炽、郑观应等开始将西方保险思想引进中国并试办民族保险,20 世纪初现代保险思想逐渐渗入国人的意识中。③ 张世红论述了徐润在经营航运业时,因遭遇外国保险公司的诸般刁难,遂决定将保险引入中国航运业。④ 陆文龙着重研究了晚清徐润的保险思想和实践,指出随着近代保险思想的传入,徐润由于自己的独特经历特别是在处理"福生轮事件"的经历中,逐渐形成了自己的保险思想,并将其付诸实践,从而创立了仁和水险公司。⑤ 耿敬对郑观应的保险思想进行了研究。⑥ 蔡晓荣认为,陈炽在其《续国富策》中分析了中国创办保险的必要性和意义,介绍了各类险种和保险原理,并且提出纠资集股办保险的主张。⑦

---

① 柳治国:《19 世纪中国的外商保险业》,《湖南经济管理干部学院学报》2005 年第 4 期。

② 麻光炳:《西方近代保险思想在中国的传播及中国民族保险业的兴起》,《贵州大学学报(社会科学版)》2000 年第 5 期。

③ 翟海涛、何英:《西方保险思想之"东渐"与中国民族保险业之创生》,《福建论坛(社科教育版)》2008 年第 12 期。

④ 张世红:《晚清买办与实业家徐润研究》,暨南大学博士学位论文,2005 年。

⑤ 陆文龙:《徐润近代社会保险思想及其实践研究》,《科技视界》2015 年第 1 期。

⑥ 耿敬:《试论郑观应的保险思想》,《中国保险管理干部学院学报》2003 年第 2 期。

⑦ 蔡晓荣:《陈炽的保险思想探略》,《江西社会科学》2001 年第 6 期。

牛林豪认为外商保险公司依靠政治特权攫取利润，严重破坏了中国的经济利益，从而唤起了民众的民族意识。民族保险业的兴起与保险立法的完善，彰显了民族本位观念和行为的理性化。① 乔亮梳理了中国近代有识之士的保险思想，分析了近代保险思想的产生与民族资本主义的发展、民族自强意识树立之间的关系。②

朱华雄、孔捷将民国保险思想划为初步发展时期（1912—1927 年）、快速发展时期（1927—1936 年）和衰退时期（1937—1949 年）三个阶段，其中人寿保险思想、保险立法思想、农业合作思想、社会保险思想、战时兵险思想等构成了民国保险思想的主体。③ 朱华雄、饶丹雪、刘念念等对民国人寿保险业发展轨迹作了历史梳理，着重介绍了保险学者在人寿保险的基本原理及运营等方面的研究，表明人寿保险思想经历了"舶来—发展—创新"这一过程，认为民国人寿保险思想兼具时代和民族特色。④ 唐金成对民国保险先驱胡咏骐与中国保险业早期发展作了初步探讨。⑤ 周文蕾对近代中国第一个保险学博士邓贤的人寿保险思想进行了专门研究。⑥

### 2. 关于保险机构的研究

随着近代保险思想的引入，一批保险机构相继设立。赵兰亮对作为中国保险业源头的保险招商局创立由来进行了阐述⑦，谈彦云、王美蓉介绍了保险

① 牛林豪：《试论近代中国民族保险业民族本位观念的确立》，《华北水利水电学院学报（社科版）》2004 年第 4 期。

② 乔亮：《近代中国保险思想的探究》，《石家庄经济学院学报》2007 年第 1 期。

③ 朱华雄、孔捷：《民国时期（1912—1949）保险思想研究——基于民族保险业的考察》，《经济学动态》2011 年第 11 期。

④ 朱华雄、饶丹雪、刘念念：《民国时期（1912—1949）人寿保险思想概述》，《经济学动态》2013 年第 5 期。

⑤ 唐金成：《中文保险条款的开拓者：胡咏骐》，《上海保险》2012 年第 4 期。

⑥ 周文蕾：《 近代中国第一个保险学博士：邓贤的人寿保险思想》，中南财经政法大学硕士学位论文，2018 年。

⑦ 赵兰亮：《中国保险业的源头：自轮船招商局到保险招商局》，《中国金融》2011 年第 8 期。

招商局的发展历程、运作模式,指出保险招商局在承保内容、本金数额及筹股方式上的独特之处。[①] 何英、翟海涛指出,华商"保险行"作为保险中介组织诞生于19世纪六七十年代外商纷纷在华设立保险公司的大背景下,其出现对于提高国民保险意识和保障民族保险业发展起到了积极作用。[②] 何英就近代中国保险中介人问题进行了专门探讨,认为最早的民族保险业就是从保险中介市场开始的。她还对民族保险中介制度中的供求关系作了分析,着重介绍了华商"保险行"作为保险代理人在近代中国的发展情况。[③]

对于民国时期首屈一指的民族寿险公司华安合群保寿公司,杜恂诚利用丰富的保险档案,系统考察了其能够脱颖而出成为行业佼佼者的原因,但是由于当时社会经济不稳定以及绝大多数人实际收入下降,华安合群保寿公司的经营终陷困境,直至名存实亡。华安合群保寿公司在民国的发展历程,反映出近代中国商业性社会保障的脆弱。[④] 陈铃、甘红星也梳理了华安合群保寿公司的发展,指出华安合群保寿公司是民国规模最大、业绩最好的华资寿险公司。[⑤] 裘争平从华安合群保寿公司的名人效应、爱国情怀和人才培养等经营策略方面,分析了其能成为行业标杆的原因。[⑥]

曹嘉涵指出,上海华商保险业在南京国民政府的支持下,于1933年创办华商联合保险公司,走上联合经营之路。然而,由于国民政府的态度转变,加之保险业界的无序竞争,华商联合保险公司不久便每况愈下,终在抗战全面爆

---

① 谈彦云、王美蓉:《保险招商局的创办及影响》,《新西部(理论版)》2012年第5期。

② 何英、翟海涛:《华商"保险行"在近代中国的兴起》,《安庆师范学院学报(社会科学版)》2003年第1期。

③ 何英:《中国早期保险中介人探析》,《历史档案》2008年第2期。

④ 杜恂诚:《近代中国的商业性社会保障——以华安合群保寿公司为中心的考察》,《历史研究》2004年第5期。

⑤ 陈铃、甘红星:《华安合群保险业务研究》,《通化师范学院学报》2011年第7期。

⑥ 裘争平:《近代中国规模最大的民族资本保险公司——华安合群保寿公司》,《上海博论文丛》2005年第4期。

发前夕被太平保险公司收购。① 何英对近代中国第一批保险股份公司的组织形式、特点及发展历程进行了初步探讨。② 何勇生梳理了近代中国保险业监管机构及监管立法的发展。③ 王澈指出19世纪初外商将保险业引入中国，便向沿海大城市渗透，对中国民族工商业实行高利盘剥。直至19世纪60年代民族保险业开始创立，外商对中国保险市场的垄断局面才逐渐被打破。在这一过程中，商会组织为保险业提供了必要的舆论和资金支持，发挥了一定的作用。④ 徐华就民国时期银行投资创办保险公司的动机进行分析，认为外商在中国创办保险公司对银行办保险具有示范作用。⑤ 吕光磊、徐华从银保合作的角度对近代银行投资创办的太平保险公司的经营状况进行了探讨，认为产权合作对银行和保险公司都具有重大意义。⑥ 康金莉、姚会元也指出，太平保险公司是一家由金城银行初创、多家银行合营的著名保险公司，较早实行银保混业经营。⑦ 曹嘉涵就1935年成立的"中央信托局保险部"在抗战前后的发展及后方保险业的整体状况进行了探讨，认为在当时内外环境下国营保险机构其实难以建立起来。⑧

随着保险业的发展，保险同业组织在民国时期相继建立起来，赵兰亮对上海保险同业公会的建立及其活动进行了研究。⑨ 王小晖则考察了民国时期汉

---

① 曹嘉涵:《华商联合保险公司述论(1933—1937)——兼评抗战之前的上海华商再保险业》,《兰州学刊》2011年第2期。

② 何英:《近代中国的第一批保险股份公司》,《生产力研究》2007年第12期。

③ 何勇生:《近现代中国保险业监管机构及监管法制的创立及演变》,《兰台世界》2010年第23期。

④ 王澈:《清代保险业与商会》,《历史教学》2003年第3期。

⑤ 徐华:《民国时期银行业投资创办保险公司的动机分析》,《内蒙古社会科学(汉文版)》2003年第5期。

⑥ 吕光磊、徐华:《银保合作:近代太平保险公司经营实效分析》,《上海经济研究》2004年第5期。

⑦ 康金莉、姚会元:《太平保险公司初期发展研究》,《衡水学院学报》2008年第2期。

⑧ 曹嘉涵:《中央信托局与国民政府筹组国营再保险机构述论》,《中国经济史研究》2011年第2期。

⑨ 参见赵兰亮:《近代上海保险市场研究(1843—1937)》,复旦大学出版社2003年版。

口华商保险同业公会的成立背景,在协调会员关系、厘定保险费率和维护会员利益等方面进行了探讨。①

对于英国海外火险委员会诸多久未厘清的问题,颜鹏飞在新近发掘的海外档案及其他有关资料的基础上进行了卓有建树的研究,尤其是对这一机构在近代保险史上的重要地位进行了专门阐述。② 陈蓉、颜鹏飞对英国海外火险委员会在华机构进行了进一步的考察,认为19世纪末至20世纪初,英国海外火险委员会陆续在上海、香港、天津、汉口等地设立分支机构,即四大洋商火险公会,并企图组建统一的洋商火险公会,从组织系统上完成了对旧中国保险市场的控制。这四大洋商火险公会是英国海外火险委员会在中国保险市场的机构延展,它们在制度设计、市场控制等方面都与英国海外火险委员会一脉相承。③

### (三)保险的险种和立法的研究

保险在近代中国出现后,其发展不断趋向完善。就险种而言,出现了海上保险、火灾保险、人寿保险等,战时还出现了特殊的险种——兵险。随着保险业的不断发展,规范保险业发展的法规也不断出台。

#### 1. 关于保险分门别类的研究

邓正兵、张珂将民国人寿保险业的发展历程进行了梳理,认为其发展明显受制于外商保险业,整体发展水平偏低,主要集中在沿海大城市。民国时期人寿保险业难以获得发展的原因,主要在于民众保险知识的缺乏、家族制度的阻碍、金融及保险技术的落后、外资保险公司的排挤以及通货膨胀的打击等。④

---

① 王小晖:《民国时期汉口华商保险同业公会初探》,《保险职业学院学报》2019年第2期。

② 颜鹏飞:《谁是中国近代保险的掌控者(上)》,《中国银行保险报》2017年6月23日;颜鹏飞:《谁是中国近代保险的掌控者(下)》,《中国银行保险报》2017年7月7日。

③ 陈蓉、颜鹏飞:《英国海外火险委员会及其在华机构研究》,《中国经济史研究》2019年第6期。

④ 邓正兵、张珂:《论民国时期的人寿保险业》,《人文论谭》2011年辑。

王庆德指出，民国时期中国举办邮政简易人寿保险主要是效仿日本的经验。1935 年 12 月 1 日，中国邮政简易人寿保险正式开办，但是由于战争频发、人口死亡率高以及通货膨胀，一直处于亏损之中。① 贾秀堂认为，简易人寿保险区别于普通保险的最大不同在于其服务对象为当时的普通民众。为了确保简易人寿保险的实施，1935 年 4 月正式颁行《简易人寿保险法》，之后上海、南京、汉口等地相继开办人寿保险业务。简易人寿保险的开办是国家利用政权集资建设的结果，它在一定程度上保障了普通民众的基本生活。②

对于清末民初广州出现的"火险联保"和民国时期闽粤一度盛行的"人寿小保险"，吴越和赵珂分别就其兴衰的历史过程进行了初步探析。③

除人寿保险之外，还涉及晚清时期的海上保险，以及抗战时期的兵险等。丁英顺对晚清海上保险业的发展背景、发展历程进行了梳理，认为海上保险业与海上航运业、海上商业活动是相辅相成的。④ 王珏麟对民国时期船舶保险的领航者陈干青进行了专门探讨。⑤ 刘风才在其硕士论文中提到在抗战期间国民政府举办的运输兵险和陆地兵险，在保障后方有关国计民生的存储物、生产工具及建筑物以及沿海工业的内迁和物资等方面发挥了重要作用。⑥

关于社会保险的研究，李琼考察了民国时期上海租界人力车夫互助险、简易人寿险、川北盐工保险等，认为民国时期社会保险的发展是当时社会经济的发展、国际劳工组织的推动、国外社会保险实践以及民族商业保险的推动等合力作用的结果。⑦ 李耀华认为儒家文化对中国社会保险产生了一定影响。作

① 王庆德：《民国年间中国邮政简易寿险述论》，《历史档案》2001 年第 1 期。

② 贾秀堂：《民国时期邮政简易人寿保险的开办》，《华东师范大学学报（哲学社会科学版）》2010 年第 4 期。

③ 吴越：《人寿小保险兴衰始末》，《上海保险》1997 年第 4 期；赵珂：《清末民初广州地区的火险联保》，《保险职业学院学报》2008 年第 2 期。

④ 丁英顺：《晚清海上保险业的发展及评价》，《保险职业学院学报》2010 年第 6 期。

⑤ 王珏麟：《陈干青：民国时期船舶保险领航者》，《中国银行保险报》2013 年 5 月 24 日。

⑥ 刘风才：《抗战时期我国兵险业研究》，四川大学硕士学位论文，2007 年。

⑦ 李琼：《民国时期社会保险初探》，《华中科技大学学报（社会科学版）》2006 年第 1 期。

为社会保险一种的近代职工强制储蓄,其所包含的积累方式、家庭分散风险模式就与儒家文化相对应。① 高超就世界失业保险制度和中国失业保险发展的历程分别进行了介绍。② 宋士云指出,中国共产党在领导工人阶级为争取社会保险进行的斗争中,提出了社会保险的立法要求,之后在根据地和解放区开展社会保险的实践,通过制定劳动保险法规政策,激发职工的工作热情,有力地推动了工人运动的发展,为新中国建立社会保险制度提供了历史经验。③

**2. 关于保险立法的研究**

岳宗福指出清末到北洋政府时期出现过三部以“保险”命名的专门法规,如《保险业章程草案》、《保险契约法草案》、《保险业法案》和多部含有保险条款的综合性法规。这些法规虽并未真正实施,但对民族保险业的发展还是起到了一定作用,也为之后政府订立保险法规提供了依据。④ 另外,岳宗福还就新中国成立前的几部社会保险法规进行了评述,如《劳动保险草案》《中华苏维埃共和国劳动法》《强制劳工保险法草案》《社会保险法原则》《东北公营企业战时暂行劳动保险条例》。⑤ 何英就中国早期五部带有保险内容的法律进行了分析。⑥

杨东霞介绍了中西方保险制度的起源、国外保险立法的经验,对近代保险立法的历程进行了梳理,并对保险合同法和简易人寿保险法中的原则、制度的移植进行了详尽的分析。从保险业法的移植历程可知,中国近代保险法从体例、内容上渐趋完备,反映了近代中国法律移植从简单模仿到理性甄选的

① 李耀华:《儒家文化与社会保险:以近代中国职工强制储蓄为例》,《财经研究》2013 年第 9 期。

② 高超:《民国时期城市失业保险制度研究》,《黑龙江史志》2015 年第 1 期。

③ 宋士云:《建国以前中国共产党的社会保险政策探析》,《河南师范大学学报(哲学社会科学版)》2003 年第 6 期。

④ 岳宗福:《试探晚清和北洋政府时期的保险立法》,《中国保险管理干部学院学报》2002 年第 6 期;岳宗福、张秀芹:《近代中国保险立法述论》,《山东工商学院学报》2007 年第 2 期。

⑤ 岳宗福:《新中国成立前社会保险立法评述》,《十堰职业技术学院学报》2010 年第 1 期。

⑥ 何英:《中国早期保险法律的创制与解析》,《改革与战略》2008 年第 8 期。

过程。[1]

殷唯青指出，近代中国保险立法虽制定了多种保险法规，如南京国民政府时期出台了《保险法》《保险业法》《简易人寿保险法》《保险业法施行法》等，但都未能得到真正实施。[2] 姚寒松对近现代中国各个时期政府颁布的保险法规进行了细致的梳理，时间横跨清末、北洋政府时期、国民政府时期，并对南京国民政府时期的立法特点、社会效应、历史意义以及局限性进行了探讨。[3] 王红曼把保险立法纳入金融立法的范畴，考察了北洋政府时期保险立法的发展，认为这一时期的保险立法已开始较多考虑中国保险市场的实际情况，在立法技术水平上较清末有了明显提高。[4]

吕伟俊、岳宗福指出，国民政府时期的社会保险立法是中国社会保障发展的重要一步，社会保险立法的公布对于促进社会保险制度化具有积极作用。[5] 李新军对南京国民政府时期的工伤保险立法、生育保险立法、养老保险立法、医疗保险立法进行了初步研究[6]，认为这些保险立法在实施过程中往往与现实存在较大差别。

### （四）保险业的区域发展研究

近年来，关于近代保险业研究存在着较明显的区域性，相关研究主要涉及

---

① 杨东霞：《中国近代保险立法移植研究》，中国政法大学博士学位论文，2003 年。

② 殷唯青：《南京国民政府时期（1927—1937）保险法立法浅析》，华东政法大学硕士学位论文，2009 年。

③ 姚寒松：《南京国民政府时期保险立法的历史考察》，河南大学硕士学位论文，2012 年。

④ 王红曼：《北洋政府时期的金融立法与金融发展》，《江淮论坛》2014 年第 6 期。

⑤ 吕伟俊、岳宗福：《国民政府社会保险立法述论》，《烟台大学学报（哲学社会科学版）》2005 年第 1 期。

⑥ 李新军：《论南京国民政府时期工伤保险立法（1927—1937 年）》，《河北经贸大学学报（综合版）》2011 年第 3 期；李新军：《论南京国民政府时期生育保险立法（1927—1937 年）》，《湖南工程学院学报（社会科学版）》2011 年第 2 期；李新军：《论南京国民政府时期养老保险立法（1927—1937 年）》，《皖西学院学报》2011 年第 3 期；李新军：《论南京国民政府时期医疗保险立法（1927—1937）》，《上饶师范学院学报》2011 年第 2 期。

上海、广东、福建、江苏等沿海地区(尤其是口岸城市),以及内陆地区城市和战时大后方,研究的区域呈现不断扩大的态势。

**1. 关于东部沿海或口岸城市保险业的研究**

上海作为近代保险业的中心,无疑是近代保险史研究的热点区域。孙建国对近代上海信用保险事业的发展历程作了介绍,并对1930年1月陈光甫、潘学安、庄得之、伍克家等在上海创办的中国第一信用股份公司的经营状况进行了探讨,认为近代信用保险业之所以发展缓慢,原因在于银行业制度存在漏洞、东西方信用保险有别以及国人的参保积极性不高等。① 曹嘉涵指出,20世纪20年代末在南京国民政府的支持下,上海华商保险业开始探索联合保险之路,并且获得公有财产的承保权,同时于1933年成立了近代首家专业再保险公司。然而,随着抗战的全面爆发,南京国民政府对华商保险业的态度发生转变,"中央信托局"介入上海保险市场并且官营保险开始垄断公有财产的保险业务,华商保险业就此走向衰败。② 吴艳对1927—1937年上海华商保险业的发展历程进行了论述,同时结合当时的社会经济环境,分析了其快速发展的主客观原因,如外资的注入、银行业和实业部门的发展、保险法规的完善和社会各界的支持。③ 李丹青则对民国时期保险刊物在上海的发展进行了专门研究,阐述了保险业与从业者、社会环境及民众之间的关系。④

方忠英将近现代广州的外资保险业的发展分为两个阶段:19世纪初至50年代为外资保险业的初创和发展阶段,19世纪60年代至20世纪30年代抗战爆发前是外资保险业扩张阶段,并对其影响进行了分析。⑤ 周国平专门对

① 孙建国:《近代上海信用保险事业发展述评》,《上海保险》2005年第11期。

② 曹嘉涵:《抗战前上海华商再保险业发展状况探析——兼论华商保险业与国民政府的关系》,《江海学刊》2011年第2期。

③ 吴艳:《1927—1937上海地区华商保险业发展概述》,东华大学硕士学位论文,2011年。

④ 李丹青:《20世纪30—40年代保险业期刊视野下的上海保险业》,上海师范大学硕士学位论文,2014年。

⑤ 方忠英:《近现代广州的外资保险业(上)》,《广东史志》1999年第3期。

1928—1936 年广东保险立法的成因及内容作了探究。[①] 郭佳佳从中外关系的视角考察了保险事业在近代广东的发展，[②]同时指出，民国广东保险业虽得到一定发展，但存在不少隐忧，在颁布地方性法规时，就曾与外商保险业发生利益冲突。1928 年，广东在颁布规范保险行业发展的《广东省整理保险事业暂行条例》时，就伴随着与列强之间的激烈斗争。

赵珂对近代福州小保险的兴起及其原因作了探讨，认为福州小保险具有额度小、办理简便、费率灵活等特点，在一定程度上抵制了外商保险业的控制。[③] 王小晖对民国时期汉口保险业的发展进行了专门而系统的研究，从民国时期汉口的保险教育、保险同业公会、保险法规、保险行业规章及费率等方面展开论述，并对汉口四明保险公司和上海美商美亚保险公司汉口分公司进行了具体研究。[④] 黄鹏从数量、资金规模、开展业务及性质等方面探讨了清末民初江苏自开商埠保险业的发展状况，同时指出江苏地区因为有识之士的倡导，加上自身优越的经济发展环境，自开商埠保险业得到初步发展，但仍分布不平衡，发展不稳定。[⑤]

**2. 关于内陆城市特别是抗战大后方保险业的研究**

随着研究的不断推进，近些年来对内陆地区保险史的研究也开始受到关注。尹英杰指出，近代随着中东铁路的修筑和开埠通商，哈尔滨很快成为保险业比较发达的城市之一。哈尔滨的保险业以财产险为主，其中火险占主要部分，寿险的份额较小。哈尔滨还成立了保险同业公会，以防止同行业的无序竞争。[⑥] 郭岚指出，中东铁路的开通使得哈尔滨的人口增加，与内地的经济联系

---

① 周国平：《1928—1936 年广东省金融立法述论》，暨南大学硕士学位论文，2002 年。

② 郭佳佳：《近代中外关系背景下保险制度在广东的发展》，暨南大学硕士学位论文，2015 年。

③ 赵珂：《近代福州小保险业的兴起及其原因》，《株洲师范高等专科学校学报》2007 年第 4 期。

④ 王小晖：《民国时期汉口保险业研究（1912—1949）》，武汉大学博士学位论文，2017 年。

⑤ 黄鹏：《清末民初江苏自开商埠保险业探析》，《保险职业学院学报》2011 年第 4 期。

⑥ 尹英杰：《从保险学的角度探析近代哈尔滨保险业特点（1900—1931 年）》，《北方文物》2014 年第 1 期。

日益密切,从而使哈尔滨的寿险和运输险迅速发展起来。[①] 尹英杰还指出,在哈尔滨的保险市场中,外商保险机构、外埠华商保险机构、本埠保险机构三者之间存在着激烈的竞争,但外商保险机构占据绝对优势,所以殖民性是哈尔滨保险业的一大特点。[②] 张敏、何川对民国时期外商保险机构在抚顺经营保险业务的情况展开论述,从一个侧面反映了当时帝国主义对中国的经济侵略。[③]

刘志英对抗战时期大后方的保险业作了探讨,她认为,抗战时期大后方的保险业务分为人身保险与产物保险两类,产物保险较之于人身保险在业务量和种类方面都明显占优。由国民政府主办的兵险体现了其确保战时物资运输、减少战争损失的宗旨,是国民政府在产物保险方面的一大创举。[④] 袁媛则着重对作为抗战大后方保险业中心的重庆的保险业进行探讨,分析了抗战时期影响重庆保险业发展的主要因素,阐述了抗战时期重庆保险业发展状况,指出官办保险公司在大后方占据主要地位,但同时也存在一些由金融或工商人士创办的保险机构。抗战时期重庆保险业主要有满足抗战需求、政府主导、短期发展的特点。随着战争的结束,战时重庆保险业亦逐渐消解。[⑤] 屈利伟对抗战时期重庆保险业进行了研究,认为国营与民营保险公司的共同发展,造就了战时重庆保险业的繁荣。但由于保险市场秩序不规范、保险行业自身发展的痼疾、政府监管不到位等一系列问题,发展的同时亦存在许多消极因素。[⑥] 吴静对抗战时期四川人寿保险业的发展进行了系统考察,认为抗战时期的社会动荡、民众流离失所,中国传统文化的影响,寿险本身带有强制性的特点,政府对寿险实行垄断性经营,国民政府的行政制约等,导致人寿保险难以获得充

① 郭岚:《中东铁路对哈尔滨保险业的影响(1900—1931 年)》,《企业技术开发》2014 年第 9 期。

② 尹英杰:《近代哈尔滨保险业探究(1900—1931 年)》,《学理论》2014 年第 3 期。

③ 张敏、何川:《民国抚顺地区的外商保险机构记述》,《兰台世界》2015 年第 13 期。

④ 刘志英:《抗战时期大后方的保险业述论》,《西南大学学报(社会科学版)》2013 年第 6 期。

⑤ 袁媛:《抗战时期重庆保险业述论》,西南政法大学硕士学位论文,2011 年。

⑥ 屈利伟:《抗战时期重庆保险业研究(1937—1945)》,西南大学硕士学位论文,2012 年。

分发展。[①] 李琼对20世纪40年代川北盐场盐工保险的出现原因、实施概况以及特点作了介绍，同时指出川北盐工保险是民国时期社会保险的萌芽，在民国社会保障制度的现代化转型中具有重要意义。[②] 石丽敏也对四川盐载保险进行了专门研究。[③]

吴念谊对民国时期云南保险业的发展情况进行了专门研究。[④] 赵珂就民国时期江西临川的耕牛保险业进行了探讨。耕牛保险主要是为了应对耕牛意外死亡和减轻损失的一种地方性保险。耕牛保险主要通过耕牛保险社来组织和管理。耕牛保险促进了当地的耕牛养殖，也在一定程度上加速了农村保险业的发展。[⑤]

王珏麟还对民国时期著名的地方商帮宁波帮与中国近代保险发展进行了专门而系统的研究。[⑥] 台湾地区2017年出版的《从代理人到保险公司：台湾商人的产物保险经营（1862—1947）》，对台湾地区近代保险业发展的历史脉络进行了系统梳理和研究，是第一本关于台湾地区近代保险发展研究的著作。[⑦]

### （五）关于民族保险业的研究

保险对中国来说是舶来品。在近代，保险是随着列强入侵产生、发展起来的，而后才有国人自办保险。所以，关于近代民族保险业的发展，许多学者进行了大量研究。相关成果主要围绕洋务运动与民族保险业产生的关系、民族

① 吴静：《抗战时期四川人寿保险业研究》，《前沿》2011年第6期。

② 李琼：《20世纪40年代川北盐场盐工保险述论》，《民国档案》2006年第4期。

③ 石丽敏：《四川盐载保险研究》，四川大学硕士学位论文，2003年。

④ 吴念谊：《民国时期云南保险业研究（1913—1949）》，云南大学硕士学位论文，2017年。

⑤ 赵珂：《民国时期江西临川的耕牛保险》，《石家庄铁道学院学报（社会科学版）》2007年第2期。

⑥ 参见王珏麟：《宁波帮与中国近代保险史略》，浙江大学出版社2018年版。

⑦ 参见连克：《从代理人到保险公司：台湾商人的产物保险经营（1862—1947）》，（台湾）政大出版社2017年版。

保险业发展历程以及其他关乎民族保险业发展的一系列重要问题而展开。

**1. 洋务运动与民族保险业关系的研究**

乔勇认为洋务运动对民族保险业的需求,为民族保险业的产生提供了物质基础和历史机遇;而民族保险业的兴起对洋务运动也给予了支持和推动。① 罗艳也从洋务运动对民族保险业的需求、民族保险业作为洋务运动的成果之一、民族保险业对洋务运动给予支持等方面阐述了两者的关系。② 孙建华则对洋务运动期间外商保险业快速发展的原因进行了探讨,认为保险市场的扩大、外商保险的险种多元、"银保合作"的推进、民国政府的政策支持、外商保险公司扩张战略的成功实施、外商保险公司的承保资金和能力提高等促使其快速发展。③

关于买办与近代民族保险业的关系,乔小平对买办投资和经营民族保险业进行了分析,认为作为介于近代中西贸易间的新型商人,买办的投机性、民族性和保险业的高利润促使其参与民族保险的创办与经营。买办创办的保险业对民族工商业的发展具有促进作用,而买办自身的局限性对其创办民族保险业亦产生消极影响。④ 罗艳指出,买办最初以附股外商保险公司的形式接触到保险新领域,买办的特殊身份和经历使其在晚清民族保险业的发展中占据了重要地位。⑤

**2. 民族保险业发展历程的研究**

颜鹏飞早在20世纪80年代就对我国古代原始保险概念及制度进行了追

---

① 乔勇:《论洋务运动与民族保险业的关系》,《保险职业学院学报》2007年第4期。

② 罗艳:《试论洋务运动与近代民族保险业的兴起》,《天府新论》2005年第6期。

③ 孙建华:《洋务运动时期外商保险业的快速发展及其原因剖析》,《学理论》2011年第11期。

④ 乔小平:《试析近代买办对民族保险业的投资和经营》,《洛阳师范学院学报》2003年第4期。

⑤ 罗艳:《近代买办与晚清民族保险业》,《河北大学学报(哲学社会科学版)》2005年第1期。

溯，把近代中国民族保险业的发展划为酝酿、产生和初步自立三大阶段。① 罗艳对近代西方保险理念的传入与中国民族保险业的产生进行了探析，指出买办对近代中国民族保险业的产生起到了重要作用，认为外商对民族保险业的发展起到的促进作用其实是侵略的结果，民族保险业始终受到外商保险业的压制和侵害。② 何英、翟海涛主要对保险招商局创立的背景和经过进行了探索，认为民族保险业是在外商保险业的示范和高利润回报的刺激下产生的。保险招商局是在吸收近代西方保险理念的同时，结合自身实际而创办的保险机构。③

鑫燃对1840—1937年中国民族保险业的发展历程进行了梳理，认为中国民族保险业具有非经济性和外生性、民族保险的分布具有区域性与不平衡性、民族保险的发展过程具有渐进性和受制性、民族保险理念的形成具有特殊性、民族保险市场具有开放性和保护性等特点。④ 李杰把近代中国的民族保险业发展分为四个阶段并分别进行了论述，值得注意的是他将第一次世界大战期间的民族保险业确定为第一阶段，这与既有的研究有所不同。⑤ 何英对19世纪中国民族保险业的产生和初步发展作了探讨。⑥ 杨海辉在其硕士论文中对新中国成立前民族保险业的发展历程和特点作了阐述，认为外商保险业对民族保险业的长期压制和当时民众保险知识的匮乏是造成民族保险业发展艰难的原因。⑦ 王晚英对北洋政府时期的民族保险业进行了专门研究，分析了北洋政府时期民族保险业发展的主要原因在于民族资本主义的进一步发展、反

① 颜鹏飞：《我国民族保险业溯源》，《江汉论坛》1987年第3期。

② 罗艳：《近代保险的传入和中国民族保险业的产生》，《清史研究》2005年第4期。

③ 何英、翟海涛：《中国民族保险业的发轫——试析保险招商局的创立背景及经过》，《山东省农业管理干部学院学报》2003年第1期。

④ 鑫燃：《1840年—1937年中国民族保险业发展初探》，《中国保险管理干部学院学报》2000年第6期。

⑤ 李杰：《近代民族保险业的发展阶段》，《黑龙江史志》2008年第21期。

⑥ 何英：《十九世纪中国保险业的初步研究》，苏州大学硕士学位论文，2003年。

⑦ 杨海辉：《我国历史上民族保险业发展历程探析》，吉林大学硕士学位论文，2006年。

帝爱国运动的兴起、社会保险风气渐开以及各保险公司的锐意进取等。①

### 3. 对近代民族保险业发展一系列具体问题的探讨

马翠兰为探讨近代中国民族保险业发展的特色,选取 1927—1937 年的上海民族保险业为考察对象,指出近代中国民族保险业呈现出鲜明的民族主义和爱国主义色彩。② 其在硕士学位论文中,探讨了近代民族保险业发展中的政府行为,如政府为民族保险业提供了良好的社会环境、在思想舆论上给予引导、为民族保险业提供了法律保障、政府投资并引导民族保险业的发展、对外商保险业采取某种程度的限制,以保护民族保险业等表现;但由于国民政府实行节制资本的措施,民族保险业在发展过程中仍受到政府方面的限制。③ 王洪涛对近代华商保险业的发展历程进行了较为细致的梳理,同时指出买办、华资银行、政府三股力量对华商保险业的发展产生了重要影响,但受制于当时的条件,华商保险业的发展总体呈现迟滞状态。④

罗之仁在其博士学位论文中对近代民族保险教育进行了探讨,认为民族保险教育就是通过多样化手段,使保险从业人员在知识、能力、品德等方面获得提升。他还对近代民族保险教育的沿革发展做了梳理,指出民族保险教育具有跨文化性、多学科性、实践性的显著特征。另外,他还对民国时期中国保险学术团体的创立及其教育活动做了介绍。⑤

## (六)多重关系视野中的保险史研究

近年的研究除了关注保险业本身的诸多问题之外,也越来越注重将保险

---

① 王晚英:《北洋政府时期的民族保险业》,苏州大学硕士学位论文,2004 年。

② 马翠兰:《论近代民族保险业的发展特色——以 1927—1937 年上海民族保险业为考察对象》,《上海保险》2008 年第 3 期。

③ 马翠兰:《论民族保险业发展中的政府行为——以 1927—1937 年上海民族保险业为考察对象》,华中师范大学硕士学位论文,2003 年。

④ 王洪涛:《成长与迟滞:近代中国华商保险业发展历程的历史考察(1865—1945)》,厦门大学硕士学位论文,2006 年。

⑤ 罗之仁:《我国民族保险教育研究》,中央民族大学博士学位论文,2006 年。

置于近代社会经济发展的多元关系中加以考察，比如，研究中外关系中的保险、保险与银行的关系、保险与政府以及保险与近代社会转型的关系等。

**1. 关于近代中英保险关系史的研究**

颜鹏飞、邵秋芬就近代中英保险关系史做了梳理，认为19世纪下半叶保险业开始独立化、外商保险业完成了对中国保险市场的控制、外商保险业的激烈竞争、上海成为当时保险业的中心等因素共同构成了上海火险公会成立的背景，而英国海外火险委员会在其建立过程中起到了重要作用。① 对于近代在华洋商保险业的发展，丁霞分三个阶段进行了勾勒，同时认为英国海外火险委员会在近代中国保险市场中的地位举足轻重。②

**2. 对于近代保险与银行关系的研究**

多位学者注意到近代保险发展中的银保关系问题并进行了积极探讨。罗艳指出近代中国"银险一体化"有两种形式：一是银行直接投资保险业，二是银行代理保险业务；而银行热衷于投资民族寿险业主要是由于华商保险业需要外资注入，银行剩余资金寻求出路，投资保险业的利润丰厚；而"银险一体化"使华商保险业获得快速发展的契机，能一定程度节约成本、扩大市场、增强竞争力。③ 徐华就20世纪二十至四十年代中国银行业接触保险的途径、合作方式展开研究，在此基础上对近代银保关系进行了利弊分析。④ 赵兰亮对银行保险在近代中国的发展历程进行了系统论述，并对其竞争优势和影响进行了论析。⑤

---

① 颜鹏飞、邵秋芬：《中英近代保险关系史研究——中国首家外商保险同业公会（FIAS）和伦敦海外火险委员会（FOCF）考证》，《经济评论》2000年第2期。

② 丁霞：《中国近代保险史研究的两个难题》，《保险研究》2015年第11期。

③ 罗艳：《近代中国的"银险一体化"与华商保险业》，《江南社会学院学报》2006年第1期。

④ 徐华：《20世纪20至40年代银保关系》，《史林》2004年第5期。

⑤ 赵兰亮：《银行保险在近代中国的发展历程（上）》，《上海保险》2018年第5期；赵兰亮：《银行保险在近代中国的发展历程（下）》，《上海保险》2018年第6期。

### 3. 对保险与政府、保险与近代社会转型的关系的研究

一些研究着眼于保险与政府关系的探讨,或者放眼近代社会转型等更广泛的领域,研究保险与近代社会转型的关系。

保险本身具有不同于其他行业的特殊性,它所销售的产品是保险契约,是一种无形商品,它所能提供的是对被保险人或受益人未来生产、生活的保障,这就使得人们对保险的需求往往比较消极。这种行业的特殊性决定了通过宣导、教育提高民众的保险认知对于保险业发展具有非同寻常的意义。所以,在近代,新兴的保险业的发展尤其倚赖于民众和社会观念的改变,倚赖于民众对保险的接纳和认同,归根到底有赖于整个社会教育、科学乃至文明的发展。

随着相关研究的扩展,一些跨学科的研究开始出现,如陆春晖在他的学位论文中对晚清保险广告进行了研究,认为晚清保险广告具有鲜明的时代色彩,反映了晚清保险业的发展脉络以及社会历史变迁的过程。其论文介绍了晚清保险业的概况,着重分析了保险广告的内容和形态,并就保险广告所宣传的保险知识、观念对国人和民族保险业所产生的影响进行了探讨。① 马学斌对民国时期保险企业报刊进行了系统梳理,认为这些报刊不仅促进了保险企业的经营,对在社会上传播保险知识、推动保险事业的发展也发挥了积极作用。②卢勇关注到民国时期广西水利与保险的关系问题,并从水利技术的引进、水利经营管理的转变、水利科技人才的培养等方面,系统论述了民国广西水利保险的近代化趋向。③

## (七)不足与展望

综上所述,可以看到,20 世纪 80 年代以来尤其是进入 21 世纪的最近 20

---

① 陆春晖:《晚清保险广告研究——以 1872—1911 年<申报>保险广告为考察中心》,福建师范大学硕士学位论文,2008 年。

② 马学斌:《民国时期的保险企业报刊》,《上海保险》2016 年第 1 期。

③ 卢勇:《民国时期广西水利在边疆社会稳定与发展中的作用——中国特色"保险"事业的历史解读》,广西师范大学硕士学位论文,2007 年;张恒俊、卢勇:《一种特殊"保险"事业的历史解读——以民国时期的广西水利事业为视角》,《社会科学家》2008 年第 5 期。

年里,中国保险史的研究取得了长足的进展,无论是对于基本性问题的探讨,如对近代中国“保险”一词的考释①,还是对关于中国近代保险业发展的重大问题的研究,如第一家民族保险公司的考证②,以及对保险业发展中一些具体问题的论析等,都取得了不俗的研究成果,这就为后来保险史研究的进一步推进打下了坚实的基础。

但通过上述回顾也不难发现,近代保险史研究尚存在一些有待解决的问题。归纳起来,大概体现在如下方面:

一是研究专著偏少,史料搜集力度尚待完善。关于保险史的专门性论著,大都出现在 20 世纪 90 年代,且以对保险发展历史的梳理为主,研究的深度和广度都明显不够。目前研究论著虽然数量不少,但有创见、高水平的成果并不多见,研究重复现象还比较严重。在保险资料的整理和出版方面,实质进展欠缺,这对近代保险史研究的推进显然不利。

二是研究的偏向性明显。从研究对象来看,关于“民族保险业”的研究在研究规模和深度上都较外洋保险业更加完善;从研究的区域来看,近代中国保险业研究大都集中于口岸城市,如上海、广州、汉口、天津、福州等地。抗战爆发后,作为大后方的重庆成为保险业的中心,研究成果也相对较多,但其他地方的研究则鲜有人问津。保险史研究中的这种偏向性势必会制约研究的全面发展。

三是研究方法相对单一。目前的研究在方法上,还是以单纯的历史实证为主,跨学科的研究成果较少。毕竟保险史是一个专业性较强的跨学科领域,研究者如果不具备一定的保险学、经济学知识,对保险史许多问题的探讨难免流于浅表,或者有失偏颇。

时至今日,保险史研究已经算不上新兴领域。但展望未来,保险史的研究仍有可期。未来研究的突破势必是在保险资料(尤其是外文资料)的搜集整

① 黄兴涛:《谈“保险”——近代中国新名词源流漫考》,《文史知识》2000 年第 4 期。
② 何英、翟海涛:《关于我国第一家民族保险公司的查证》,《历史档案》2005 年第 3 期。

理上取得实质进展。在此基础上,对更多的保险企业机构展开具体的个案研究,对保险业发展中的具体事件进行微观研究;华洋关系问题作为贯穿近代中国保险史的一个中心问题,许多有关近代保险史的具体问题探讨都有赖于在它的解释框架下得以展开;保险业与近代社会转型的研究也还有不少可以继续挖掘的领域。

针对这一研究现状,本书最终把研究主题确定为对近代民族保险业发展的探讨。本书围绕民族保险业在近代的兴起、发展和关乎近代民族保险业发展的一系列重要问题,如:民族性问题、保险业与政府的关系问题、国民认知和保险教育问题、相互保险问题等几个方面构建全书的框架结构,详人所略、略人所详,逐一论述。

本书力争从以下方面进行创新的尝试,或者说将以下几方面作为本书努力的方向,以突出本研究与已有研究的不同:

第一,以民族保险业作为研究的主体,将民族保险业置于近代华洋交争的格局中,系统地梳理近代民族保险业的发展脉络,并深入探讨一些事关民族保险业发展的重大问题。据笔者所见,既有研究还较少从这样一个角度来对近代民族保险业作专门、系统研究的。

第二,从社会经济史的视角研究保险,把保险业的发展放到近代中国社会经济变迁、转型的大的社会历史环境中加以考察,试图揭示保险业发展与近代中国经济转型、社会变迁的互动关系。因此,本书不是专注于近代保险业行业内部发展的纯粹的保险发展史的研究,而是更偏重于近代民族保险业发展与行业外部环境的关系的历史考察。

第三,在关注的地域上,除了重点关注保险业的中心——上海外,也关注广州、福州等近代保险业发展的次中心地区,视野略宽。以往的研究关注上海较多,对同样在近代保险业发展中占有重要地位的广州等城市的关注非常不够。本研究利用占有广州保险档案和其他相关资料的地利之便,在继续关注上海的同时,对近代广州保险业发展状况也给予了充分的关注。所以,近代广州颇具特色的“人寿小保险”和“火险联保”等已有研究比较薄弱的方面，在本书中会有比较系统的探析。

第四，在资料的挖掘上，对民国保险档案、经济类期刊（尤其是保险期刊）进行充分挖掘并广泛利用，加上若干民间文献资料，资料会更丰富，总体来看研究会更扎实。

另外，在研究方法上，本书在传统历史学的实证研究方法的基础上，借鉴和运用与本书内容相关的经济学（尤其是保险学）的理论和方法，从而使某些论析更具解释力和说服力。

## 二、主要资料

历史研究离不开史料，史料是历史研究的必要前提和基础。近代中国保险史研究有关的史料还算比较丰富，尤其是20世纪20年代之后的资料。保险档案资料是本书的主要史料来源。作为近代中国保险业中心的上海，保险业的发展相对突出，保存下来的资料也较为丰富。上海市档案馆就藏有大量的保险公司、保险同业公会的档案。其他近代经济比较发达的城市，如香港、广州、南京、福州、天津、武汉等地的档案馆亦保存着相应的保险档案。笔者对上海市档案馆、广东省档案馆、广州市档案馆、中国第二历史档案馆等馆藏未刊保险档案尽力搜罗并细加利用。多种已刊档案汇编以及其他资料汇编中可资利用的保险资料亦是本书依据的资料，如颜鹏飞等主编的《中国保险史志（1805—1949）》（上海社科学院出版社1989年版），周华孚、颜鹏飞主编的《中国保险法规暨章程大全（1865—1953）》，中国第二历史档案馆编《中华民国史档案资料汇编》第五辑财政经济部分（江苏古籍出版社1997年版），财政部财政科学研究所、中国第二历史档案馆编《国民政府财政金融税收档案史料（1927—1937年）》（中国财政经济出版社1997年版），季啸风、沈友益主编《中华民国史史料外编——前日本末次研究所情报资料》（广西师范大学出版社1996年版），《全国工商会议汇编》（1931年），《上海解放前后物价资料汇编(1921—1957)》(上海人民出版社1958年版),严中平等编《中国近代经济史统计资料选辑》(科学出版社1955年版),聂宝璋等编《中国近代航运史资料》(上海人民出版社1983年版)以及章开沅等主编《苏州商会档案丛编》(华中师范大学出版社2012年版),天津市档案馆等编《天津商会档案汇编(1903—1911)》(天津人民出版社1989年版)等。

近代报刊亦是本研究另一重要史料来源。主要的报纸有《时事新报》《上海新报》《申报》《广州民国日报》《大公报》等数种不同时期的综合性报纸,这些报纸中有零散的关于保险的报道。

期刊则主要是民国时期的保险刊物,如《保险界》《寿险季刊》《寿险界》《保险季刊》《人寿》《保险月刊》《简易人寿》《保联月刊》《华安杂志》等10余种,还有其他的金融乃至经济期刊,如《银行周报》《钱业月报》《金融月刊》《金融导报》《金融知识》《工商半月刊》《财经评论》《信托季刊》《中行月刊》《商业杂志》《实业部月刊》《经济汇报》《经济半月刊》等十数种,这些经济期刊中也有不少文章在探讨保险问题。

民国保险年鉴及其他经济年鉴是本书的又一重要资料来源。1935年至1938年连续四年出版的《保险年鉴》(1935年为《保险年鉴》,之后均为《中国保险年鉴》),对本书而言,无疑是非常重要的资料。另外,民国时期出版的《中国经济年鉴》《全国银行年鉴》《中国金融年鉴》《申报年鉴》等其他经济年鉴资料都是本书研究不可多得的资料。

此外,前人的相关研究中未加注意和利用的某些私人日记和地方文献,如:同治、光绪年间广东知县杜凤治的日记——《望凫行馆宦粤日记》①中关于晚清时期广东民间普遍存在的"长生会"相关事宜的记载,以及广州大元帅府纪念馆所藏1926年广东香山《西区安澜街长生社会簿》照片原件等资料,丰富了本书的资料来源。还有新中国成立后各地出版的文史资料及其他当事人

① 参见广东省中山图书馆、中山大学图书馆编:《清代稿钞本》第13册,广东人民出版社2007年版。

的回忆资料可作为本书研究的补充和资料佐证。

清人有关著述、民国保险著作以及相关的经济著作以及某些地方志(其中的金融志、保险志等内容)也成为本书借以征引的资料。

总之,从资料来看,相信关于中国近代保险史的研究还可进一步拓展。本书研究资料的详细目录见文末所列参考文献,在此不一一赘述。

## 三、概念界定和研究时段说明

### (一)概念的界定

#### 1. 关于“保险”

保险是一种分担风险和分摊意外损失的方法。根据保险目的及其职能、作用的不同,保险通常可分为社会保险与普通保险(即商业保险)。普通保险的保险费完全由投保者承担,保险人经营保险的目的在于盈利;社会保险则是国家为了保障社会成员生活福利而提供的各种物质帮助措施,不以盈利为目的,多由国家的专门机构进行管理。①

广义的保险包括社会保险和普通保险,狭义的保险则单指普通保险。本书所研究的“保险”,仅就狭义的普通保险,也即商业保险而言。

保险有不同的分类,最常见的是根据保险对象的不同而作的分类,这样保险可分为财产保险、人身保险和责任保险等。根据业务承保方式的不同,保险则可分为原保险、再保险、重复保险和共同保险。而保险的险种是在保险对象分类基础上对保险业务的进一步分类。②

#### 2. 关于“民族保险业”

本书所言的“民族保险业”是与外商保险业相对的一个概念,包括国营、私营等由国人创办的保险公司。为了叙述之便,书中有时亦会表述为“华商

---

① 参见许谨良主编:《保险学原理》,上海财经大学出版社 2005 年版,第 68—69 页。
② 参见许谨良主编:《保险学原理》,上海财经大学出版社 2005 年版,第 72—74 页。

保险业""华资保险业"。

本书考察的主要是民族保险业的历史发展,对外资保险业则不作专门讨论,但由于近代民族保险业的发展一直伴随着与外资保险业的竞争(当然某些时候也不乏合作,民族保险业与外资保险业在近代中国是一种明显的共生关系),与外资保险业有着牵扯不断的关系,为了尽可能地还原近代民族保险业的发展状貌,必要时亦会对外资保险业有所涉及,但本书研究的主体是民族保险业。

**3. 关于"华洋交争"**

本书将民族保险业置于"华洋交争"的大格局中,系统地考察其发展历史以及关乎其发展的一系列重大问题。

所谓"华洋交争",是指近代民族保险业发展所处的华洋相互竞争的格局,这是近代民族保险业产生和发展所处的基本环境和面对的现实条件,这一环境和条件一直伴随着民族保险业在近代的发展始终。因此,笔者以为,在考察近代民族保险业发展时,就不应脱离或忽视这一基本格局的存在。

### (二)关于研究时段的说明

本书以保险招商局诞生的1875年至抗战全面爆发之1937年为研究时域。七七事变后,抗日战争全面爆发,中国保险业的发展也因此进入了一个非常态的发展轨道,而且有了愈来愈明显的官僚资本介入的迹象,表现出与之前迥然不同的特点,故本书暂不将1937年全民族抗战后的保险业发展纳入研究的范围,留待日后继续作专门探讨。

当然,由于行文的需要,个别叙述可能在时间上会有所前移和后延,但主要时域设定为1875—1937年。

## 四、主要研究方法

本书主要采取以下研究方法:

### （一）实证研究的方法

本书重在对近代民族保险业发展作一历史的研究，所以历史研究的基本方法——实证研究将成为本书最主要的研究方法。本书通过尽可能地发掘和占有史料，试图重建近代中国民族保险业发展过程，历史地呈现民族保险业发展的大体状貌。

### （二）宏观研究与微观研究的结合

本书在具体行文中，既有从宏观上对近代中国保险业的总体考察，也有从微观上对某些具体问题所作的纵深探究，力图将宏观研究与微观研究有机地结合起来，旨在全面反映近代民族保险业的历史发展，并在此基础上深入剖析民族保险业发展的某些重大问题。

### （三）比较研究的方法

比较研究也是本书所采取的研究方法之一。本书通过对华洋保险业的比较，力图更好地再现近代民族保险业的发展过程，以及民族保险业与外商保险业竞争与合作共存的复杂关系。

另外，本书在对中国保险业发展的研究中，也会对不同地域保险业发展的不同情形加以比较研究，从而大致勾勒出各地，尤其是本书所重点关注的上海、广州两地保险业发展在全国所处的独特地位。

### （四）跨学科的研究

此外，作为历史学和经济学交叉的研究，本书亦会注意借鉴运用经济学的某些理论和研究方法，重视相关统计数据的利用，力图用数字来分析和说明某些历史问题。

## 五、研究内容框架

本书将民族保险业置于近代华洋交争格局中,围绕民族保险业在华洋交争格局中的艰难发展来构建本书的框架体系,初步梳理了民族保险业从最初的对外商保险业的模仿到不断试图摆脱控制、谋求自立乃至追赶外商保险业的历史过程。

继而对事关民族保险业发展的一系列重大问题,如民族性问题、政府角色问题、国民的保险认知与保险教育、保险欺诈问题等展开论述,并以闽粤“人寿小保险”和广州的“火险联保”为例,对当时国情制约下的民间保险应对以及其中所蕴含的中外关系、传统和现代等问题加以探讨。

在此基础上,本书对近代民族保险业发展的若干基本问题,如,近代民族保险业的发展程度和水平、近代民族保险业发展滞缓的原因、近代民族保险业发展的不均衡性的体现以及近代民族保险业发展的历史启示等进行归纳和探析,从而得出某些结论性认识。

# 第一章　师洋争利与民族保险业在晚清的萌兴

中国的民族保险业产生于19世纪70年代①。它的产生是国内外多种因素综合作用的结果:近代西方保险的传入为中国民族保险业的产生提供了前提,先进思想家对国人的保险思想启蒙为民族保险业的产生奠定了思想基础。19世纪60年代清政府开始举办的"求强求富"的洋务运动对民族保险业起到了催生的作用,而若干买办的最先尝试使得民族保险业在中国终成现实。

## 第一节　近代西方保险的传入

### 一、保险在西方的兴起及其作用

在人类社会的历史进程中,自然灾害和意外事故总是客观存在的,社会生

① 关于民族保险业的产生,学术界主要有以下几种观点:一说是将保险招商局成立的1875年作为民族保险业的开始,张国辉所著《洋务运动与中国近代企业》(中国社会科学出版社1979年版)即持此说;一说认为1878年创立的永年人寿保险公司是民族保险业的初始,《中国近代金融史》(中国金融出版社1985年版)一书就是这样认为;一说是把1885年创立的仁济和保险公司视为第一家民族保险企业,以至于1985年在上海隆重召开民族保险业创办100周年纪念大会;还有一说将1865年创立的上海华商义和公司保险行说成中国第一家民族保险公司,中国保险学会、《中国保险报》编著的《中国保险业二百年(1805—2005)》(当代世界出版社2005年版)即持此说。本研究取第一说,所以把研究的时段起始点定在1875年。

产和人们的生活始终面临遭到破坏的危险。面对惨重的损失,单个企业或个人难以承担,有组织的经济补偿成为必要,保险因而产生。

保险的源头,一般认为是 14 世纪意大利的海上保险。① 近代保险就是从海上保险发展而来的。可以说,正是海上保险的起源和发展,带动了保险业的繁荣和发展。②

11 世纪后期,十字军东征后,意大利商人曾经控制了东西方的中介贸易。14 世纪中期,经济繁荣的意大利北部出现了类似现代形式的海上保险。现在世界上发现的最古老的保险单是一个名叫乔治·勒克维伦的热那亚商人在 1347 年 10 月 23 日出立的一张承保从热那亚到马乔卡的船舶保险单。这张保单规定船舶中途发生损失,合同成立,则由资本所有人(保险人)支付一定金额;安全抵达目的地后则契约无效。但该保单没有订明保险人所承保的风险,所以,严格地讲,它还不具有现代保险单的基本形式。而另一组保险人在 1384 年 3 月 24 日为四大包纺织品出立的从意大利城市比萨到沙弗纳的保险单,有承保“海上灾害、天灾、火灾、抛弃、王子的禁止、捕捉”等字样,已经开始具有现代保险单的形式。意大利因此被认为是近代海上保险的发源地。③

之后,随着海上贸易的不断扩展,海上保险也就从意大利传至欧洲的其他许多国家。在美洲新大陆被发现之后,英国的对外贸易迅速发展,世界保险的中心也逐渐转移到英国。

作为一种经济补偿制度,组织和实现保险金的给付是保险的基本职能。此外,保险还具有防灾防损和融通资金的派生职能。④ 由于危险无处不在,保险一经产生,就成为人们日常生活和社会生产须臾不可或缺的东西。随着社会经济的发展,保险的经济活动逐渐渗透到国民经济和社会生活的各个领域,

---

① 参见严庆泽等:《世界保险史话》,经济管理出版社 1993 年版,第 11 页;一般的保险学教材也是这样认为,如:许谨良主编:《保险学原理》,上海财经大学出版社 2005 年版,第 16 页。

② 参见严庆泽等:《世界保险史话》,经济管理出版社 1993 年版,第 8 页。

③ 参见许谨良主编:《保险学原理》,上海财经大学出版社 2005 年版,第 16—17 页。

④ 参见徐文虎等主编:《保险学》,上海人民出版社 2001 年版,第 54—57 页。

在整个社会经济生活中日益发挥着重要作用。

## 二、古代中国的保险萌芽

如果把保险视作一种补偿和分摊意外损失的经济手段，那么，在中国，这种思想和做法可以说古已有之。“保险”思想在中国的萌芽最早可上溯至先秦时代。那个时代的社会生产力水平较低，自然灾害频繁发生，传统的“保险”思想应运而生。《礼记·礼运》中对“大同”社会理想的描述，其实就已经包含了丰富的传统“保险”思想：“大道之行也，天下为公。选贤与能，讲信修睦。故人不独亲其亲，不独子其子，使老有所终，壮有所用，幼有所长；矜、寡、孤、独、废疾者皆有所养。”《逸周书·文传》指出：“天有四殃，水旱饥荒，其至无时，非务积聚，何以备之？”这里所说的为“水旱饥荒”而“备”的“积聚”，体现的其实就是一种自然状态下的朴素的保险思想。①

近代以前，各地还出现了一些具有原始互助性质的民间保险组织。如北京、东北的镖局、船会，福建的父母轩、孝子会，广东的长生会等。镖局、船会是以民间力量保护陆上及水上财产运输安全的组织，其责任仅限于防盗防劫，而对其他各种自然灾害和意外事故造成的损失则不予负责。而福建、广东等地的父母轩、长生会则通过入会者在一定的年限内缴纳一定数目的费用，即“凑份子”来解决诸如身后丧葬的问题。民国时期，传统的民间保险组织也还有不少继续存在，这就使得我们对传统的类似组织能有更多的了解。例如，民国时期的广东香山《西区四堡安澜街长生社序》对其创设原委是这样阐述的：

盖吾人莫不有子女，而子女长成，为父母无不筹谋婚嫁，若父兄终老，在子弟莫不遵制治丧，其休戚相关，本伦常之天职，责无旁贷也。然婚嫁丧制，富厚者尚费筹躇，而养生送死食力者犹多远虑。当夫猝遭变故，五内沧惶，告贷无门，计将安出，岂不束手待毙乎？岂忍

① 参见吴申元等编著：《中国保险史话》，经济管理出版社1993年版，第1—2页。

坐观其窘乎？兹我四堡同人有鉴于此，爰创长生会为非常之重要。倡于民国乙卯年，人集四千，期充十载，至乙丑岁始刻告成。谊合坊邻，敬恭桑梓，以众流之涓滴，奠仙游之束刍。在富庶者度支得以宽余，贫困者丧费聊资有赖，不致临时束手，免为将伯频呼，非特利赖己身，更遗子孙永袭，其法良意美，诚公益之最重者也。今届期满，免供厘定规条，更换新簿，俾附会及董事者共相遵守，毋逾规制，从此和衷共济，树德务以培基，福寿同登，勋业永垂不朽矣。①

在清代，长生会在中国许多地方的民间仍普遍存在，这种朴素的互助组织其实已经包含着原始的人寿保险的萌芽。有关这类组织的近代演变将会在第六章作专门论述。

我国古代的仓储赈济制度虽然已经包含保险的某些"幼芽"，但在自然经济占统治地位的社会条件下，这个"幼芽"不可能自然长成为近代意义的保险。作为一种救济后备制度，中国古代的仓储制度组织形式虽然严密、完备，但无论是官府的常平仓，还是民间的义仓，都还只是一种实物形态的保险，其保障范围不免狭隘，存在着许多不可克服的弊端和缺陷。因此，在此根基上，不可能萌生出先进的近代保险形式。

近代意义上的保险是资本主义商品经济的产物，商品生产是保险产生和发展的社会基础。② 在中国，近代意义上的保险，是伴随着西方资本主义侵略势力的东来而传入的。

## 三、近代保险传入中国

18世纪末期，英国率先完成了工业革命，一跃成为世界头号强国。但在对华贸易上，英国长期处于不利的逆差地位。为了打开中国闭锁的大门，英国商人极力向中国广东及东南沿海其他地区走私鸦片，并将保险作为保护鸦片

① 参见《西区四堡安澜街长生社序》，《西区安澜街长生社会簿》，1926年12月，广东香山。
② 参见许谨良主编：《保险学原理》，上海财经大学出版社2005年版，第11页。

贸易的重要工具。

外商保险在抢滩中国、谋求自身侵略利益、给中国造成深重灾难的同时，也给中国带来了近代保险理念。

19 世纪初，当中国封建社会全面衰落时，世界主要资本主义国家相继完成了工业革命。随着西方资本主义的经济扩张以及对中国的通商贸易和经济侵略，为了保障在华经营活动的顺利进行，英国的贸易商人率先出资在中国创办了保险公司。关于近代之初外商在华设立保险公司的由来，外国学者 G.C. Allen 和 A.G.Donnithorne 有此分析：

> 在建立现代保险公司很久以前，中国的商人通过多种方式来分散风险，……但是这些（分散风险的）安排没有像西方的保险公司的水险那么系统化和广泛。中国对其他方面的保险如人身险和意外险的需求都很小，原因是家庭和家族为个人承担了风险。因此当西方商人来到中国时，他们必须像带来其他辅助性的商务服务一样，带来保险服务。在过去那个年代，与欧洲进行一次联络需要几个月的时间，因此风险保障不可能由位于伦敦的保险公司来提供。一些加尔各答的保险公司指定了在广州的代理点，但最方便的方式还是直接在中国赔付。因此在中国本地开设了保险公司。①

这已经能说明保险早期被外国商人带到中国，更多地是外商为了保障自身经营活动的需要。

1805 年，由英属东印度公司鸦片部经理达卫森（W.S.Davidson）发起，在当时中国对外贸易的唯一口岸、清政府粤海关所在地广州，设立了第一家保险机构——谏当保安行（Canton Insurance Society），该行由宝顺洋行与渣甸洋行轮流担任经理。这是迄今所能看到的史载的中国最早的一家保险机构。1835

① G.C.Allen & A.G.Donnithorne, *Western Enterprise in Far Eastern Economic Development*, London, 1954, p.119.

年后,谏当保安行实行了改组,由怡和洋行经营,改为谏当保险公司。①

英国的捷足先登为它在近代中国保险市场的霸主地位奠定了基础。“就各洋商保险公司而言,无论在历史方面及实力方面,当以英商为巨擘,凡各种营业之经营,及保险费价率之厘订,均操于英商之手,其他国籍保险商,无不惟其马首是瞻。”②此后,外商保险机构和公司纷纷抢占中国市场。19 世纪四五十年代,保险业已成为上海最活跃的行业之一③。

正是通过外商在中国设立的这些保险公司,国人对来自域外、原本完全陌生的近代保险有了最早的接触和了解。

这一时期,为了向国人系统介绍近代保险知识,一批具有世界眼光的有识之士将西方的保险知识引介到国内,不遗余力地对国人进行保险知识、观念的启蒙,为后来实践层面的保险行业在中国的萌生提供了必要的土壤。

## 第二节 国人保险思想的启蒙

保险对于国人而言,是舶来之物。在近代,中国人对保险的认知,是通过早期一批开眼看世界、积极了解域外的思想先驱完成的。他们以著书立说的方式将保险新知引介到中国,完成了对国人保险知识的启蒙。

### 一、先进中国人对近代保险思想的引介与启蒙

魏源是近代中国将“Insurance”即“保险”介绍到中国的第一人。在他所著《海国图志》中,他将“Insurance”译为“担保”,“Marine Insurance”译为“船担保”,“Life Insurance”译成“命担保”,“Fire Insurance”译成“宅担保”,“Insurance Company”译成“担保会”。这些是近代意义上的西方保险名词术语在中国的

① 参见张后铨主编:《招商局史(近代部分)》,人民交通出版社 1988 年版,第 77 页。

② 王仁全:《洋商保险业之在华情形》,《保险月刊》1940 年第 2 卷第 3 期。

③ 丁日初主编:《上海近代经济史》第一卷,上海人民出版社 1994 年版,第 111—112 页。

最早译名。其后，洪仁玕、郑观应、王韬、陈炽等在他们的著作——《资政新篇》《盛世危言》《代上广州府冯太守书》《续富国策》中对保险均有所介绍。其时，不仅早期维新思想家大力宣扬保险知识、观念，而且，一些洋务官僚、民族资本工商业者以及报章也在接受、宣传和使用近代意义上的“保险”概念及知识、观念。

归纳起来，19世纪中后期先进中国人对西方保险思想的传播，主要从以下方面展开：

第一，阐述保险的必要。

风险的客观存在是保险得以产生和发展的自然基础。可以说，没有风险就不会有保险。正因为如此，近代早期的有识之士在向国人引介保险思想时，也在反复阐明这样一个观念：生活中的风险无处不在，保险乃日常生活所必需。魏源有言“虞船货之存失不定，则又约人担保之”①。王韬陈述“顾风波之险，有时不可测料，于是特设保险公司以为之调剂”②。陈炽也说：“水则有覆溺风涛之险也，陆则有车翻马逸、盗贼劫掠之险也，然此就寻常行旅言之耳。至于巨贾富商，挟资运货，水则连樯接舳，陆则结驷联骑，稍有疏虞，一蹶多难复振，然此犹就昔日之水程陆道言之耳。……水则轮舟，陆则轮车，电掣风驰，日行千里，其速固不可思议，偶有蹉跌，其险亦不限量，即有救生救命之圈，而资本千万金全归乌有。一商受亏，群商失色，于本国商务大有所妨。”③生活中无处不在的风险，小而言之，使每个人随时面临灾祸之急难；大而言之，则妨碍本国商业之振兴，故“有智者，纠集巨资创立保险行，以保轮船轮车之险”④。

---

① （清）魏源：《英吉利国广述上》，载（清）魏源撰，王继平等整理：《海国图志》卷五十一，山东画报出版社2004年版，第814页。

② 王韬：《代上广州府冯太守书》，载王韬著，楚流等选注：《弢园文录外编》，辽宁人民出版社1994年版，第394页。

③ 陈炽：《续富国策》，载赵树贵、曾丽雅编：《陈炽集》，中华书局1997年版，第255—256页。

④ 陈炽：《续富国策》，载赵树贵、曾丽雅编：《陈炽集》，中华书局1997年版，第256页。

第二,介绍保险的种类。

在《海国图志》中,魏源详细介绍了西国保险的种类,主要有“船担保”、“宅担保”及“命担保”三种。所谓“船担保”也就是海上保险,这也是最早出现的保险种类:“舟航大洋,难保沉覆,假如船价二万元,载货五万元出海,每月纳会中银,每百两纳二、三钱,设使船三月到岸,平安无失,所纳银存为会中公费。如或船货有失,视其损失之分数,如仅桅折货湿,会中按数偿补。如或全船沉溺,则会中即偿其半,但必实报实验,众力恤灾,从无推却”;“宅担保”即火灾保险:“城市稠密,回禄堪虞,假如本屋价银二千,每年纳会银二十元。不幸被灾,则会中亦代偿其半”;而“命担保”也就是人寿保险:“假如老妻弱子,身后恐无生计,每年于会中入五十元,后如后嗣成立,无需周恤则已,如贫不能自存,则会中赡其家,每年一千元”。①

洪仁玕在其全面学习西方资本主义的方案中,也提到了保险一物。在《资政新篇》中,洪仁玕对西方近代的保险险种、保险之法做了如下介绍:“外国有兴保人物之例,凡屋宇人命货物船等,有防于水火者”皆可投保;具体方法是“先与保人议定”,就“每年纳银若干”达成协议,订立合同,“有失,保人赔其所值;无失,则赢其所奉”。②

19世纪末,郑观应在《易言》20篇本的《商务》篇中,也介绍到西方国家的保险险种“有保屋险,有保船险,有保货险,有保货水渍之险”③。在《盛世危言》中,他还撰专文论保险,介绍西方国家保险公司经营的险种主要“有三等:一水险,二火险,三人险,水险保船载货,火险保房屋、货栈,人险保性命、疾

① (清)魏源:《夷情备采三·贸易通志》,载(清)魏源撰,王继平等整理:《海国图志》卷八十三,山东画报出版社2004年版,第1236页。

② 罗尔纲编注:《太平天国文选》,上海人民出版社1956年版,第127页。

③ 郑观应:《易言·商务》,载夏东元编:《郑观应集》上册,上海人民出版社1982年版,第197页。

病”①,名词表述上与现代通行的保险术语已是非常接近。他还就保费的厘定问题作了进一步的介绍,指出保费是根据保险标的危险程度来确定的:“货物保险,非独寻常之时,即遇战事、盗劫,凡意外之灾,皆可以保,惟价分数等:在兵祸中保险其价最昂,较寻常须加数倍;其盗窃等事次之,然亦与寻常保险不同,缘此等事非意料所可及也。”②

第三,阐述保险的职能。

保险最基本、最核心的职能是分担风险和经济补偿。对此,魏源已有相当的认识和了解,他说保险乃西国的“恤商之政”③,能使投保人“同休戚,共利害,岁终会计,有利均分,有害分受”④。洪仁玕也指出,通过办理保险,“若失命”,则“父母妻子有赖”;若“失物”,则“己不致尽亏”。⑤ 王韬也阐述一旦投买保险,“无失则公司得权微利,有失则商人有所藉手,不致于大损”⑥,揭示出了保险的经济补偿功能。郑观应对人寿保险的功能作了颇为详尽的论述:“大抵人生之寿通算以四十岁为限,若至四十岁尚未命终,则以前每年所收之保银一概给还。且其人业经保险,若未至所保之期无故而死,则可得巨款,除丧葬外尚有盈余。此等便宜之事亦何乐而不为乎?”⑦陈炽从投保人和保险人双方不同的角度论述了保险的作用和意义:就投保人而言,“譬有万金之货,至行保险,按五厘计算,纳费五百金,无事则费此五百金已耳。万一有事,保险

---

① 郑观应:《盛世危言·保险》,载夏东元编:《郑观应集》上册,上海人民出版社 1982 年版,第 647 页。

② 郑观应:《盛世危言·保险》,载夏东元编:《郑观应集》上册,上海人民出版社 1982 年版,第 647 页。

③ (清)魏源:《夷情备采三·贸易通志》,载(清)魏源撰,王继平等整理:《海国图志》卷八十三,山东画报出版社 2004 年版,第 1236—1237 页。

④ (清)魏源:《夷情备采三·贸易通志》,载(清)魏源撰,王继平等整理:《海国图志》卷八十三,山东画报出版社 2004 年版,第 1236 页。

⑤ 罗尔纲编注:《太平天国文选》,上海人民出版社 1956 年版,第 127 页。

⑥ 王韬:《代上广州府冯太守书》,载王韬著,楚流等选注:《弢园文录外编》,辽宁人民出版社 1994 年版,第 394 页。

⑦ 郑观应:《盛世危言·保险》,载夏东元编:《郑观应集》上册,上海人民出版社 1982 年版,第 647 页。

行须照偿万金,此商履险如夷。有此万金资本,仍可大张旗鼓,卷土重来"①。这样,投保人只需缴纳少量固定的保险费,即可换取因未知风险而造成的无法预料的财产损失的赔偿,求得稳定经营和发展的保障;而对于保险人(即保险公司)而言,因为众多具有同类危险的人都向保险公司投保,"然遇险者一,而不遇险者固盈千累百也,偿者一,而不偿者千百,固仍坐收非常之大利也"②。陈炽劝告国人中的"有智者"不必顾虑太多,加入到这一"为民为国"、利人利己的新兴行业中。

此外,保险还具有一定的社会救助功能,较充分地体现了"一人为众人,众人为一人"的互助精神。郑观应分析道:"中国生齿日繁,生机日蹙,或平民失业,或乞丐行凶,或游手逗留,或流民滋事",国家虽"设有栖流所、施医局、养老院、育婴堂诸善举",但由于"经理不善,款项不充","各省穷民仍多无所归者"。③ 其实,当时的西方诸国也一样面临诸如此类的社会问题,但由于它们遍设保险公司,能充分发挥保险公司的社会救助作用,"凡水火、盗贼、房屋、宝物无不可保,人之死、生、寿、夭,亦可出资以保之"④,所以这类社会问题并不像晚清的中国那么严重。西方国家的这一做法,非常值得当时的中国仿效和借鉴。他还不厌其详地以德国的人身保险为例,列举保险之"善":其"保险之法:凡七日抽工银数厘,厂主各助数厘,国家贴官帑若干,积成巨款。如遇百工或老、或弱、或疾病、或受伤,即将保险之资拨赔养赡。在工人以平日之浪费略加撙节,幸而此身无恙,即可周济同人;不幸自罹灾厄,则一身既延残喘,妻孥亦免饥寒"⑤。郑观应满怀信心地预言,"苟得贤有司实心实政提倡其间,

---

① 陈炽:《续富国策》,载赵树贵、曾丽雅编:《陈炽集》,中华书局1997年版,第256页。

② 陈炽:《续富国策》,载赵树贵、曾丽雅编:《陈炽集》,中华书局1997年版,第256页。

③ 郑观应:《盛世危言·善举》,载夏东元编:《郑观应集》上册,上海人民出版社1982年版,第525页。

④ 郑观应:《盛世危言·善举》,载夏东元编:《郑观应集》上册,上海人民出版社1982年版,第528页。

⑤ 郑观应:《盛世危言·善举》,载夏东元编:《郑观应集》上册,上海人民出版社1982年版,第528页。

复得好善之绅任怨任劳经理其事”，仿效西方国家，实行包括保险在内的诸般救助措施，则中国“不二十年而善堂栉比于寰区，穷民绝迹于道路矣”①。陈炽结合中国古代的社会救济，盛赞“保人寿险之法，尤有合于先王恤老济贫、衷此茕独之意，使之自相补助、自相扶持，其功德所保全尤大也”，“泰西作苦食力之民，有年老者，有多疾者，有家累太重者，每日所得之工价，稍有赢余，亦烟酒流连，徒供浪费已耳，一遭死亡之惨，则囊无余积，妻子不免饥寒。乃有保险之行，使之按月五厘估值而保险，一有意外，照数赔偿，一二百金之资，取之宫中而皆备，不惟衣衾棺椁绰绰有余，而妻子亦得借其余资存放息金，或作小贸易以糊其口”，称其法“俨《周礼》睦姻任恤之遗风”，“法良意美”②。

第四，论述保险的基本原理。

大数法则和损失共担构成保险业的运行机理。19 世纪中后期，中国先进思想家在阐述保险相关知识时，对此大都有所认识。郑观应认为，“盖所谓保险者，不过以一人一身之祸派及众人”③，保险公司是“聚千家之财救一家之急”。他举例说：“譬一人房屋或行船遇险由公司赔偿，而公司之利仍取之于人。如保房屋一千座，其中一座失险，则以九百九十九座之利银偿还遇险之一座，在公司不过代为收付，稍沾经费而已。”④这就包含了保险赔偿的基本原理。陈炽特别介绍了西方国家保险业发展中颇为盛行的分保⑤原理：“外国保险多设分行，每行资本至多百万，所保者不过十万金，如一工作厂资本五十万，

① 郑观应：《盛世危言·善举》，载夏东元编：《郑观应集》上册，上海人民出版社 1982 年版，第 529 页。

② 陈炽：《续富国策》，载赵树贵、曾丽雅编：《陈炽集》，中华书局 1997 年版，第 256 页。

③ 郑观应：《盛世危言·保险》，载夏东元编：《郑观应集》上册，上海人民出版社 1982 年版，第 647 页。

④ 郑观应：《盛世危言·保险》，载夏东元编：《郑观应集》上册，上海人民出版社 1982 年版，第 647 页。

⑤ 分保也即再保，是保险人通过签订合同的形式，把自己承保的风险责任全部或部分转移给其他保险人进行保险的行为，它是以直接保险业务（原保险）的存在为前提的一种保险。（徐文虎等主编：《保险学》，上海人民出版社 2001 年版，第 225 页。）

则五家分保之。”①保险公司采用分保的办法把自己承保的各种危险所造成的损失再分摊给其他保险公司,通过分散危险来降低承保风险。

第五,论述保险立法问题。

伴随着保险业的发展,一种新的诈骗行为——保险欺诈出现了。从某种意义上讲,保险欺诈的历史几乎同保险业一样长②。所以,保险立法对保险业的健康发展至关重要,保险立法因此构成保险理论中不可或缺的部分。对此,郑观应在介绍西方保险知识时已有所注意,“惟保险之法一行,每有奸商故将货物之价多报,以冀物失船沉,得以安稳获利。此等天良丧尽之徒,虽国家严禁,不啻三令五申,而利之所在,人必趋之,仍多尝试。亦有将房屋托保,故付祝融者。”③为了防范骗保案件的发生,保障保险业的健康发展,国家必须制定保险法规,置保险业发展于国家法律的规范之下。为此,他详细介绍了西方国家的水险、火险、人寿险等的相关章程,其中就包含了防止利用保险欺诈图利和违章不赔的具体规定。④

第六,主张中国自办保险。

魏源指出,“西洋以商立国……其国所立规制,以利上下者,一曰银票,二曰银馆,三曰挽银票,四曰担保会(引者注:即保险公司)”,前三者“中国皆有此例”,“唯担保会则中国无之”⑤,中国应起而效之。王韬对中国自办保险有颇多论述,认为在中国,“招商、保险二者,要当相辅以并行”,但当今中国的现状是“惟赖西方保险,则徒寄人篱下,权自彼操,无以独立门户”,轮船航运业发展因此“多所挟制”。如中国自办保险,“以中国之人保中国之货,不必假

① 陈炽:《续富国策》,载赵树贵、曾丽雅编:《陈炽集》,中华书局1997年版,第257页。

② 董昭江:《现代保险企业管理》,人民出版社2003年版,第387页。

③ 郑观应:《盛世危言·保险》,载夏东元编:《郑观应集》上册,上海人民出版社1982年版,第647页。

④ 郑观应:《盛世危言·保险》,载夏东元编:《郑观应集》上册,上海人民出版社1982年版,第648—650页。

⑤ (清)魏源:《夷情备采三·贸易通志》,载(清)魏源撰,王继平等整理:《海国图志》卷八十三,山东画报出版社2004年版,第1236页。

手于外洋,而其利乃得尽归于我”①。他还从国家之间贸易往来愈益频繁的世界大势着眼,提出了“保险之设,亦由中国而外洋,随地立局,与轮船公司相为左右”②。这样,海外华商投保者必多,既可“申贸易之权”,又可尊国体、张国威。③

郑观应也大力主张中国自办保险,“西人保险公司……章程甚详,获利均厚,亦宜招商仿办”④。因此,他对19世纪70年代创立的仁和、济和两家华商保险公司大加赞颂,称其“不为外人掣肘”⑤,这样的“保险公司不嫌其多”,多多益善。

比较而言,陈炽对自办保险的论述更为完整、系统和具体。他对中国巨额保费被外商独占的现实深感痛惜:“惟各处纺纱、缫丝、织布诸局厂岁岁增多,资本各数十万金,工人以数百千计,欲不保险则人命物业跬步堪虞……中国既无保险之行,而各工厂又亟需保险之事,于是每厂每岁数万金之保费垂手而让之外人。……且沿江沿海数十厂,每厂数万金,每年即数百万金,而必让西人以独专其利也,何为也哉!”⑥他分析我国保险费为外人独占的原因在于“中国官商隔膜,商与商又隔膜,以致自相携贰,听命他人”⑦,因而提出官商合作、集资兴办保险:“诚由官设商政局,选举公正绅董,纠资集股,自立保险公司,只收华人保险之费,每岁亦数千百万金,开诚布公,通力合作,保众人之物业,收

---

① 王韬:《代上广州府冯太守书》,载王韬著,楚流等选注:《弢园文录外编》,辽宁人民出版社1994年版,第395页。

② 王韬:《代上广州府冯太守书》,载王韬著,楚流等选注:《弢园文录外编》,辽宁人民出版社1994年版,第395页。

③ 王韬:《代上广州府冯太守书》,载王韬著,楚流等选注:《弢园文录外编》,辽宁人民出版社1994年版,第395页。

④ 郑观应:《易言·商务》,载夏东元编:《郑观应集》上册,上海人民出版社1982年版,第197页。

⑤ 郑观应:《盛世危言·商船上》,载夏东元编:《郑观应集》上册,上海人民出版社1982年版,第637页。

⑥ 陈炽:《续富国策》,载赵树贵、曾丽雅编:《陈炽集》,中华书局1997年版,第257页。

⑦ 陈炽:《续富国策》,载赵树贵、曾丽雅编:《陈炽集》,中华书局1997年版,第257页。

各埠之利权,即此保险一端,而华商之大势成,中国之全局振矣。"[①]他十分看好保险这一新兴行业的发展前景,并预言,保险在中国一旦发展起来,则"保险之物日益繁,保险之利日益广,保险公司亦日益多"[②],西人独占其利的局面将有望改观,这在一定程度上有助于改善当时中国积贫积弱的状况。

## 二、保险思想启蒙的特点

综观魏源等近代先进思想家关于保险的论述,可以看到其具有以下特点。

第一,启蒙的姿态。

从魏源开始,西方的保险知识、理论被正式引入中国思想界。之后,郑观应、王韬、陈炽等早期维新派在倡导学习西方建立资本主义经济制度时,均以敏锐的眼光看到了保险在西方经济和社会生活中的重要作用。在大力提倡发展资本主义工商业的同时,他们极力主张中国仿效西方,自营自办。

为此,他们对西方发展已相对成熟,而国人尚无所知晓的保险知识作了全面系统的介绍。这些论述已囊括保险理论的基本方面,如产生、种类、职能、原理、立法等,初步形成了相对完整的保险知识体系。这些不乏科学性的介绍,对于当时对保险茫然无知的国人来说,无疑起到了重要的思想启蒙作用。

魏源以及其后早期维新思想家对西方保险理论的导入、推介,对实践层面保险业在中国的出现起到了有力的推动作用。

第二,开放的视野。

魏源等近代先进思想家对国人的保险启蒙一开始就具有面向世界的开放的视野。在他们的介绍中,欧美国家业已发展并日渐成熟的保险业成为中国效仿的对象。他们立足于中国经济社会发展的现实,比照西方国家的成功做法和先进经验,力图引进西方保险业的一整套制度。

---

① 陈炽:《续富国策》,载赵树贵、曾丽雅编:《陈炽集》,中华书局 1997 年版,第 257 页。

② 陈炽:《续富国策》,载赵树贵、曾丽雅编:《陈炽集》,中华书局 1997 年版,第 256 页。

有感于两次鸦片战争的惨败所暴露出的当时中国与西方列强的巨大差距,他们撰文警示国人要图强,就必须改变“天朝上国”的妄自尊大的观念,以西方人为师,学习西方国家先进于我之处,“师夷长技以制夷”。他们视保险为西方国家“富强之术”,并将其列为中国应迫切学习的重要方面。

正因为如此,他们所宣传、介绍的保险知识、观念带有鲜明的近代色彩,并具有相当的科学性。

第三,民族的立场。

魏源、郑观应等有识之士在向国人介绍保险知识时,并没有停留于一般性的介绍,而是立足中国实际,关注中国的前途、命运,表现出鲜明的民族立场。他们对外人独占近代中国保险之利的状况痛心疾首,无一例外地寄希望于效法西方,通过自营保险,来抑制外国侵略,挽回国家利权,同时给当时正在成长中的民族工商业以切实保障,促进民族资本主义的发展。郑观应在《盛世危言》中大声疾呼,要与西方“商战”,他力主的自办保险其实就正是其“商战”思想的具体体现之一。王韬亦认为“中国富强之机或基于此”①。

从郑观应等早期维新思想家关于近代保险的论述中,我们不难看到刚刚成长起来的民族资产阶级要求独立发展资本主义的迫切愿望。

魏源等近代先进思想家对保险知识的引介全面而系统,在当时对改变国人对近代保险的认知起到了思想启蒙的作用。他们怀着发奋自强的愿望,在具体论述时紧密结合中国实际,提出了中国自办、与洋商争利等真知灼见。这些介绍成为近代中国民族保险业创建的思想前提。

## 第三节　洋务运动的催生

19 世纪 60 至 90 年代,清政府困于内忧外患,为了“自强”“求富”,开展了

---

①　王韬:《代上广州府冯太守书》,载王韬著,楚流等选注:《弢园文录外编》,辽宁人民出版社 1994 年版,第 395 页。

一场学习西方的近代化运动——洋务运动。在这场运动中,中国出现了许多过去所没有的新鲜事物,保险就是其中之一。在某种程度上,可以说,近代民族保险业是洋务运动催生出来的。

## 一、洋务企业对保险的呼唤——以轮船招商局为例

第二次鸦片战争失败后,清政府被迫与英、法等国签订《天津条约》《北京条约》等一系列不平等条约,外国资本主义对华经济侵略加剧了。中国的通商口岸激增至14个,外国轮船可以直接驶入内河,中国的内河航运权就这样被清政府拱手出让给外国侵略者。此时,放眼中国刚刚诞生的保险市场,清一色都是外商保险公司。而外国保险机构把中国传统的帆船排除在承保范围之外,这就必然冲击到担负漕运和南北货运重任的沙船业,传统航运业因此大受打击,"在不到十年的时间(自咸丰二年即1852年始)内,拥有三千余号的沙船业,只剩下四五百号船只"①。替代昔日繁忙黄浦江的是大量帆船的闲置和传统沙船业的急剧衰落,"有成千上万的帆船闲置在黄浦江上,闲置得都快要烂掉了"②,"帆船货运的黄金时代已成为历史了"③。

正是这一严峻现实促使清政府支持洋务派,发展新式轮运业,着手创办轮船招商局,"轮船与保险事属两歧,而实则归于一本"④。实际上,近代中国第一家民族保险企业——保险招商局就是为了适应轮船招商局的发展需要,作为其"附局企业"⑤而创设的。

在外商操纵中国保险市场的情况下,屡向外商投保,自有诸多不便,首先

---

① 颜鹏飞:《我国民族保险业溯源》,《江汉论坛》1987年第3期。

② 聂宝璋:《中国近代航运史资料:第一辑(1840—1895)》下册,上海人民出版社1983年版,第1267页。

③ 聂宝璋:《中国近代航运史资料:第一辑(1840—1895)》下册,上海人民出版社1983年版,第1266页。

④ 张培仁:《静娱亭笔记》,载中国史学会主编:《洋务运动(一)》,上海人民出版社1961年版,第477页。

⑤ 张后铨主编:《招商局史(近代部分)》,人民交通出版社1988年版,第77页。

难以跨越的就是语言的障碍，语言文字的不通难免造成理解上的困难和歧义。更有甚者，外商往往凭借条约特权，蓄意抬高保险费率，甚至无理拒保。轮船招商局首航时需要办理船舶保险，洋商保险行为了压垮襁褓中的中国航运业，始则借口“伊敦”轮悬挂中国龙旗和局中双鱼旗，拒不承保；后经再三洽商，英商怡和洋行、保安行才勉强同意，但承保条件极为苛刻，不仅只允许各保1.5万两，而且只限保15天，但年保险费率竟高达10%，近乎敲诈。① 外商的压制和刁难使洋务派深感“保险之难”。

对于“保险之难”，洋务派早在招商局创办之前就已有所认识。1871年，原福建台湾道吴大廷禀报李鸿章，称创办招商局“窒碍难行者有五端”，其一即“保险难”：“外国洋商，船有保险。……中国无之，谁肯以重资轻于尝试？”②要解决“保险难”的问题，只有“自立公司，自建行栈，自筹保险”③一法可施了。轮船招商局成立后，在船货保险和理赔方面，屡遭外洋公司的歧视和刁难。1875年，轮船招商局“福星”轮海损事件的发生终于促使清政府把“自办保险”一事提上了议事日程。1875年4月，“福星”轮在黑水洋被怡和洋行附管的“澳顺”轮撞沉，溺死63人，损失漕米7000余石及其他物资一批。经上海道与英领事会审判定，“福星”轮的损失由“澳顺”轮负责赔偿。但由于肇事的“澳顺”轮船主事后逃逸，招商局无法追得赔款，最后只好自行垫付抚恤金，因此遭受重大损失。④ 惨痛的教训再一次表明，“自立保险”不容稍缓。

## 二、首家民族保险企业的诞生

1875年冬天，清廷北洋大臣、洋务派首脑李鸿章准由轮船招商局总局筹组保险招商局，由招商局总办唐廷枢、会办徐润等发起招股集资，保险招商局

① 张后铨主编：《招商局史（近代部分）》，人民交通出版社1988年版，第78页。
② 台湾“中研院”近代史所：《海防档》（甲），（台湾）艺文印书馆1957年版，第913页。
③ 交通史编纂委员会编：《交通史航政编》第一册，上海民智书局1931年版，第139页。
④ 参见张后铨主编：《招商局史（近代部分）》，人民交通出版社1988年版，第79页。

得以成立。对于保险招商局创办之缘由,唐廷枢、徐润于1875年11月4日在《申报》上刊登的告白是这样表述的:

窃惟保险之设,起自泰西。不论船货房屋等项,均可按价立限具保,早有成规。在物主所出不及一分之费,即能化险为夷。惟中国于保险一事向未专办。现在轮船招商局之船货均归洋行保险,其获利既速且多。是以公同集股由唐景星、徐雨之二君总理其事,设立保险招商局。仿照各保险行章程办理,不特商局轮船货物可以酌量保险,即洋商船货投局请保者,均可照章承保,以广招徕。复思洋商保险行即上海而论,数十年来从未决裂,所保口岸自中国至泰西,路途辽远,口岸亦广,兼之时日较多,风险更重,夹板船行驶不能克期,亦且照例承保。①

可见,保险招商局一开始就有着明显的抵制外洋、与洋争利的意图。创办保险招商局是中国人自办保险的最初尝试,受到华商的热烈欢迎。《申报》对此评论曰:"阅今日本报所列之新告白,知华人有创议开设保险公司一举,取名保险招商局。……查华商装货保险为习者,已实繁有徒,而向设保险公司者,惟西人独揽其事,今见华人倡设此举,想华商无有不为之庆喜者。"②

保险招商局的成立具有非同寻常的意义。作为国人自办的首家保险企业,保险招商局不仅可以为新生的洋务企业提供必要的保障,对正在进行之中的洋务运动起到了积极的推动作用,而且从根本上改变了外商独霸中国保险市场的格局,为民族保险业的发展写下了开篇的第一页。因此,上海英国领事麦华陀在1876年的商业年度报告中,将保险招商局这一"纯属华商的保险公司成立"列为1875年度世界"保险事业中两件大事"之一。③

---

① 《招商局告白》,《申报》1875年11月4日。

② 《华人新设保险局》,《申报》1875年11月4日。

③ 参见颜鹏飞等主编:《中国保险史志(1805—1949)》,上海社会科学院出版社1989年版,第47页。

1876年7月，招商局“因投保逾额，至代转保于洋商，旁落利权”，唐廷枢、徐润、陈树棠、李积善等“思维再四，允宜循照成章，广集厚资，别分一帜，因与茶商及各帮公议，另立仁和保险公司”①。该公司共招股本25万两，试办一年，业务兴盛，利润高达30%—40%。第二年，复添招股本25万两，总额达到50万两。② 由于仁和初创阶段资金不足，招商局仍有部分船只不得不交洋商保险。1877年，招商局购并旗昌后，船只多达29艘。依照惯例，其中60%的船只仍交洋商保险。对此，洋商竟以专走长江的“江孚”轮船长张慎之是中国人为由，拒绝承保该船。于是，招商局派唐廷枢出面与洋商解除了所保船舶的承保关系，索性将所有船只一律收回自保。③

为了扩大保险业务范围，1878年3月，徐润等人又发起创办了济和船栈保险局：

> 窃维善贾必赖多财，权利尤宜推广，轮船招商局自设仁和保险以来，经理数年，俱臻妥善，第投保者踊跃，每多逾额，历向他处转保，统年计之，为数甚巨，利权外溢，诚可惜者。且有储栈各货，屡有来局相保者，而仁和公司以专保船货并不兼保栈货，因此溢利亦非浅鲜。兹拟招集股银二十万两，转保仁和所保逾额，并试办招商局栈储各货保险，目之曰济和船栈保险局。④

济和船栈保险局后改称为济和水火险公司，续招股本50万两，保客货兼船险。1881年，该公司又增开了新加坡、旧金山等处的保险业务。1886年，仁和、济和合并为仁济和保险公司⑤。合并后，公司实力大增，资本达100万两之巨。

自办船舶保险，不仅使招商局免于继续遭受外商保险行的敲诈与盘剥，而

---

① 《仁和保险公司公启》，《申报》1876年7月3日。
② 参见张后铨主编：《招商局史（近代部分）》，人民交通出版社1988年版，第80页。
③ 参见张后铨主编：《招商局史（近代部分）》，人民交通出版社1988年版，第80页。
④ 《招集济和保险船栈股份》，《申报》1878年3月22日。
⑤ 《仁济和保险开办告白》，《申报》1886年2月22日。

且为该局积累了一笔数额可观的保险基金,可以及时地用于补赔海损[①]和进行局外投资,这就为增强招商局的经济实力提供了重要保证,也初步显示了保险对近代经济的作用。保险业的重要性在后来上海机器织布局的遭遇中体现得更为明显。该局"从开局任事的广东买办郑观应于1883年离开后,官方重新委派的总办杨宗濂,认为保险是虚糜资金,因此没有再为该局付保险费。从1890年实际开工以来,这家中国最早的纺织企业获利颇丰,不幸的是,1893年10月,它完全化为灰烬,损失达70万两以上"[②]。

在其影响下,多家华商保险公司相继成立:在香港的有1877年成立的安泰保险公司[③],1880年成立的常安保险公司[④],1881年成立的万安保险公司[⑤],1899年成立的宜安水火保险公司[⑥];在上海有1882年设立的上海火烛保险有限公司[⑦]。随着第一批华商保险企业的诞生,外商独占中国保险市场的局面从根本上被改写,民族保险业终于开拓出一片自己的天地。

## 三、中国民族保险业产生的特点

在对民族保险业艰难产生的历史过程的一番考察中,可以看到,其具有如

---

① 1878年初,"厚生"轮在厦门附近沉没,招商局即从保险费中提取7.75万两进行赔偿。从1879年至1883年短短5年中,招商局又有"江长""伊敦""和众""汉广""美利""兴盛""怀远"等轮相继失事,大多以保险费进行赔偿。如果招商局未办保险事业,其后果确实不堪设想。(张后铨主编:《招商局史(近代部分)》,人民交通出版社1988年版,第80页。)

② 严中平:《中国棉纺织史稿》,科学出版社1955年版,第105页;孙毓棠编:《中国近代工业史资料:第一辑(1840—1895年)》下册,科学出版社1957年版,第1070页。转引自[美]郝延平:《十九世纪的中国买办——东西间桥梁》,李荣昌、沈祖炜、杜恂诚译,上海社会科学院出版社1988年版,第180页。

③ 《华商拟增设保险公司》,《申报》1877年3月16日。

④ 颜鹏飞等主编:《中国保险史志(1805—1949)》,上海社会科学院出版社1989年版,第59页。

⑤ 颜鹏飞等主编:《中国保险史志(1805—1949)》,上海社会科学院出版社1989年版,第60页。

⑥ 颜鹏飞等主编:《中国保险史志(1805—1949)》,上海社会科学院出版社1989年版,第97页。

⑦ 《上海火烛保险有限公司》,《申报》1882年10月20日。

下鲜明的特点。

第一,在外商保险业的刺激下产生,具有较明显的外生性①。

早在中国民族保险业产生之前,外资保险机构已大举进入中国,在沿海主要的通商口岸城市安营扎寨。鸦片战争后,由于有不平等条约的庇护,在华外商保险业一度垄断了中国的保险市场,巨额的保险利润被外商所攫夺。在这种客观情势的刺激下,为了挽回利源,中国民族保险业应运而生。

与保险在西方国家产生于社会经济内部的自然变动不同,中国民族保险业的产生更多地来自外部洋商保险业的刺激。正因为如此,中国民族保险业与外商保险业存在着难以割裂的关系。二者在相互竞争的同时,某些时候又不得不寻求合作(有关合作的内容后面会有所提及),与外商保险业这种既竞争又合作的共生关系一直与近代中国民族保险业的发展相伴相随。由于中国近代民族资本主义的不发达,民族保险业发展规模和程度均受限制。在与外商保险业的竞争中,中国民族保险业不可避免地处于劣势地位,这是近代中国社会和历史发展的半殖民的特点所决定的。

第二,在中国民族保险业的初创中,买办发挥了重要作用。

作为中西经济、文化交往的中介人物,一些买办自身的独有条件使其成为中国保险业的拓荒者。买办在洋行工作的个人经历,使得他们有条件大量地接触西方新式的经营理念,对洋行内部的管理及保险业运行机制有着较深的了解。如,唐廷枢在任招商局买办前就是怡和洋行的总办。唐廷枢就是带着"在东方一家第一流的外国公司任职时获得的丰富而较广的经验"②,到招商局任职,继而创建保险招商局的。

实际上,在19世纪附股外国保险业的华商中,买办一直是主要力量。而

① 鑫燃在《1840年—1937年中国民族保险业发展初探》中提出"外生性",笔者认为此概括较好地揭示了近代中国民族保险业产生的重要特点。具体参见鑫燃:《1840年—1937年中国民族保险业发展初探》,《中国保险管理干部学院学报》2000年第6期。

② 汪敬虞:《唐廷枢研究》,中国社会科学出版社1983年版,第144页。

在此附股活动中,买办自然会接触和了解现代的保险知识,并获得较广的经济视野。除了在实战中积累了丰富的保险行业经验外,买办丰厚的收入也使得他们能凭借手中的重资从事于保险投资。关于若干买办在中国民族保险业初创中的具体作为及其历史作用,本章第四节将会作专门论述。

第三,近代中国民族保险业的产生与清政府关系密切,洋务派在其中发挥了重要作用。

保险招商局本身就是为了适应洋务运动的需要,被呼唤登场的。在保险招商局的创建中,来自洋务派的支持和推动是一个不可忽视的因素。以曾国藩、李鸿章为代表的洋务派在与西方的接触中,对西方国家的强大以及中西的差距有了一定的观感和体认。如,19 世纪 60 年代,曾国藩不断主张"师夷智",李鸿章将"洋兵数千枪炮齐发"及"落地开花炸弹"叹为"神技"。面对时局,他们表现出较为开明的思想倾向和对时局较为清醒的认知。正是基于这种认知,身膺要职、手握重权的洋务派曾国藩、李鸿章等强烈地希望能振兴清廷,极力主张效仿西方的"富强之术",积极兴办新式企业,实现清政府富国强兵之目标。此时,王韬、陈炽、郑观应等早期维新思想家也都在向国人引介保险知识。洋务派因而得以将中国民族保险业的开创纳入洋务实业体系中作通盘考量。

从近代中国首家民族保险企业——保险招商局的创办中,我们不难看到李鸿章等洋务派的身影及其所起的重要作用。徐润就提到在唐廷枢出任轮船招商局总办、总理招商局事务中,李鸿章的扶助作用甚大。①

第四,近代中国民族保险业的产生具有较强的依附性,这在初创阶段实属难免。

保险招商局及其以后的仁和、济和、仁济和保险公司,实际上都是轮船招商局的附属机构。它们承保的业务只限于轮船招商局的船舶险和货物运输

① 参见徐润:《徐愚斋自叙年谱》,载中国史学会主编:《洋务运动(八)》,上海人民出版社 1961 年版。

险，经营范围也有其明显的局限性。由于历史的原因，轮船招商局与仁和、济和两公司的股份和股票持有人并不完全一致，但这两家保险公司的股金都归存于轮船招商局，为其长期占有。对此，李鸿章曾说，"所有招商局存本，及新收局船保险银两，应并归招商局统算，无须作为浮存，照市付息，亦无庸月提九五局用，另立一局"，"以免赢绌悬殊，如此分别秉公调剂，冀得上不亏国，下不病商，根基既固，久远可期"①。1883 年，中法开战，上海金融市场银根吃紧，招商局及其保险企业股票骤跌。徐润因房产投机失败且挪用公款而遭革职离局。1884 年 7 月，中法战事趋紧，招商局局产换旗过户，交由美国旗昌洋行代为管理。1886 年，仁和、济和合并后，名义上是独立的公司，但实际上并未完全划清与轮船招商局的干系，保险业务仍由轮船招商局代理，一切仍循旧章。由于公司大部分股金长期归存于轮船招商局，为其占用，自身运用的再投资份额有限，资金积累缓慢，在保险市场剧烈的竞争中难以谋大。② 1937 年，仁济和水火险公司经股东会议决定，暂行缩小业务范围，停办水火险业务。造成这一结局的主因就"在于仁济和水火险公司没有独立自主权，不论在人事安排、资金运用和经营管理等方面，都受制于轮船招商局，而不能充分发挥积极进取开拓业务的作用"③。

近代中国民族保险业从产生伊始，外部环境的险恶就注定了其难以独立发展，借助官府的庇护成为其不二选择。但这也将种下另一苦果，就是在发展中处处受限，难以施展拳脚。这也是近代中国民族保险业在激烈的市场竞争中不能与外商一决高下的原因之一。

但是，我们又要看到，在筚路蓝缕的初创阶段，要创办独立的保险企业其实是需要一系列基本条件的，即使有充足的资金和必要的技术，没有民众在观

---

① 李鸿章：《整顿招商局事宜折》，载《李鸿章全集》第二卷，海南出版社 1997 年版，第 990 页。

② 参见张后铨主编：《招商局史（近代部分）》，人民交通出版社 1988 年版，第 175 页。

③ 中国保险学会、《中国保险史》编审委员会编：《中国保险史》，中国金融出版社 1998 年版，第 50—51 页。

念上的认同和接受,像保险这种直接面对民众的新兴服务行业也很难发展起来。近代之初,中国民众对保险是完全陌生的。在这种情况下,如果不依附官府,保险业的创建又谈何容易。所以,近代中国民族保险业产生之初所具有的依附性,更多的是当时的客观条件使然。不可否认,这种依附性在民族保险业的初创阶段有其必然性和必要性。对此依附性,我们不必用今人的眼光来苛求它。

## 第四节　早期买办的最先尝试

在民族保险业初创时期,早期买办的活动引人注目,作用亦是举足轻重。可以说,民族保险业最初的起步,与若干买办的积极参与密不可分。

### 一、买办:近代民族保险业的最先尝试者

19 世纪初,近代的保险制度已从西方传入中国。19 世纪 70 年代以前,中国境内虽已出现数家保险机构,但清一色由外国人开办,中国保险市场完全为外商所垄断。这一局面直至保险招商局创建后才得以根本改观。

1865 年,由华商自行设立的义和公司保险行成立,“该行设于上海一家与怡和洋行关系密切的华商德盛商号内,规模甚小,并未开展船舶保险业务,只经营船货保险业务”①,尚是一家具有保险中介性质的“保险行”②,但它已具有了自办保险的“雏型”③。近代意义上的第一家民族保险公司在 10 年后的 1875 年正式诞生。而这一历史性突破的取得,与若干买办对保险行业的积极

① 颜鹏飞等主编:《中国保险史志(1805—1949)》,上海社会科学院出版社 1989 年版,第 29 页。

② 有研究认为它是中国近代第一家民族保险公司。笔者倾向于认为它还只是一家保险中介代理机构。参见何英、翟海涛:《华商“保险行”在近代中国的兴起》,《安庆师范学院学报(社会科学版)》2003 年第 1 期。

③ 张后铨主编:《招商局史(近代部分)》,人民交通出版社 1988 年版,第 77 页。

参与和大胆尝试实有莫大之关系。

买办之于保险有一个在实际工作接触中不断加深了解的过程。从在洋行中对保险的最初接触到随后的接受认同，从附股外商公司、分占部分利润到投资自办、直接获取更大的商业利润，伴随着对保险认识的不断深化，一些买办对保险的态度不断趋向积极，进而在实践上主动参与，表现出较大的热情。

在近代，外国企业多以股份制形式进入中国，华商则乐于将手中的余资以购买外国公司股份的形式寻求资本的增殖，这种"附股"现象"在条约口岸非常普遍"①。汪敬虞先生也说，"洋行企业中的华商附股活动，在整个 19 世纪，是一个大量的现象"②。轮船招商局创办的目的之一，就在于把外商航运业中"居其大半"的华股争取过来："若正名分，由官设局招徕，俾华商原附洋股逐渐移至官局，实足以张国本而弭隐患。"③在外资保险业进入中国后，这种"附股"现象在新兴的保险业领域体现得甚为明显。

1876 年 12 月 9 日，太常寺卿陈兰彬在其所上奏折中就提到"附搭"现象：对于外国在华保险公司，中国"商民争利趋便，附搭恐后"④。吸收华股尤其是买办的股份成为这一时期在华外商保险公司经营的鲜明特色，附股外国企业（尤其是保险企业）成为买办早期最重要的经济活动之一。而较早附股外国保险公司的当为广东商人在于仁洋面保安行的附股。1835 年，英商宝顺洋行在澳门开设于仁洋面保安行。该行开办之初，即允许华商附股，因此"立即就有许多中国商人认购它的股票"⑤，"以至报纸声称，这家公司是'广东省城商

① ［美］郝延平：《中国近代商业革命》，陈潮、陈任译，陈绛校，上海人民出版社 1991 年版，第 275 页。

② 汪敬虞：《中国资本主义的发展和不发展——中国近代经济史中心线索问题研究》，经济管理出版社 2007 年版，第 70 页。

③ 许涤新、吴承明主编：《中国资本主义发展史》第二卷，人民出版社 1990 年版，第 177 页。

④ 颜鹏飞等主编：《中国保险史志（1805—1949）》，上海社会科学院出版社 1989 年版，第 50 页。

⑤ ［美］郝延平：《中国近代商业革命》，陈潮、陈任译，陈绛校，上海人民出版社 1991 年版，第 283 页。

人联合西商纠合本银共同创立的'"①。华南地区两个最老的外国保险公司——谏当保险行和香港火烛保险公司,一个有怡和买办唐廷枢本人的附股,一个则有唐廷枢的引荐:唐廷枢于1863年进入怡和,"在进入怡和以后的第五年,就开始附股于洋行经营的谏当保险行"②,怡和的其他大买办,如何东、何福和何甘棠在19世纪80年代也都认购了大量的股票。③ 唐廷枢不仅极力为怡和洋行的香港火烛保险公司招揽业务,还四处向洋商推销公司的股份。为此,他赢得了怡和洋行经理约翰逊的充分肯定。④

根据汪敬虞先生的研究,在"1864至1871年间,有5家西方保险公司在香港和上海设立:1864年的泰安保险公司、1865年的保宁保险公司、1868年的香港火烛保险公司、1870年的宝裕保洋险公司以及1871年的华商保安公司。除了第一家外,已知另4家先后都曾有过中国投资者。虽然这些公司中中国人投资的确切数额尚不知道,但我们确已知道华商保安公司的资本有一半以上是由中国人提供的"⑤。对于这些"狂热的附股者",汪敬虞逐一查核,他认为买办在其中占据了绝大多数,"在保险业中,那些引荐资本的中国人,绝大部分也是买办"⑥。

这些买办之所以热衷于附股外国保险公司,一方面在于保险等新兴行业高额的利润回报,同时"附股活动也明确无误地显示出中国商人畏惧政府官

① 颜鹏飞等主编:《中国保险史志(1805—1949)》,上海社会科学院出版社1989年版,第14页。

② 汪敬虞:《唐廷枢研究》,中国社会科学出版社1983年版,第163页;另见刘广京:《唐廷枢之买办时代》,《清华学报》1961年6月号。

③ 参见汪敬虞:《十九世纪外国侵华企业中的华商附股活动》,《历史研究》1965年第4期。

④ 颜鹏飞等主编:《中国保险史志(1805—1949)》,上海社会科学院出版社1989年版,第32页。

⑤ 汪敬虞:《十九世纪外国侵华企业中的华商附股活动》,《历史研究》1965年第4期。

⑥ 汪敬虞:《中国资本主义的发展和不发展——中国近代经济史中心线索问题研究》,经济管理出版社2007年版,第70—71页。

员的勒索”[1]，而一旦有了外商的条约特权的庇护，他们就可以有效地避开当时中国的国内政治以及封建官府的肆意盘剥[2]；另一方面，这种现象的出现也与外商在华经营状况和策略有关。当时，许多外商正苦于资本不足，迫切需要与华商合作，取得“中国人的资本帮助”[3]，从而达到攫取巨额利润的目的。

随着对保险行业接触的逐渐加深、对保险业务的日益熟悉，尤其是在目睹了外商保险业所带来的巨大利润之后，附股的买办就不甘于受人役使的状态，不满于寄人篱下的地位，而越来越强烈地意识到要以主体身份自营自办、直接获得更大的商业利润。

1875 年 11 月，轮船招商局总办唐廷枢、会办徐润发起创立国人自办的第一家保险公司——保险招商局，开办时资本为 15 万两，总局设在上海，并在轮船招商局设有码头之口岸普遍设立分局。由于分局遍及沿海及内地口岸，加上它承保外商保险公司所不承保的夹板船，所以开业之后，投资者与投保者极为踊跃。保险招商局“每因投保逾额，至代转保于洋商”而致“傍落利权”[4]，1876 年，徐润“又与唐景星翁、陈菱南翁、李积善堂等集股本二十五万两，开设仁和水险公司，试办一年，获利颇厚，继又添招二十五万，共股本五十万两”[5]。1878 年，徐润等人因仁和保险公司承保船货不办理栈货而使利权外溢，再行集股 20 万两，创办济和船栈保险局。在仁和、济和两公司中，徐润一人的股份就达 15 万两。两家公司的股东除唐廷枢及其弟唐应星、唐静庵外，还有汉口

---

① ［美］郝延平：《中国近代商业革命》，陈潮、陈任译，陈绛校，上海人民出版社 1991 年版，第 290 页。

② 郑观应曾感同身受地说，早期轮船商之所以“不乐自居华商之名，而甘附洋商之尾者”，原因在于“畏官之威，与畏官之无信而已”。（夏东元编：《郑观应集》上册，上海人民出版社 1982 年版，第 54 页。）

③ 许涤新、吴承明主编：《中国资本主义发展史》第二卷，人民出版社 1990 年版，第 177 页。

④ 颜鹏飞等主编：《中国保险史志（1805—1949）》，上海社会科学院出版社 1989 年版，第 49 页。

⑤ 徐润：《徐愚斋自叙年谱》，载中国史学会主编：《洋务运动（八）》，上海人民出版社 1961 年版，第 116—117 页。

琼记洋行买办刘绍宗、麦加利银行买办韦国华、柯化威洋行买办郑廷江、汇丰银行买办唐国泰及闻名上海的买办商人陈树棠等。① 1886 年,两公司合并为仁济和保险公司,资本合而为 100 万两②,成为当时中国最大的一家保险企业。

除仁济和之外,19 世纪 70 年代到 80 年代之间,还出现了几家华商保险公司,如香港的安泰、常安和万安等三家保险公司,上海的上海火烛保险有限公司。这些公司大部分由买办出面开办:安泰的主持人为郭甘章和何献墀,前者曾任大英轮船公司买办③,常安公司的"经理和董事,几乎是前已成立的安泰保险公司的原班人马"④,万安公司的发起人与安泰亦"大同而小异"⑤,上海火烛保险公司的首董是怡和洋行买办唐茂枝⑥,总经理是高易洋行的买办李秋坪⑦。

这一时期,一些买办不仅身体力行,大胆尝试,而且在舆论上大造声势,不遗余力地将西方的保险知识引介给国人,努力地对国人进行保险思想的启蒙。如,有"硕学买办"⑧之称的郑观应在其《盛世危言》中就对保险的种类、性质、必要性及基本原理等作了比较系统的介绍,并对当时国人自办的仁和、济和保

① 参见颜鹏飞等主编:《中国保险史志(1805—1949)》,上海社会科学院出版社 1989 年版,第 56—57 页。

② 《光绪十五年分办理仁济和保险有限公司情形节略》,《申报》1890 年 4 月 18 日。

③ 颜鹏飞等主编:《中国保险史志(1805—1949)》,上海社会科学院出版社 1989 年版,第 51—52 页。

④ 颜鹏飞等主编:《中国保险史志(1805—1949)》,上海社会科学院出版社 1989 年版,第 59 页。

⑤ 颜鹏飞等主编:《中国保险史志(1805—1949)》,上海社会科学院出版社 1989 年版,第 60 页。

⑥ 唐廷枢之兄。

⑦ 颜鹏飞等主编:《中国保险史志(1805—1949)》,上海社会科学院出版社 1989 年版,第 65 页。

⑧ [美]郝延平:《十九世纪的中国买办——东西间桥梁》,李荣昌、沈祖炜、杜恂诚译,上海社会科学院出版社 1988 年版,第 176 页;李燕编著:《买办文化》,中国经济出版社 1995 年版,第 113 页。

险公司“不为外人掣肘”①叫好,为民族保险业的发展鼓而呼,成为近代保险思想启蒙的先驱之一。当时的《上海新报》《申报》等报章上也时常可见保险公司的开业广告、招股启示,这对扩大保险的社会影响当能发挥一定作用。

在部分买办的大力倡导下,加上洋务派及清政府的扶持,国人自办自营的保险业得以破土而出,发芽萌枝。

## 二、买办何以成为民族保险业的最先尝试者

部分早期买办之所以成为近代民族保险业的最先尝试者,是有其特定原因的。

第一,洋行的工作经历使买办有机会与保险结缘,由此获得了丰富的保险知识、经验,成为近代中国最早接触保险行业知识的群体。

对于在西方国家颇为盛行的保险制度,中国人一开始是陌生的。据当时在广州居住的美国人威廉·亨特的观感,“在条约(指《南京条约》)前的时代,中国商人没有买保险的习惯”②。在华洋行兼营保险业务,犹如特殊的橱窗,向国人展示着保险这一新奇事物。在洋行工作的买办,应该是近代中国最早接触保险的人群。据一英商回忆,19 世纪 60 年代在天津时,“曾有一度我是这个口岸唯一的水险业代理人,有些买办,特别是宝顺洋行买办阿彭(Apung)经常以他自己的名字和他自己的帐号到我这里保险,并且都是大笔的”③。洋行工作的经历,对于买办来说,不啻于一个对包括保险行业在内的资本主义新兴经济制度的“见习”过程。在此过程中,买办“学会了外国人无形中教给他的生意经,并且学得很好。现已证明,他……是一个比他的导师更强的对手。

① 夏东元编:《郑观应集》上册,上海人民出版社 1982 年版,第 637 页。

② [美]威廉·亨特:《旧中国杂记》,沈正邦译,章文钦校,广东人民出版社 1992 年版,第 243 页。

③ 《北华捷报》1884 年 11 月 19 日。转引自[美]郝延平:《十九世纪的中国买办——东西间桥梁》,李荣昌、沈祖炜、杜恂诚译,上海社会科学院出版社 1988 年版,第 180 页。

在所有的中国口岸,都有华人的钱庄,华人保险行,华人贸易团体,华人轮船公司以及其他企业。所有这些都由华人主管,为华人资本所支持。还有华人的进口商和出口商”[①]。置身于保险业的实战中,买办获取了许多保险的行业知识,积累了保险业经营管理的经验和技能,对保险公司的经营管理、运作模式等有了基本的认知,从而初窥保险业的经营之道。正是在洋行工作期间的耳濡目染,使得买办在保险知识经验的储备上超越时人,最有条件成为民族保险业的率先尝试者。

第二,买办拥有投资保险行业所需要的资金。

在任职洋行和自营商业期间,由于外商洋行和企业的高额利润,加上作为外国资本主义经济的附庸,买办的“生存和发展均受到西方列强政治、经济特权的庇护,这就使买办成为可以免受政府敲诈勒索的特殊免税者”[②],手中迅速积聚起大量的社会财富,成为近代中国“最富有的社会阶层”[③]。

郝延平先生在其著作《十九世纪的中国买办——东西间桥梁》中,依据翔实的资料,对近代买办的收入状况进行了大致估算[④],称买办商人为“近代中国的暴发户”[⑤]。民国时期的沙为楷在其所著的《中国买办制》中,以保险公司的买办为例,对近代买办的收入进行了剖析,认为买办在经济上是富足的[⑥]。据许涤新、吴承明等学者的估计,1840—1894 年买办阶层的全部收入共约 5 亿两,其中轮船业、保险业买办收入为 1000 万两(具体项目及收入详见表 1.1)。上述估计“仅属买办职业所得”,尚不包括买办自己投资的收益。“清

① 转引自颜鹏飞等主编:《中国保险史志(1805—1949)》,上海社会科学院出版社 1989 年版,第 54—55 页。

② 潘君祥、顾柏荣:《买办史话》,社会科学文献出版社 2000 年版,第 44 页。

③ 潘君祥、顾柏荣:《买办史话》,社会科学文献出版社 2000 年版,第 40 页。

④ [美]郝延平:《十九世纪的中国买办——东西间桥梁》,李荣昌、沈祖炜、杜恂诚译,上海社会科学院出版社 1988 年版,第 107—130 页。

⑤ [美]郝延平:《十九世纪的中国买办——东西间桥梁》,李荣昌、沈祖炜、杜恂诚译,上海社会科学院出版社 1988 年版,第 107 页。

⑥ 沙为楷:《中国买办制》,商务印书馆 1930 年版,第 33 页。

政府的财政收入，在19世纪40年代岁入不过4,000万两（如1843年为3,700万两），60年代约为6,000万两（如1861年为6,100万两）。这就是说，买办50多年的收入，差不多相当于将近10年的国库收入”①。买办阶级力图把这些在流通领域积聚起来的资金，迅速转化为自行增殖的资本。“甲午战争以前，估计有19,700万两投资于包括保险业在内的各个行业部门”②。

**表1.1　1840—1894年买办收入估计一览表**

| 项目 | 收入（千两） | 占总收入百分比（%） |
| --- | --- | --- |
| 洋行买办薪金 | 88,000 | 17.6 |
| 一般商品贸易佣金及其他收益 | 184,000 | 36.8 |
| 出口商品货价差额 | 84,000 | 16.8 |
| 鸦片贸易收入 | 97,000 | 19.4 |
| 外资工厂买办收入 | 19,000 | 3.8 |
| 银行买办收入 | 6,000 | 1.2 |
| 轮船、保险业买办收入 | 10,000 | 2.0 |
| 经手外债、军火所得收入 | 12,000 | 2.4 |
| 总计 | 500,000 | 100.0 |

资料来源：许涤新、吴承明主编：《中国资本主义发展史》第二卷，人民出版社1990年版，第173页。

与其时同样拥有财富的传统士绅不同的是，“从经济上说，暴发户买办是唯一把财富与专长集于一身的人，因而成为中国早期工业化的带头力量之一”③。

第三，思想开通、甘冒风险，有着强烈的逐利之心、求富之望是部分买办争相进军保险行业的又一原因。

近代中国的买办大多来自广东或江浙地区。广东的香山县在近代以多出

① 许涤新、吴承明主编：《中国资本主义发展史》第二卷，人民出版社1990年版，第173—174页。

② 颜鹏飞：《我国民族保险业溯源》，《江汉论坛》1987年第3期。

③ ［美］郝延平：《十九世纪的中国买办——东西间桥梁》，李荣昌、沈祖炜、杜恂诚译，上海社会科学院出版社1988年版，第274页。

买办而闻名,因此被人称为“买办的故乡”①,郝延平说“几乎所有的外商雇佣的买办都是这个县的人”②虽然有点言过其实,但近代香山买办之多则是不容置疑的事实。在近代,广东、江浙等地商业氛围浓郁,成长于这种环境的买办因而练就了独特而敏锐的商业眼光。而且,近代的买办一般具有较好的外语基础,不少有着趋新的教育背景③,因而有着较强的学习能力,在对新事物的接纳上,思想包袱和现实障碍较少。

身处中西交往的前沿,作为沟通东西的桥梁,买办较早经受欧风美雨的洗礼,有着在近代资本主义商战中摸爬滚打的非同寻常的经历,这番经历赋予了他们开通的思想和冒险的精神,“买办对新思想的接纳是很敏锐的,……条约口岸是中国最早推行近代保险业的,买办在那里经商,很快地认识到保险的便利和价值”④,“同传统商人总是不愿进入新的工商行业相比,(买办的)这种甘冒风险的气质是极为重要的”⑤。

这一时期,外国保险公司垄断了船舶保险业,从中国攫取巨额利润,“例如,英国保家行由于利润丰厚,竟使它的股票在短短10余年内升值400%”⑥。保险行业的高利润回报对有着强烈的逐利之心、求富之望的买办产生巨大的吸引力。在中国被迫向外部世界开放之近代初期,凭着与洋人更早更多接触的特殊条件,买办商人敢于冲破传统旧习,勇于尝试新奇事物,因而成为国人自办保险的最先尝试者:

> 买办成为一种新型的商人,他们活动于中国和西方之间,在近代

---

① 胡波:《香山买办与近代中国》,广东人民出版社2007年版,第6页。

② [美]郝延平:《十九世纪的中国买办——东西间桥梁》,李荣昌、沈祖炜、杜恂诚译,上海社会科学院出版社1988年版,第215页。

③ 参见马学强:《论近代上海买办的教育背景》,《史林》2004第4期。

④ [美]郝延平:《十九世纪的中国买办——东西间桥梁》,李荣昌、沈祖炜、杜恂诚译,上海社会科学院出版社1988年版,第180页。

⑤ [美]郝延平:《十九世纪的中国买办——东西间桥梁》,李荣昌、沈祖炜、杜恂诚译,上海社会科学院出版社1988年版,第180页。

⑥ 张后铨主编:《招商局史(近代部分)》,人民交通出版社1988年版,第77页。

> 中国起到了突出的战略性的重要作用。……从文化思想方面说，支撑新式企业的基础是新的思想和看法，所以当他们成为新思想的倡导者的时候，结果也就成为某些中国传统的价值观念的挑战者。他们对西方作出反应是基于他们对中华帝国之外的世界的理解。这不是因为他们较少喜欢中国的传统，而只是他们更了解西方。所以，他们是典型的“边缘人物”，而不属于两者中的任何一方，他们既受不同文化的影响，又反过来对不同的文化施加影响。他们在本质上是中西文化交融和混合于一身的文化混血儿。中间人物通常不是中心人物，但在19世纪中国的特殊环境下，买办的特殊重要性恰恰在于他们扮演的东西方中介人的角色上。①

连接中西的“边缘人”的特殊身份是买办能在倡导自办保险中充任领军人物、发挥核心作用的关键所在。

第四，日益提高的社会地位，使得买办在新式产业创办方面具有相当的号召力。

对于买办，在近代初期的中国，社会上多是对他们鄙夷不屑的。留学归来的容闳早年就曾当过买办，来自他的切身感受就颇能说明当时的这种社会氛围，“买办之俸虽优，然操业近卑鄙。予固美国领袖学校之毕业生，故予极重视母校，尊之敬之，不敢使予之所为于母校之名誉少有辱没。买办之身份，不过洋行中奴隶之首领耳”②。思想还算开明的王韬也认为，买办之称仅美其名而已，“实则服役也”。改良主义思想家冯桂芬亦持这般识见：“今之习于夷务者曰通事，其人率皆市井佻达游闲，不耻乡里，无所得衣食者始为之。其质鲁，其识浅，其心术又鄙，声色货利之外，不知其他。”③随着中西往来的扩大，中外

① ［美］郝延平：《十九世纪的中国买办——东西间桥梁》，李荣昌、沈祖炜、杜恂诚译，上海社会科学院出版社1988年版，第274页。

② 容闳著，沈潜、杨增麒评注：《西学东渐记》，中州古籍出版社1998年版，第106页。

③ 冯桂芬：《校邠庐抗议》，上海书店出版社2002年版，第55—56页。

交往渠道的增多,中国传统社会许多旧有观念日益受到冲击,买办"鄙贱"的奴仆形象亦逐渐淡化,社会对买办的看法也在悄然发生变化。

正是在这一社会环境下,买办在创办民族保险企业时能发挥其振臂一呼、应者云集的号召作用。保险招商局在筹建之初受到国人热捧,与名买办唐廷枢出任总办一职不无关系。当时《申报》上刊登的《华人新设保险局》中就有这样的评论,"既为有利之业,又得唐君景星承办以保,事可落成,则乐以附股者势必不少"①。仁和、济和两家保险公司之所以能顺利招股,很大程度上得益于唐廷枢、徐润等名震沪上的大买办出面主持。

以上所论数点是部分买办参与创办保险的主观原因。

除此之外,当时还有非常有利的客观条件存在,这就是清政府在大张旗鼓地举办以"自强求富"为目标的洋务运动。随着洋务运动的开展,大量新式企业涌现出来。这些承保对象或保险标的,为保险业的产生和发展提供了广阔的市场。面对外洋公司甚为明显的刁难、压制甚至扼杀企图,中国也急需自己的保险公司来承保这些新式企业。

而且,步入近代以后,中国的经济尤其是通商口岸的经济日益被卷入世界市场,工商业的运作已与传统方式越来越不同,工商业者本身也有着对保险的需求,保险业在中国有着广阔的潜在市场。而外商保险业的高回报也对有志于此的华商起到了很好的示范作用。正是顺应这一社会变动的需要,加上得到清政府的扶持,买办在创建民族保险公司时如鱼得水,开局较顺。而且,对于目睹洋人在条约特权的庇护下肆无忌惮地攫夺中国利权的买办来说,参与创办民族保险公司的行为本身在一定程度上就蕴含着他们"与洋人争利"的民族意识。从保险招商局开办之初报章上刊登的"公启"②中,我们不难读出这方面的信息。这一民族立场在1877年成立的安泰公司的章程和开办宗旨中也可看到:安泰明确规定"中国人以外的任何人不得持有股份";从资本凑

① 《华人新设保险局》,《申报》1875年11月4日。

② 《招商局告白》,《申报》1875年11月4日。

集到企业管理，安泰公司都力图排斥外国洋行的参与和干预，并指责外国保险行进入中国保险市场，不仅使"利润流向国外"，而且"剥夺了"内地货物"在投保方面的便利条件"。① 这一鲜明的民族立场，在郑观应对自己"初则学商战于外人，继则与外人商战，欲挽利权以塞漏卮"②的人生经历的总结中体现得就更明显了。

但是，由于从中国固有的传统社会中来，又与生俱来地与外商及封建官府之间存在着特殊的关联，买办身上不可避免地带有许多特别的印记，如封建的宗法性、居间性、投机性、依附性等，这些明显带有局限性的方面在某些时候会不同程度地表现出来，从而阻碍和制约着民族保险业的进一步发展。历史的悖论就是这样无所不在。

## 第五节　清末民族保险业初具规模

从 1875 年保险招商局的成立到 1912 年民国肇始，中国民族保险业从最初的起步开始，发展已初具规模。

这一时期，除仁和、济和以及后来合并而成的仁济和水火险公司外，又陆续成立了安泰保险公司（1877 年，香港）、常安保险公司（1880 年，香港）、上海火烛保险公司（1882 年，上海）、万安保险公司（1882 年，香港）、宜安水火保险公司（1899 年，香港）等十数家华商保险公司。华商保险公司的业务范围已由单一的船货运输保险扩大到对码头、栈房和仓货的水火保险。最早的民族保险企业——保险招商局不仅在国内口岸城市办理保险业务，而且在新加坡、菲律宾、西贡、长崎、横滨、神户、大阪等国家或城市设立分支机构，开拓业务。

进入 20 世纪，又有一批保险企业建立起来。至辛亥革命前，陆续创办的

① 颜鹏飞等主编：《中国保险史志（1805—1949）》，上海社会科学院出版社 1989 年版，第 52 页。

② 中国史学会主编：《洋务运动（八）》，上海人民出版社 1961 年版，第 84 页。

华商水火保险公司有协安保险公司、香港源安洋面火烛保险公司、华兴火险公司、华通保险公司、中国合众水火保险公司、同益火险公司、万丰保险公司、源盛保险公司、华安水火保险公司、华成经保火险公司、四海通银行保险公司、中国信益保险公司、北洋水火保险公司、恒安保险公司、普华保险公司、小吕宋益同人保险公司、恒盛保险公司、汇通保险公司、同安保险公司等近 20 家(详见表 1.2)。

**表 1.2 1900—1911 年创办的民族保险公司一览表**

| 名称 | 创办时间 | 注册地点 |
|---|---|---|
| 协安保险公司 | 1901 年 | 香港 |
| 香港源安洋面火烛保险公司 | 1904 年 | 香港 |
| 华兴火保险公司 | 1905 年 | 上海 |
| 华通保险公司 | 1905 年 | 上海 |
| 中国合众水火保险公司 | 1905 年 | 上海 |
| 同益火险公司 | 1905 年 | 上海 |
| 万丰保险公司 | 1905 年 | 上海 |
| 源盛保险公司 | 1905 年 | 香港 |
| 华安水火保险公司 | 1906 年 | 上海 |
| 华成经保火险公司 | 1906 年 | 上海 |
| 四海通银行保险公司 | 1907 年 | 上海 |
| 中国信益保险公司 | 1908 年 | 上海 |
| 北洋水火保险公司 | 1908 年 | 天津 |
| 恒安保险公司 | 1908 年 | 上海 |
| 普华保险公司 | 1908 年 | 上海 |
| 小吕宋益同人保险公司 | 1908 年 | 上海 |
| 恒盛保险公司 | 1908 年 | 上海 |
| 汇通保险公司 | 1908 年 | 上海 |
| 同安保险公司 | 1909 年 | 上海 |

资料来源:中国保险学会、《中国保险史》编审委员会编:《中国保险史》,中国金融出版社 1998 年版,第 52—53 页;《中国保险年鉴》(1935—1937 年)。

这一时期,还有福安水火人寿保险公司、华洋永庆人寿保险公司、华安人寿保险公司、上海允康人寿保险公司、上海永宁人寿保险公司、上海延年人寿保险公司等 6 家民族寿险公司先后建立起来(详见表 1.3)。

**表 1.3　1894—1909 年创办的华商寿险公司一览表**

| 名称 | 创办时间 | 注册地点 |
|---|---|---|
| 福安水火人寿保险公司 | 1894 年 | 香港 |
| 华洋永庆人寿保险公司 | 1905 年 | 香港 |
| 华安人寿保险公司 | 1907 年 | 上海 |
| 上海允康人寿保险公司 | 1909 年 | 上海 |
| 上海永宁人寿保险公司 | 1909 年 | 香港 |
| 上海延年人寿保险公司 | 1909 年 | 上海 |

资料来源:中国保险学会、《中国保险史》编审委员会编:《中国保险史》,中国金融出版社 1998 年版,第 53 页;《中国保险年鉴》(1935—1937 年)。

到 20 世纪初,保险作为一个新兴的行业形态,在中国已经占据了一席之地,民族保险业的发展也初具规模。

# 第二章　维权兴国与民国初年民族保险业的发展

进入民国，时局的一系列变化为民族保险业的发展提供了新的契机，民族保险业逐步发展起来。而随着民族保险业的发展，华商保险界的维权兴国意识不断增强。与此同时，为了争取自身发展的有利条件，他们以实际行动与外商保险业展开了一系列的维权斗争。在国家面临危难之际，刚刚成长起来的民族保险业也以其特有的方式担当起了一份社会责任。

## 第一节　时局变化与民族保险业的发展

自 1912 年民国建立到 1937 年全面抗战爆发，民族保险业经历了由上海而至全国进而至海外的不断发展，险种也由水火险扩充至产险、寿险，继而扩充至再保险和信用保险，历经艰难困苦，不断成长壮大。

根据民族保险业发展特点的转换，这一历程又可分为两个阶段：从 1912 年民国初立到 1927 年南京国民政府建立为民族保险业初步发展时期；紧接着的 1927—1937 年为民族保险业快速发展、渐趋繁荣的时期。以下将分别就其发展表现以及原因作一论述。

## 一、民国初年的时局及民族保险业的初步发展

民国初立至 1927 年南京国民政府建立,为民族保险业初步发展时期。这一时期民族保险业的初步发展,跟当时的时局变换密切相关。

首先,辛亥革命推翻了清朝的专制统治,建立起共和政体,推动了包括保险业在内的中国民族资本主义的进一步发展。

其次,与第一次世界大战后的历史契机密切相关。第一次世界大战爆发后,主要的帝国主义国家相继卷入战争,暂时放松了对中国的经济侵略,中国的民族工商业因此获得了短暂发展的春天,这为民族保险业的发展提供了难得的历史契机。

最后,五四运动和五卅惨案后爱国运动的发生,极大地促进了国人民族意识的觉醒,民众反帝斗争不断高涨,民族资本主义得到进一步发展,民族保险业也借以获得一定的发展。

这一时期,中国民族保险业的发展主要体现在华资保险机构的拓展上。从 1912 年到 1926 年,陆续成立的华商保险公司有:上海康年保寿、华安合群保寿、均安水火、羊城置业、金星人寿、香安、永康联保人寿、联泰、华侨合众、上海联保水火、先施置业、广恒、永宁水火、永安水火、先施人寿、永安人寿、爱众联保寿险、众益联保寿险、永隆人寿、宁绍水火、珠江保险公司等 36 家(具体名册见表 2. 1)。但多数是旋兴旋灭,存在的时间并不长。①

寿险公司在这一时期也是异军突起、后来者居上。陆续成立的 36 家华资保险机构中,经营寿险者有 20 家,数量上已超过一半(具体见表 2. 1 中的备注栏所示)。

华安合群保寿公司是其中颇为引人注目的一家,该公司由吕岳泉于 1912 年 7 月 1 日创立。公司成立后,发展势头迅猛。到 1919 年前后,业务经营已

---

①　参见中国保险学会、《中国保险史》编审委员会编:《中国保险史》,中国金融出版社 1998 年版,第 71 页。

遍及国内30多个大中城市,1925年更是把业务拓展到了国外,成为与外商寿险公司相抗衡的著名华资寿险公司,也是华资寿险行业的标杆。

**表2.1 1912—1926年创办的民族保险公司一览表**

| 名称 | 注册地点 | 备注 |
|---|---|---|
| 上海康年保寿公司 | 上海 | 寿险 |
| 华安合群保寿公司 | 上海 | 寿险 |
| 均安水火保险公司 | 香港 | |
| 羊城保险置业公司 | 广州 | |
| 金星人寿保险公司 | 上海 | 寿险 |
| 香安保险公司 | 香港 | |
| 永康联保人寿公司 | 上海 | 寿险 |
| 联泰保险公司 | 香港 | 寿险 |
| 华侨合众保险公司① | 上海 | |
| 上海联保水火保险公司 | 上海 | |
| 先施置业保险公司 | 总公司在香港 | |
| 广恒保险公司 | 香港 | |
| 永宁水火保险公司 | 上海 | |
| 永安水火保险公司 | 总公司在香港 | |
| 先施人寿保险公司 | 上海 | 寿险 |
| 永安人寿保险公司 | 总公司在香港 | 寿险 |
| 爱众联保寿险公司 | 上海 | 寿险 |
| 众益联保寿险公司 | 上海 | 寿险 |
| 两利联保寿险公司 | 上海 | 寿险 |
| 博爱人寿联保公司 | 上海 | 寿险 |
| 永益联保寿险公司 | 上海 | 寿险 |
| 永隆人寿保险公司 | 上海 | 寿险 |

① 其前身是中国合众保险公司,该公司1917年改组为中华保险公司。

续表

| 名称 | 注册地点 | 备注 |
|---|---|---|
| 宁绍水火保险公司 | 上海 | |
| 华年人寿水火保险公司 | 汉口 | 寿险 |
| 中和人寿保险公司 | 天津 | 寿险 |
| 江苏中华商立寿险公司 | 上海 | 寿险 |
| 福田保寿公司 | 福建莆田 | 寿险 |
| 大中华水火人寿保险公司 | 杭州 | 寿险 |
| 中华人寿保险公益会 | 广东番禺 | 寿险 |
| 船商水运保险公司 | 四川富顺 | |
| 合记公司 | 安东 | |
| 利运保险公司 | 浙江兰溪 | |
| 仁济保寿公司 | 广东番禺 | 寿险 |
| 保众保险公司 | 江苏江浦 | |
| 公安保险公司 | 广东南海 | |
| 珠江保险公司 | 广州 | |
| 合计 36 家 | | 寿险合计 20 家 |

资料来源:中国保险学会、《中国保险史》编审委员会编:《中国保险史》,中国金融出版社 1998 年版,第 71 页;《中国保险年鉴》(1935—1939 年)。

## 二、1927—1937 年民族保险业的快速发展

1927 年后,中国民族保险业的发展驶入了一个快车道。至抗战全面爆发前,中国民族保险业迎来了相对快速发展的新阶段。

这一阶段民族保险业的发展主要表现为公司数量的增长和业务的迅猛发展。据 1937 年《中国保险年鉴》统计,截至 1935 年①,华商保险公司已达 40

① 1937 年《中国保险年鉴》例言中有此说明:"本年鉴因时间匆促,二十五年度各项材料,不及排入。"所以本统计表所收录的数据并未包括 1936 年,而是截止到 1935 年。

家(详见表2.2),比1927年增加20家,分支机构达143个,保险代理处过千。与1927年前相比,在数量上都有比较显著的增长。

**表2.2　1935年全国保险公司一览表**

| | 公司名 | 总公司所在地 | 创立时间 | 分支公司数(个) | 代理处数(个) |
|---|---|---|---|---|---|
| 原有的公司仍存在 | 上海华兴保险公司 | 上海 | 1905年 | 0 | 7 |
| | 华安水火保险公司 | 上海 | 1906年 | 1 | 22 |
| | 华成保险公司 | 上海 | 1906年 | 0 | 8 |
| | 四海通保险公司 | 新加坡 | 1907年 | 2 | 3 |
| | 华安合群保险公司 | 上海 | 1911年 | 17 | 14 |
| | 均安水火保险公司 | 香港 | 1911年 | 0 | 2 |
| | 羊城保险置业公司 | 广州 | 1913年 | 5 | 6 |
| | 香安保险公司 | 香港 | 1914年 | 2 | 4 |
| | 上海联保水火险公司 | 香港 | 1915年 | 6 | 30 |
| | 先施保险置业公司 | 香港 | 1915年 | 5 | 不详 |
| | 联泰保险公司 | 香港 | 1915年 | 1 | 0 |
| | 永宁水火保险公司 | 上海 | 1915年 | 1 | 24 |
| | 永安水火保险公司 | 香港 | 1916年 | 7 | 17 |
| | 东方人寿保险公司 | 北平 | 1920年 | 0 | 5 |
| | 华侨保险公司 | 新加坡 | 1921年 | 0 | 未详 |
| | 中一信托公司保险部 | 上海 | 1921年 | 1 | 0 |
| | 仁济和保险公司 | 上海 | 1922年 | 0 | 0 |
| | 先施人寿保险公司 | 香港 | 1922年 | 4 | 26 |
| | 宝丰保险公司 | 上海 | 1923年 | 11 | 39 |
| | 永安人寿保险公司 | 香港 | 1924年 | 4 | 8 |
| | 宁绍水火保险公司 | 上海 | 1925年 | 0 | 20 |
| | 安平保险公司 | 上海 | 1926年 | 13 | 甚多 |

续表

| 公司名 | | 总公司所在地 | 创立时间 | 分支公司数（个） | 代理处数（个） |
|---|---|---|---|---|---|
| 新创设的公司 | 大华保险公司 | 上海 | 1927 年 | 0 | 2 |
| | 陆海通保险公司 | 香港 | 1927 年 | 4 | 0 |
| | 爱群人寿保险公司 | 香港 | 1928 年 | 1 | 18 |
| | 肇泰保险公司 | 上海 | 1928 年 | 5 | 25 |
| | 太平保险公司 | 上海 | 1929 年 | 14 | 788 |
| | 中国第一信用保险公司 | 上海 | 1930 年 | 0 | 0 |
| | 丰盛保险公司 | 上海 | 1931 年 | 12 | 甚多 |
| | 中国保险公司 | 上海 | 1931 年 | 0 | 76 |
| | 宁绍人寿保险公司 | 上海 | 1931 年 | 4 | 17 |
| | 中国海上意外保险公司 | 上海 | 1932 年 | 0 | 0 |
| | 广州大华保险公司 | 广州 | 1932 年 | 1 | 0 |
| | 泰山保险公司 | 上海 | 1932 年 | 2 | 12 |
| | 四明保险公司 | 上海 | 1933 年 | 8 | 25 |
| | 华商联合保险公司 | 上海 | 1933 年 | 0 | 5 |
| | 中国天一保险公司 | 上海 | 1934 年 | 10 | 41 |
| | 中央信托局保险部 | 上海 | 1935 年 | 0 | 41 |
| | 邮政储金汇业局保险处 | 上海 | 1935 年 | 0 | 0 |
| | 兴华保险公司 | 重庆 | 1935 年 | 2 | 11 |
| 合计 | 40 家 | | | 143 | >1296 |

资料来源:《中国保险年鉴·1937 年·上编》,第 3—4 页。

这 40 家华商保险公司中,“就其组织性质而言,则国营 2 家,占总数 5%,民营 38 家,占总数 95%。就其经营事业之种类而言,则专营人身保险 7 家,占总数 17.5%,专营损失保险者 25 家,占总数之 62.5%,人身损失兼营者 3 家,占 7.5%,保险为其附属经营者 4 家,占总数 10%,专营分保业务者 1 家,占总数2.5%”①。27家为向国民政府注册者,11家向香港政府注册,另有2家向新加坡政府注册。

全国40家保险公司总公司分布于上海、香港、广州、重庆、北平、新加坡等处,126家分支机构则遍布江苏、浙江、江西、湖北、福建、四川、河南、山东、辽宁、吉林等中东部诸省,保险已不再是上海、广州、香港等沿海城市或地区的专利,而是迅速扩展至其他口岸城市及更广大的内地商埠(详见表2.3)。

**表2.3　1937年《中国保险年鉴》收录之全国保险公司总分公司地别表**

| 地别 | | 总公司数(个) | 分公司数(个) |
|---|---|---|---|
| 上海市 | | 24 | 11 |
| 江苏 | 南京 | | 5 |
| | 镇江 | | 1 |
| | 苏州 | | 1 |
| 江西 | 九江 | | 1 |
| | 南昌 | | 4 |
| 浙江 | 杭州 | | 6 |
| | 宁波 | | 2 |
| 湖北 | 宜昌 | | 1 |
| 湖南 | 长沙 | | 6 |
| 福建 | 思明 | | 1 |
| | 闽侯 | | 1 |
| 广东 | 石峡 | | 3 |
| | 台山 | | 1 |
| | 汕头 | | 1 |
| | 广州 | 2 | 18 |
| 四川 | 重庆 | 1 | 6 |

① 《中国保险年鉴·1937年·上编》,第3页。

续表

| 地别 | | 总公司数（个） | 分公司数（个） |
| --- | --- | --- | --- |
| 河南 | 开封 | | 1 |
| | 郑县 | | 5 |
| 天津 | | | 10 |
| 北平 | | 1 | 3 |
| 山东 | 青岛 | | 6 |
| | 济南 | | 5 |
| | 龙口 | | 1 |
| 辽宁 | 大连 | | 1 |
| | 沈阳 | | 1 |
| | 营口 | | 1 |
| 吉林 | 滨江 | | 5 |
| 香港 | | 10 | 8 |
| 国外 | 巴达维亚 | | 1 |
| | 仰光 | | 2 |
| | 庇能 | | 1 |
| | 新加坡 | 2 | 2 |
| | 棉兰 | | 1 |
| | 暹罗 | | 2 |
| | 澳洲 | | 1 |
| 合计 | | 40 | 126 |

说明："庇能"即今马来西亚的槟城。
资料来源：《中国保险年鉴·1937 年·上编》，第 199 页。

随着华商保险业的迅速崛起和中外保险业的激烈竞争，一些规模较大的华商保险公司，逐渐从内地向海外开拓市场。

中国保险公司与太平保险公司陆续在西贡、巴达维亚、新加坡、马尼拉等地设立分支公司。中国保险公司还在大阪、伦敦、纽约等地设立代理处，由所在地中国银行代理保险业务。其他保险公司也相继把目光投注到海外:上海联保保险公司在仰光设立分公司,四海通保险公司在新加坡和棉兰设立分公司,先施保险置业在新加坡设立分公司,永安水火在暹罗设立分局,永安人寿更把业务发展到澳洲,爱群保险公司、香安保险公司、先施人寿保险公司在吉隆坡、新加坡、纽约等地均设有代理机构或委托代理人开展业务(详见表2.4、表2.5)

**表2.4　1937年《中国保险年鉴》收录之我国保险公司在国外总分公司一览表**

| 商埠 | 保险公司 | 总分支公司类别 |
| --- | --- | --- |
| 巴达维亚 | 华安合群保寿公司 | 分公司 |
| 仰光 | 上海联保水火险公司 | 分公司 |
| | 羊城保险公司 | 分公司 |
| 庇能 | 羊城保险置业公司 | 分公司 |
| 新加坡 | 四海通银行保险公司 | 总公司 |
| | 羊城保险置业公司 | 分公司 |
| | 先施保险置业公司 | 分公司 |
| | 华侨保险公司 | 总公司 |
| 棉兰 | 华安合群保寿公司 | 分公司 |
| | 四海通银行保险公司 | 分公司 |
| 暹罗 | 永安水火保险公司 | 分局 |
| 澳洲 | 永安人寿保险公司 | 分局 |

资料来源:《中国保险年鉴·1937年·上编》,第195—196页。

**表2.5　1937年《中国保险年鉴》收录之国外我国保险代理处一览表**

| 商埠 | 保险公司 | 代理机关或代理人 |
| --- | --- | --- |
| 吉隆坡 | 羊城保险公司 | 刘赞星 |
| 新加坡 | 上海联保公司 | 亚洲公司 |
| | 爱群保险公司 | 陈月卿 |
| | 中国保险公司 | 中国银行 |

续表

| 商埠 | 保险公司 | 代理机关或代理人 |
| --- | --- | --- |
| 纽约 | 爱群保险公司 | 陈庆云 |
| | 爱群保险公司 | 陈祥鼎 |
| | 爱群保险公司 | 陈敦朴 |
| | 中国保险公司 | 中国银行 |
| 伦敦 | 中国保险公司 | 中国银行 |

资料来源:《中国保险年鉴·1937 年·上编》,第 196 页。

保险公司的业务亦同步发展,保额增长明显。宁绍公司 1934 年度“营业成绩,大有进展,计缮发保额共有 3,163,575 元之巨,较之民国二十二年度超出 659,225 元,增加比率约在 25%以上,较民国二十一年度超出 1,390,570 元,增加比率约在 75%之谱,由此可见本公司营业逐年均有显著之进步”①。其他公司也都出现不同程度的业务增长。

这一时期,民族保险业的发展还表现为保险种类的多样化,除水火险和寿险外,还出现了信用保险和再保险。

诞生之初,民族保险业的业务主要集中在水火险方面。民国初年开始,财产保险渐有发展。中国的寿险业诞生则相对较晚,大约在 20 世纪初。进入 20 世纪 30 年代,民族保险业的保险种类由财产保险、人寿保险扩展至信用保险、再保险,种类趋于完善。

关于财产保险和人寿保险产生较早,前文已有论述。信用保险是由保险人为被保证人向权利人提供担保的保险。当被保证人的作为或不作为致使权利人遭受经济损失时,保险人负经济赔偿责任。② 在保险业发达的欧美诸国,信用保险公司早已不是什么新鲜事物。20 世纪 30 年代就有人撰文称:“英国之信用保险公司,成立最早,均在二百年前。美国继之,在七十年前即有此项

① 胡咏骐:《民国廿三年度业务报告》,《人寿》第 9 号(1935 年 4 月)。

② 参见徐文虎等主编:《保险学》,上海人民出版社 2001 年版,第 307 页。

信用保险公司之组织。日本在二十年前,亦仿效英美而组合信用保险公司,社会极为利便。"①

1930年,由上海市商业储蓄信用银行创办的中国第一信用保险公司成立,"资本国币20万元,董事长伍克家,董事有朱如堂、徐谢康、金宗城、潘学安等,总经理为潘学安"②。作为近代首家信用保险公司,中国第一信用保险公司成立后,"凡谋得职业而不能得保者,该公司均可代为保证。其取费极廉,而所负之责任极重,经该公司代保者,凡发生一切诈欺偷窃,侵占舞弊之行为,致雇主受有损失,该公司均负赔偿之责",这就为那些"初入社会,信用未孚"者在解决担保上提供了方便。③ 但"初因我国人民,对于此种保险咸不明了,且该公司初设,信用尚未昭著,故生意寥寥"④,业绩平淡,"第一年之成绩,直等于零……第二年收入24,000余元,去年(1932年)收入30,000余元"⑤。

1933年,中国经济信用保险有限责任合作社成立,虽然该社主旨并不在信用保险,而在"使社会上认为合作事业之必要,以养成团体组织,改善一般经济生活之环境"⑥,但其在上海市社会局登记的业务类型中标明为"信用保险",则应不会与信用保险毫无关系,至少能反映信用保险的社会影响逐渐扩大的某种现实。

与此同时,再保险也取得较大进展,出现了专门的华商再保险公司。1933年6月,由肇泰、华安水火、永宁、永安水火、先施保险置业、中国海上意外、通

---

① 《中国第一信用保险公司成立》,《银行周报》1930年7月29日。

② 中国人民银行上海市分行金融研究所编:《上海商业储蓄银行史料》,上海人民出版社1990年版,第844页。

③ 《中国第一信用保险公司成立》,《银行周报》1930年7月29日。

④ 中国人民银行上海市分行金融研究所编:《上海商业储蓄银行史料》,上海人民出版社1990年版,第844页。

⑤ 中国人民银行上海市分行金融研究所编:《上海商业储蓄银行史料》,上海人民出版社1990年版,第845页。

⑥ 《中国经济信用保险有限责任合作社三周年纪念特刊》,1937年1月,第23页。

易信托公司保险部及宁绍商轮公司水火保险部等8家发起的华商联合保险公司成立。"华商联合保险公司为我国专营再保险业务的第一个公司,当时参加者为太平、华安、肇泰、先施、永安、永宁、宁绍、海上、联保、华兴、安平等12家,他们各出资29万元,本互助合作的原则,期达共存共荣的目的"①。华商联合保险公司"为全国保险业对内对外之分保机关,并承保或经理各种官有财产及国营事业之水火等险"②。虽然"这一种的组合……未能推及于全体同业,多数溢额,仍旧分与外商,以致造成后来个别对外契约分保的根深巩固、牢不可破的局面,国家还至今因此受到外汇漏卮的巨大损失"③,但这一历史性的突破其实昭示着民族保险业新的发展趋向。

至此,近代民族保险业的险种已相对齐全,由单一的水火险到人寿险再到专门的信用保险、再保险。这是民族保险业发展的内在要求,也是保险业进一步发展的重要标志。

由上观之,1927—1937年在近代民族保险业发展史上是一个非同寻常的时期。在这十年里,民族保险业步入令人瞩目的快速发展阶段,发展初显繁荣之势。正如马寅初先生所言,"保险事业已成为经济界四大事业之一"④。

但是,随着抗战的全面爆发,国民政府迁都重庆,时局更加动荡,保险业因此受到严重影响,同业组织几陷瘫痪,形同虚设,管理规章根本无法执行,经纪人滥放折扣之风"故态复萌","各种陋习又相继而来,迄乎近顷,情势益非,规章已视如无物,贴佣放佣之举,浸成普遍现象,而为公开秘密,诚有不胜检举之

---

① 沈云龙等主编:《近代中国史料丛刊三编》第47辑第468种,(台湾)文海出版有限公司1988年版,第95页。

② 周华孚、颜鹏飞主编:《中国保险法规暨章程大全(1865—1953)》,上海人民出版社1992年版,第325页。

③ 沈云龙等主编:《近代中国史料丛刊三编》第47辑第468种,(台湾)文海出版有限公司1988年版,第94—95页。

④ 颜鹏飞等主编:《中国保险史志(1805—1949)》,上海社会科学院出版社1989年版,第269页。

慨!”[①]民族保险业的良好发展势头未能延续下去。

那么,1927—1937年,民族保险业何以能快速发展?

究其原因,主要包括如下两方面:

第一,大的政治和经济环境有利于民族保险业的发展。

1927年,蒋介石发动四一二反革命政变,在南京另立国民政府。1928年,东北易帜,北洋军阀政权宣告结束。从1928年至1937年7月抗日战争全面爆发的10年间,中国经济进入了一个新的嬗变期。[②] 这一时期,国民政府统治中心以及中国经济最为发达的区域——长江中下游和珠江三角洲,虽不可避免也卷入政治斗争和战乱,但延续时间并不太长,破坏程度不如民国前期严重。例如广东,民国前期战乱不断,政权更迭频繁,1931年后虽与南京对立,但基本没有受到战乱破坏。

在这种相对安定、和平的环境下,南京国民政府明确地把“提倡保护国内之实业”作为一项十分重要的施政内容提出[③],并开始“国民经济建设运动”,颁布了一系列促进工商业发展的法则,“国民政府先后颁布过《度量衡法》《特种工业奖励办法》《工业技术奖励条例》《工业奖励法》等法规,鼓励投资,奖励发明创造,改善市场条件”[④]。国民政府还大力整顿金融,废两改元。为了摆脱严重的农业经济危机,从20世纪30年代开始,国民政府又力推农村合作社运动,掀起了一股发展农业、复兴农业的浪潮。

在这种社会经济环境下,更广泛的安全保障需求产生出来:“经济建设和人民幸福的一个重要条件,即是安全。所谓安全,种类很多,如政治的安全,社会的安全,经济的安全等皆是。我们专就经济的安全言,就有职业的安全,物

---

① 朱如堂:《合作慨言》,《保联月刊》第1卷第7期(1937年5月)。

② 陆仰渊、方庆秋主编:《民国社会经济史》,中国经济出版社1991年版,第215页。

③ 虞和平主编:《中国现代化历程第二卷:启动与抉择》,江苏人民出版社2001年版,第709页。

④ 虞和平主编:《中国现代化历程第二卷:启动与抉择》,江苏人民出版社2001年版,第709页。

价的安全，财产的安全和生命的安全等。职业的安全，即是职业的保障；各国盛行的失业保险，即属于这一类。然失业保险，非由政府的力量不容易办到，如美国社会安全法所包括的范围极广，除普遍失业保险以外，有老年休养金，赡养休养金，寡妇休养金，真所谓'鳏寡孤独皆有所养'，无非是求社会的安全……讲到财产的安全和生命的安全，固以法律的保护为前提，然其损失之赔偿，还是靠保险。如水火保险、汽车保险、窃盗保险等，都是保障财产的损失的。人寿保险，人身意外保险等，都是保险生命损失的价值的。这两类保险，即是私人保险公司所能办理的。"①经济与保险关系密切："中国整个经济不发达，人民生活程度很低，所以保险事业也不发达。……经济建设稍有进步，则保险事业必随之发达。"②保险业正是受惠于这个大的经济环境并因应社会的需要而发展起来。

第二，金融资本投入保险为保险业的发展注入了强劲的活力。

包括银行信托业在内的金融资本竞相投资保险业成为这一时期民族保险业发展的独特景观。已有学者关注过这一现象并作过研究③。

银行和保险本来同属金融业的体系，银行业、保险业与证券业一起构成金融业的三大支柱。但银行和保险在近代中国的发展并不平衡，"在第一次世界大战以后，华商银行业发展迅速，到1920年代初期整体实力已超过在华外商银行业，成为金融市场的一大主体"④。

自20世纪20年代后期到抗战全面爆发的1937年，"由于银行业之突飞猛进，而所营货物或不动产押款均需保险以资保障，遂竞以其过剩之资金，投

① 张素民：《保险与经济》，《太安丰保险界》第2卷第21期（1936年11月）。

② 张素民：《保险与经济》，《太安丰保险界》第2卷第21期（1936年11月）。

③ 如，赵兰亮：《近代上海保险市场研究（1843—1937）》，复旦大学出版社2003年版，第234—267页；徐华：《20世纪20至40年代银保关系》，《史林》2004年第5期。

④ 赵兰亮：《近代上海保险市场研究（1843—1937）》，复旦大学出版社2003年版，第237页。

资于保险事业，于是保险业渐形成银行之副业”①，金融界出现了独特而壮观的“银行保险”现象。虽然银行投资保险并不始于这一时期②，但银行业大规模投资保险则始自20世纪20年代后期，抗战全面爆发前蔚为壮观，形成金融界一股不容忽视的潮流。全面抗战爆发前银行业投资于保险公司的情况参见表2.6。

**表2.6　1937年前银行业投资于保险公司情况一览表**

| 年份 | 保险公司名称 | 总公司所在地 | 资本总额 | 实收资本 |
|---|---|---|---|---|
| 1905年 | 华兴保险公司 | 上海 | 50万 | 50万 |
| 1907年 | 四海通银行保险公司 | 新加坡 | 200万叻币 | 200万叻币 |
| 1919年 | 永宁保险行 | 上海 | 100万 | 50万 |
| 1921年 | 华侨保险公司 | 新加坡 | 500万叻币 | 435万叻币 |
| 1926年 | 安平水火保险公司 | 上海 | 100万 | 75万 |
| 1927年 | 大华保险公司 | 上海 | 12万 | 12万 |
| 1929年 | 太平保险公司上海 | 上海 | 500万 | 300万 |
| 1930年 | 中国第一信用保险公司 | 上海 | 20万 | 20万 |
| 1931年 | 宝丰保险公司 | 上海 | 50万 | 50万 |
| 1931年 | 中国保险公司 | 上海 | 500万 | 250万 |
| 1932年 | 泰山保险公司 | 上海 | 100万 | 100万 |
| 1933年 | 四明保险公司 | 上海 | 100万 | 50万 |
| 1933年 | 兴华保险公司 | 重庆 | 100万 | 50万 |
| 1934年 | 中国天一保险公司 | 上海 | 500万 | 250万 |
| 1935年 | 中央信托局保险部 | 上海 | 500万 | 500万 |
| 1937年 | 中国人寿保险公司 | 上海 | 100万 | 50万 |

资料来源：《中国保险年鉴·1937年》；沈雷春：《中国金融年鉴》，1939年1月22日，第A133页。
说明：“叻币”为“新加坡元”的旧称；表中未标明的单位为“元”。

① 沈雷春：《中国金融年鉴》，1939年1月22日，第A133页。

② 最早的银行投资保险始自1905年，中国近代第一家新式银行——中国通商银行的高级职员在上海发起成立一家保险公司——华兴保险公司。民国初年，该保险公司改隶于中国通商银行，应为银行投资保险之始。

表2.6显示,从1927年到1937年间,共有11家保险公司与华资银行业存在着投资关系,而之前自1905年至1926年的20年间仅有5家。而表中所列1926年一项,虽不属于上文所设定的1927年至1937年的讨论范围,但时间上非常接近1927年,而向前推则多年空白,只有1921年有银保存在。如果将这一项也算进来,20世纪20年代后期到全面抗战爆发前则有12家。由此可见20世纪二三十年代银行业投资于保险公司的强劲势头。

银行不仅在资本上对保险业大手笔注资,而且在业务上为保险业务的开展提供营业网点和人员的支持。正是凭借与银行的特殊关系,保险公司能充分利用银行的既有资源,保险业的发展因而驶入了一个非同寻常的快车道。对此,时人看得甚为清楚:“一向被人漠视忽略的华商保险业,这几年来已呈现一种生机勃勃的景象了。金融界方面给予的助力,实在不小。全国各大银行凭着他们深厚的金融势力,直接间接地扶植了一些规模较大的保险公司出来,集成一条坚固的阵线,以与洋商公司相颉颃,社会观听为之一新。”①

银行业对保险业的注资,壮大了保险业资本实力,有力地促进了民族保险业的发展:“近十年来,由于国内银行业之突然发达,而所营货物或不动产押款,因均须保险以资保障,故金融界乃认‘保险’为有利之企业,纷纷起而经营,规模宏大、资本充足之公司,遂相继成立,保险业务之突飞猛进,大有一日千里之势。”②

依托银行保险的混业经营形式,保险业可以利用银行在各地的分支机构和职员,开展保险业务,从而大大减省了保险公司在机构设置和人员上的费用支出。通过与银行业的这种结合,保险公司还可以充分利用银行积累的客户源、信息源等有形、无形的资源开展业务,实现营业成本的直接降低和经营效

---

① 谢国贤:《保险事业在中国》,《银行周报》第21卷第19期(1937年5月)。

② 沈雷春:《我国之保险业》,《实业部月刊》第2卷第5期(1937年5月)。

益的快速增长。①

当然,这一混业经营的独特形式在给保险业带来巨大发展的同时,也会产生某些负面影响,比如,保险公司在许多时候要受到银行章程的牵制,其独立性可能会受到某种程度的损伤;二者的人事纠葛也会造成业务开展上难以平衡,银行代理人对保险公司委托之事有时也较难真正尽心尽职。② 但总体上显然利大于弊。

这一时期,"保险业委托银行代理业务,已成普遍之现象,而信托公司亦有保险部之设,大多均属代理性质,间有直接承保者,如中一信托公司,此外,百货公司之先施、永安亦另拨资本,创办保险公司"③。民族保险业在这一时期的较快发展很大程度上得益于以银行业为主的金融业的投注之力和扶持之功:"银行界之投资保险业,增厚保险业之实力,并提高其信用,亦为保险业发展之重要因素。"④

这一时期保险业的繁荣发展,反过来也给民族工商业的发展提供了有利条件,"金融界为各商借贷之枢纽。保险业为财贷保障之机关,一则予商人以便利,一则予商事以安全。辅车相依,不可偏废者也"⑤。1933 年 3 月,荣氏集团的汉口申新四厂突遭大火,"除栈房、公事房外,全部焚毁"⑥,所幸申新四厂此前在中国保险公司投有火险。由于赔款的及时支付,该厂得以迅速进行灾后重建,恢复生产。⑦

---

① 参见徐华:《民国时期银行业投资创办保险公司的动机分析》,《内蒙古社会科学(汉文版)》2003 年第 5 期。

② 参见徐华:《20 世纪 20 至 40 年代银保关系》,《史林》2004 年第 5 期。

③ 沈雷春:《中国金融年鉴》,1939 年 1 月 22 日,第 A133 页。

④ 沈雷春:《中国金融年鉴》,1939 年 1 月 22 日,第 A139 页。

⑤ 市隐:《保险业与金融界之关系》,《钱业月报》第 7 卷第 5 期(1927 年 5 月)。

⑥ 上海社会科学院经济研究所编:《荣家企业史料》上册,上海人民出版社 1980 年版,第 396 页。

⑦ 王化南:《忆中国保险公司》,载全国政协文史资料委员会编:《中华文史资料文库》第 14 卷,中国文史出版社 1996 年版,第 555—556 页。

此外，保险教育的发展、民众保险意识的逐步提高以及保险同业的合作，对保险业的快速发展也都是强劲的助推。因章节统筹安排的需要，有关保险教育的问题将会在第五章作专门论述。

在以上诸多因素的合力作用下，全面抗战爆发前10余年间，民族保险业呈现出快速发展的繁荣局面。但七七事变后日本发动全面侵华战争，打乱了中国社会和经济正常发展的进程，使原本渐入佳境的民族保险业遭受重创。大量保险企业不得不收缩营业，特别是太平洋战争爆发后，全国保险业的中心——上海沦陷，以前尚在租界苦苦支撑的华资保险业多被日军强行接收，仅存的则不得不将营业重心放在经济相对落后的大后方，这对民族保险业是一个沉重打击。

## 第二节　保险界维权兴国保险观的阐发

### 一、争利维权的创业初衷

从创办之日起，民族保险业就处于洋商的压制之下，与洋商争利、挽回利权就成为它们共同的创业宗旨。

1907年1月，天津联兴斋等十五号创办裕善防险会以保火险，请求市商会给予保护："窃津邑为商务荟萃之区，生意殷繁，人烟稠密，偶一不慎，遂兆焚如，设遇物燥天干，延烧动至数十百家，在殷实者不难筹款而重开，而亏累者每因一蹶而不振。历观往事，比比皆然。幸有洋商保险，而利权终忧其外溢。商等有鉴于此，爰由董事徐懋岩联合商等十五家议设裕善防险会，筹款存放，以备不虞。惟章程议以十年为满，阅时既久，诚恐出有别项情节，除临时禀明应请恩施给予保护外，理合抄呈章程，公恳商务总会大人恩准批示立案，以开风气而保利权。"①

① 《津郡鞋商联兴斋等十五号创办裕善防险会以保火险》，载天津市档案馆等编：《天津商会档案汇编（1903—1911）》上册，天津人民出版社1989年版，第726—727页。

对此,天津市商会作出批示曰:“查该商等创办裕善防险会,意在挽回利权,实属有益商界,不胜欣慰。应准照议立案,随时保护。”①商会的积极回应,应是基于这些商号以挽回利权、有益商界为出发点。

1908 年 5 月,北洋水火保险股份有限公司在天津创设。其招股章程称:“通商以来,保险一事,资财外溢,为数甚巨。上海为挽回利权起见,先后集股创设保险生意,计已九家之多。惟我北洋尚付阙如,任令各国保险家年多一年,中国保险费日耗一日。兴念及此,辄用殷忧,凡我同仁,讵宜膜视。今联合同志认为创办人,叠次会商,分担集股,谨遵商律拟定招股章程,凡三十有四条。其宗旨则通力合作,绝无独行独断之虞;其办法则开诚布公,力祛自利自私之弊。望祈诸君子互相劝勉,慨入巨股,极力赞成,俾吾中国莫大之利源,仍归吾中国自有,是则区区之微意也。”②这也表明了其与洋商争夺利源的心声。

进入民国,大量的保险企业建立起来。20 世纪二三十年代,以华商银行业为中坚的金融界竞相加大对保险业的投资,创办了一系列的保险公司。近代著名的保险公司几乎都在这一时期由华商银行业出资创办③。因此,民族保险业不仅在数量上,而且在管理水平上也上了一个新台阶。在谈到银行办保险的动机时,创办者无不以“挽回利权,杜塞漏卮”相号召。

1926 年出资创办安平水火保险公司的东莱银行这样述说其创办缘由:“吾国自通商互市以来,保险事业亦与年俱进。顾华商业此者寥寥无几,每年保费为数甚巨,悉周转于外人之手,利权外溢,良可慨叹。而太阿倒持、仰人鼻息,尤为国人所应急起直追,以图挽救者也。”④这就道出了华商保险企业创办

① 《津郡鞋商联兴斋等十五号创办裕善防险会以保火险》,载天津市档案馆等编:《天津商会档案汇编(1903—1911)》上册,天津人民出版社 1989 年版,第 727 页。

② 《北洋水火保险有限公司招股章程》,载天津市档案馆等编:《天津商会档案汇编(1903—1911)》上册,天津人民出版社 1989 年版,第 732 页。

③ 赵兰亮:《近代上海保险市场研究(1843—1937)》,复旦大学出版社 2003 年版,第 237 页。

④ 上海市档案馆藏东莱银行档案,档号:Q283-1-14。

之初即有的追赶外商的心理。

金城银行鉴于“我国保险业向操诸外商之手，利权外溢……爰于十八年(1929)间，独资创办太平保险公司”①。太平保险公司董事长周作民在与陈光甫等保险同业的一次谈话中则表示，中国的保险公司“只可向外人争，不可自争”②。自1933年始，太平保险公司争得瑞士再保险公司限额百分之一的固定分保业务，“成分虽微，意味殊大”③。在此之前，由于“华商之资力薄弱，信誉不能外孚”，“华商保险公司所做生意，向来完全以国内为限，国外固完全不能问津，而与洋商订立分保契约者，亦完全为单面之条件，只有分出，并无分入，殊失平衡”④。华资公司接受国外分保，实由太平公司“开一先声，辟一荆棘”⑤。

在制定保险法的过程中，华商代表亦力主中外一体，不加区分；尤其强调必须参照外国的情形，坚持维护中国的立法主权，反对在制定保险法规时征求外商的意见。1931年5月，华安合群公司吕岳泉向上海市保险业同业公会致函称“法规为国家所立，不论何人，均应遵守”，“东西各国不论何种立法，入其境者必须遵守奉行”，“外人于其本国所订之法规”“对于吾中国人尤格外取缔，视同鱼肉”。现在中国制定保险法，“似无征集洋商保险公司意见之必要”，别国也不会“拟立某种法规而向他国商人征询意见”。就算是向洋商保险公司征询意见，它们也不可能维护中国的利益，这样做“不啻向兽谋皮，事

① 金城档案：《金城银行创立二十年纪念刊》，载中国人民银行上海市分行金融研究所编：《金城银行史料》，上海人民出版社1983年版，第289页。

② 金城档案：“董事会议事录”(1933年9月27日)，载中国人民银行上海市分行金融研究所编：《金城银行史料》，上海人民出版社1983年版，第291页。

③ 太平档案：“太平保险公司营业报告书”(1933年)，载中国人民银行上海市分行金融研究所编：《金城银行史料》，上海人民出版社1983年版，第293页。

④ 太平档案：“太平保险公司营业报告书”(1933年)，载中国人民银行上海市分行金融研究所编：《金城银行史料》，上海人民出版社1983年版，第293页。

⑤ 太平档案：“太平保险公司营业报告书”(1933年)，载中国人民银行上海市分行金融研究所编：《金城银行史料》，上海人民出版社1983年版，第293页。

终无济”。对于中国的保险法规,“洋商保险公司自应遵守奉行,毫无疑义”。①

在保险界同人的共同推动下,《保险法》《保险业法》《保险业法施行法》几经修订,于1937年1月由国民政府正式公布。对于这些规定,“外国人颇多反对者”,马寅初先生特著文逐条予以批驳。

对于保险法规中规定的“财产保险业外,投资不得超过该公司资本总额三分之一,而人身保险业则不得有外人资本”,外国人颇多微词,认为“中国保险业公司既在中国政府司法与行政管理之下,且其投资之方式,已为该法所规定,故中国资本实无运至国外之可能”。对此,马寅初批驳说:“此点表面虽有理由,如保险公司之资本及股东,中国人既占三分之二,则对于资金之投放,多数中国股东不欲汇往外国时,少数外国股东无法可以汇出。不知中外合资之公司,在历史上,虽外国人股东仅占极少部分,亦足控制公司之全部,中国政府惩前毖后,不能无顾虑。且法律规定资金及责任准备金之运用,富有伸缩性,外国人纵无操纵之全力,至少亦有伸缩余地也。”外国人认为“人身保险业公司之责任准备金并非其永久之财产,不过为保证要保人或受益人之利益起见,由公司代为保管之储金,纵使此项准备金会作为向国外投资之用,但因须偿付赔款,势不得不复回至中国”。马先生针锋相对:“此种责任准备金,最后虽仍须回到中国,但至何时可回至中国,则不可知。按人身保险费缴付办法,有延长至五六十年者,其在二三十岁时投保者,假定投保人能活到九十五岁,则其责任准备金即被外人利用六七十年之久,即中国工业于此六七十年间,少去如许可以利用之资金矣。”②

针对外国人关于“中国人身保险业公司既遵守中国法律,则外人在此种公司投入之资本,当然受同一法律支配,故激励享有治外法权利益之外人向中

① 《上海市保险业同业公会1931年度报告册·来往文牍》,第48页。

② 马寅初:《中国保险业与新中国建设之关系》,《银行周报》第21卷第19期(1937年5月)。

国保险公司投资，以期彼等资本受中国政府之监督，由中国方面观之，实属有利”的说辞，马先生严辞驳拒：“此点意即准许外国人投资中国保险业公司后，向中国政府注册，受中国政府之监督，中国政府可以对之查帐，无形中将外人所享受之领事裁判权逐渐取消，故称于中国有利，此点虽较有理由，实则公司违法与外国人违法，仍未能同样处理。外人参加资本之人身保险业公司，虽遵守中国法律，倘外国商人或经纪人犯罪，是否亦同样遵守中国法律，受中国政府之监督制裁矣，然此事关系各该国在华全体侨民之利益，该国在华使领馆及各该国政府又岂能任其轻于放弃全体侨民之利益乎？”①

对于保险业法关于保险公司投资方法的规定，外国人亦反应强烈，“彼等以该法第二条之规定，保险业之资金及责任准备金，应以至少百分之八十投资于中华民国领域以内，不适用于外国保险业公司。该公司等拥有数千百万之资本，投资遍于全世界，纵使有如此巨大数目投资之机会，而将其资本改投中国，势有所不能。彼等且以为此项规定，即对中国保险业公司，亦不适用。因此项规定将使中国保险业公司不能在中国领域以外其他国中发展营业，而其他国中法律或规定准备金之一部分必须在当地投资，纵使保险业公司可以运其准备金来华投资，若非允许其以同样通货投资于他国，以免汇兑上之损失，则保险业公司或将认为此事不稳妥，不敢在他国发展营业，以冒通货上之危险。”对此，马先生义正词严：“外国保险公司既自认资本投放遍于全世界，足以明其所吸收之华资，亦多投放于外国，自写供状，其此之谓乎？中国安不能加以限制乎？此其一。外国保险公司既不愿将资金百分之八十以上投放中国，则何云遵守中国法律，试问所遵者在何处乎？保险业法最要之一点，即在限制公司资金之运用，今外国人既直认资金投放于全世界，不能多投中国，则虽向中国政府注册，岂不等于不遵守中国法律乎？倘谓中国保险业公司，亦不应限制其资金及责任准备金百分之八十于国内，因如此，将不易在国外开设支

① 马寅初:《中国保险业与新中国建设之关系》,《银行周报》第 21 卷第 19 期(1937 年 5 月)。

店。若欲在国外设支店,所吸收之资金,外国亦将不准汇出,一也。纵使外国准许汇出,以外国货币折成华币,于汇兑上将蒙折耗之危险,此其二。凡同二点,固比较有相当理由,然外国在华保险公司,独何能将在华吸收之资金,不惮汇兑折耗之危险,汇出国外乎? 反躬自问,谅非由衷之言也。"①

对于经纪人的规定,外国人亦持反对意见,"外国人既得参加中国保险公司三分之一,又向实业部注册,服从中国法律,何以不让经纪人到内地营业乎?从前因外国人中有领事裁判权关系,故不准到内地营业,现既服从中国法律,岂尚有限制之必要乎?"马先生答曰:"要知中国之所以差别待遇外人,即在外人享有领事裁判权,使外人能自动取消领事裁判权,中国内地自能对外人开放营业,不揣其本,图齐其末,抑何所见之偏耶?"②

外国人甚至威胁说:"限制外国保险业公司之处如不取消,外国保险公司将有二种抵制办法:(甲)减价竞争,使中国保险业难以发展;(乙)不分做保险,如有好的保险生意,外国保险公司将不分与中国同行,中国保险业公司倘因限于资力,难于承受巨额保险,欲分与外国同行时,外国保险公司亦不接受。中国保险业实将蒙极大之不利。"马先生不惧强力,据理力争,"此点须看中国保险业自身之力量如何,法律之保护,因有时而穷也。由余观之,中国保险公司未必怕外国同行之竞争,因(1)外国保险业公司开支浩大,不若中国保险业公司开支之省;(2)中国保险业公司熟识国内情形,非外国保险业公司所能企及。有此二点,中国保险公司,未必无优势,尚看国人之努力如何耳! 非法律所能完全控制矣!"③马寅初的驳斥不卑不亢、掷地有声,有力地维护了国家的法律尊严和民族利益。

① 马寅初:《中国保险业与新中国建设之关系》,《银行周报》第21卷第19期(1937年5月)。

② 马寅初:《中国保险业与新中国建设之关系》,《银行周报》第21卷第19期(1937年5月)。

③ 马寅初:《中国保险业与新中国建设之关系》,《银行周报》第21卷第19期(1937年5月)。

揆诸史实，可以看到，华商保险公司在谈及创立初衷时，无不对外商在华恣意攫夺国家利权痛心疾首。宁绍公司亦是“不忍坐视利权外溢”而创建的一家华商寿险公司。关于这一缘由，《人寿》发刊词中有这样的阐说：“人寿保险在欧美各国，已认为结构社会之重要成分，盖与民生之盛衰、经济之动力、国势之兴替、民族之振萎，休戚相共，吾国正值蜕变进步之期，寿险事业，其将勇往直前，经营之，发展之，繁荣之，固趋势之所然，前程洵难蠡测也。寿险事业之使命，既如是之重大，决不能令少数之保险公司膺此重寄，更不忍坐视利权外溢，职是之故，因有本公司之创生。撷取欧美缜密方法，实施科学管理，倡用教育宣传，灌输寿险学理，务使国人对此有透切之认识而自动投保，屏弃一切以酬宴为号召之恶习，为本业放一异彩。”①对此，宁绍寿险公司在其所办的保险刊物——《人寿》的创刊号（1933 年出版）中亦有此表白：“查人寿保险之输入我国，约肇始于逊清末叶，泰半由外人经营，国人之从事于此业者，实不多觏，纵或迫于经济而亟求职业之人，对此亦不乐于迁就，仅有少数曾执西书西药业者，为之代庖。若辈对于寿险学理，根本既懵无所知，以故藉花酒之酬酢，作业务之策展，因此敷衍塞责，业誉堕矣。当民国成立以后，始有国人自营之寿险公司，以冀挽回利权，与洋商颉颃。然以少数公司，不谙寿险原理，益以政府无法律之保障，人民乏相当之信仰，不免措置失当，难于维持。此乃寿险雏形时代必有之现象，固不足讶异深责也。”②

宁绍公司的创办者胡咏骐③对宁绍公司倾注了大量心血，为华商同业也做了许多有益的工作，堪称中国保险业的先驱。从他身上，我们可以看到一个民族企业家强烈的责任感和爱国情操。郑振铎在他的《蛰居散记》中就回忆

① 《民国二十一年度本公司业务报告》，《人寿》创刊号（1933 年 4 月 10 日）。

② 胡咏骐：《发刊词》，《人寿》创刊号（1933 年 4 月 10 日）。

③ 胡咏骐（1898—1940 年），浙江鄞县人，中国早期保险业的奠基人之一。早年就学于上海沪江大学，1926 年赴美国哥伦比亚大学学习人寿保险学及商业管理学。1929 年回国后，任宁绍商轮公司保险部经理，后任宁绍保险公司总经理。1931 年，创办宁绍人寿保险公司并任总经理。1935 年出任上海保险业同业公会主席。

了胡咏骐,他说胡不是一个孳孳为利的普通商人——“他看得远,见得广,想得透彻。他知道一个商人在国难时期应尽的责任是什么。他的一切措施,一切行动,都是以国家民族的利益为前提的。他从事商业近二十年,但他的经济情形也仅足够一家温饱而已。而对于爱国事业,则无不竭力帮助着;比千万百万富翁所尽的力量更多,更大!”①

民族保险业以抵御外侮、挽回利权相号召,发愿图志,实业救国,体现出其鲜明的民族性。有学者将出现在民族工商业发展中的这一经济现象概括为“经济民族主义”。有关“经济民族主义”对近代华商企业发展的利弊,高家龙在其所著的《中国的大企业——烟草工业中的中外竞争(1890—1930)》一书中有颇为详尽的论析。②

但是,与外商在华保险业相比,民族保险业的劣势非常明显,即便在民族保险业的繁盛阶段,仍是相形见绌:“我国保险业之资本金,其中最大多数,系在五十万元左右,次多数当推二百至四百万元间,再次多数为资本一百万元者。以视外商保险公司资本之雄厚,动辄超过千万元者,诚不可同日而语。此种资力薄弱之状态,实足使其在对抗外商之竞争途径上,处于不利之地位。”③

为了谋求自身的发展,民族保险业一方面与洋商展开竞争,一方面与之寻求合作。据王仁全说:

> 在1929年以前,洋商保险业与华商保险业因无分保关系,彼此无甚联络,后因太平保险公司加入上海火险公会,华洋保险业试行合作,对于火险业规章,经双方协议后,亦略有修正。
>
> 1930年3月11日上海火险公会之通告,将其用“上海洋商火险公会会员”之图章,删去“洋商”两字,实为“门户开放”之先声,因洋

① 转引自裘争平:《中国保险业先驱胡咏骐》,《档案春秋》2008年第4期。

② 参见[美]高家龙:《中国的大企业——烟草工业中的中外竞争(1890—1930)》,樊书华等译,张仲礼校,商务印书馆2001年版。

③ 沈雷春:《中国金融年鉴》,1939年1月22日,第A136页。

商为迁就事实，适应环境起见，不得不欢迎华商与之合作。嗣后华洋保险业合订火险价率，相约遵守，及至1936年5月1日由上海保险业同业公会及上海火险公会组联合委员会订立火险经纪人登记及管理规章，议定火险折扣为一五折，以示限制，而免跌价竞争。实行以来，成绩尚称不恶，至1939年12月9日，火险折扣率，又改为一八折，此皆为华洋合作之所收效也。①

上海保险业同业公会还组织保价委员会，与洋商火险公会协商，于1931年9月制定《上海火险保价规律》，统一费率，要求中外一体遵循。1935年，上海保险公会复选派代表与洋商公会的代表组成华洋联合委员会，共同处理中外保险公司申请处理的案件。对此，上海市保险业同业公会1936年的年度报告是这样回顾的：

本会自民国二十年依法改组后，鉴于水火险营业，华洋公司彼此各自为政，保价不同，规章互异，保户与公司咸蒙受其弊，自非划一价率，不足以坚社会之信誉，更非厘定规章，不足以收合作之效果。遂于是年四月组织保价委员会，洋商火险公会亦同此意，因各推举代表联席会议，熟商进行……此为本会与上海火险公会联合活动之滥觞。自是以后，乃有华洋联合委员会之设立，由华洋两公会各推代表三人组成之，讨论经纪人注册、限制佣金、对于华洋保户一律改收同一实价、公司缴存现金保证金保证遵守保价规率等问题。旋将各问题归纳为一，讨论草拟火险经纪人登记与管理规章，由华洋双方全体会员公司通过，于本年五月一日实行。于是联合活动尤见增加，如办理经纪人登记，增设华洋特别保价与意外事项联合委员会，每月各推代表二人，轮流负责办理其事。此外尚有华洋估价委员会之设立……自是保价归于一律，华洋公司不能自由出入，即保户亦得免于吾谁适从

① 王仁全：《洋商保险业之在华情形》，载上海市保险业业余联谊会出版委员会主编：《保险月刊》第2卷第3期（1940年3月）。

之难矣。本会除与上海火险公会合作外,并参与华北汽车险公会,他如上海水险公会及上海兵险公约,本会亦斟酌情形,与之合作。本会十一月间,上海火险公会建议组织上海火险联合会,本会推选胡咏骐、朱如堂、丁雪农、冯佐芝、项馨吾、陈伯源诸君,为讨论组织联合会委员。……故近年来华洋保险事业合作之处,渐见增多,亦佳事也。①

从此报告的总结来看,20世纪30年代的华洋合作可称得上是多方面的,既涉及保价、估价,又涉及经纪人登记、管理;既有与洋商火险公会的合作,也有与华北汽车险公会、上海水险公会、上海兵险公约等其他洋商组织的合作。

上海保险同业公会主席胡咏骐更是力促华洋同业合作。对此,胡咏骐的继任丁雪农②在胡去世③后总结、回忆说:"胡先生对于华洋同业间之关系,其主张为:公会应联合华洋同业,一致对外,作合法之竞争;惟外商公司之合理原则,则我人不特不当侵犯,应埋头苦干,静以待时,他年水到渠成,自有'中国人向中国人经营之保险公司保险'之日。闻者都佩其卓见,职是胡先生在任五年,华洋同业间之关系,得以调整。火险联合委员会成立,沟通华洋间情感,尤具成绩。过去华洋火险营业,保价互异,规章不同,各自为政,致保户与公司咸感不便之情形,一扫而尽。无谓之倾轧行为,亦已不复见于今日之华洋同业矣。"④

在华洋交争的大格局下,因为自身实力小,民族保险业有时又不得不与洋

① 《上海市保险业同业公会1936年度报告册》,第12—13页。

② 丁雪农(1896—1962年),江苏扬州人,毕业于上海复旦大学,留学美国宾西法尼亚大学并专攻保险,归国后进入交通银行工作,曾任青岛分行总经理。1929年11月,金城银行独资创办了太平水火保险公司,注册资金100万元,经营水、火、船壳、汽车等保险业务。金城银行行长周作民出任总经理,丁雪农任第一协理(即副总经理)兼上海分公司经理。胡咏骐去世后,丁雪农为上海保险业同业公会主席。

③ 胡咏骐于1940年11月5日因病在上海逝世,终年42岁。

④ 丁雪农:《胡先生与上海市保险业同业公会》,载上海图书馆近代文献室藏:《胡咏骐先生纪念册》(1941年7月),第6页。

商联合，但这种联合只是一种为谋求自身的发展而采取的必要手段、策略，竞争才是当时华洋保险业关系的底色。民族保险业就是国人目睹洋商在华的嚣张行径、有感于利权的大量外溢而创建起来的，所以一开始就旗帜鲜明地把与洋商争利、挽回国家利权作为创业的宗旨。这一宗旨一直贯穿于我国近代民族保险业发展的始终。一部近代民族保险业发展史就是一部华商保险如何与洋商抗衡，如何一步步试图挣脱洋商控制、获得独立并成长壮大的历史。

## 二、提倡向华商公司投保

进入民国时期，提倡向华商公司投保的呼声日渐高涨。20世纪二三十年代，这更成为业界和政府共同关注的话题。

1928年招商局“新济”轮触礁遇险，所载货物损失殆尽，所幸该轮事前已向洋商保险公司保有水险。但是，“新济”轮出险索赔要求却遭到洋商公司的“饰词拒绝”，后“虽诉经司法机关，判决照赔，复敢搪塞图赖，蔑弃信义，愚弄华商”。上海市商会有鉴于此，于1931年5月17日在《申报》上通告全国各地及本市各业同业公会“所属会员投保水火各险，应改向本国保险公司投保，如有保期未满者，应于满期后迅予改保。倘为事实所限，本国保险公司未能尽量容纳，亦宜改向服从我国法权管辖之公司投保”，“以杜后患”。①

方椒伯②这样告诫经济界与国人：

> 就中国之保险事业而言，大都为外商所经营，其肇始于有清末

---

① 《上海市商会为保户嗣后保险应一致改向华商公司投保通告》，《申报》1931年5月17日。

② 方椒伯（1885—1968年），浙江镇海人，1912年入上海民国法律学校，后转至上海神州法政专门学校，1917年获律师证书。1918年，任北京东陆银行上海分行经理，兼上海总商会会董、宁波旅沪同乡会会董。1919年5月，发起组织上海各公团联合会，任会长，后因反对上海总商会通电要求中日直接交涉归还青岛，被迫辞去会长职务。1920年，任上海华商证券交易所董事并任银行公会会董。1922年，与秦润卿创办大有余榨油厂，任董事长。同年，当选上海总商会副会长。1923年，兼任宁绍轮船公司董事长。1924年，继续当选上海总商会副会长。1937年八一三事变后，任上海难民救济协会劝募主任，经募救济金1000余万元。上海沦陷后，拒任伪职。上海解放后为上海市政协委员、民革上海市市委委员。1968年5月24日，病逝于上海。

叶,投保者亦以旅华外人为多。至民初,始渐有国人经营是业者。然是时以国家无法定之保障,人民鲜深切之信仰,仍不得不藉洋商牌号为号召。此亦萌芽时代必有之现象,而营业则远不若外人之经营者。递嬗至今,国人对保险事业之重要,虽有相当认识,而大多数则犹投保于外商,以为国人自办之事业,未能如外人所经营者为可靠,此种谬误思想,实未能完全了解保险之意义和作用,而徒然为资本主义者吸收经济之工具,更足予国营事业前途以极大障碍。

以生产落后之我国,在此念余年中,内忧外侮,交相凌逼,国家阽危,达于极点。社会经济,几无时无地不有分崩离析之危机。在此人心惶惶不可终日之际,国人似已觉悟自身之痛苦,非谋群策群力,向侵略国之资本主义者进攻,不足以救危亡。于是提倡国货之声浪,弥漫全国,热心爱国之人士莫不投袂而起,奔走呼号。然环顾国内之保险事业,每年外溢之金钱,亦不下数千万。其较直接间接贩卖洋货之漏卮,尤觉重大。在此种情势之下,为稳定国内经济,建设民众力量,以抵抗外来之侵略起见,除提倡国货外,尤应提倡华商保险,不使有用之金钱,流溢于外人之手,且坐受其剥削,以致经济自由,完全丧失,国家社会之组织,陷于紊乱状况。①

方椒伯视“提倡华商保险”为“挽救国内经济之崩溃”的“救国运动中一重要工作”,与提倡国货有着同等的意义。“吾国保险事业,纯为外人操纵。……保险一事,几成为帝国主义经济榨取之利器,此种现象,足以阻碍中国民族资本之发展”,虽然今日国人经营之保险公司“已日新月异,然群众心理,尤多信仰外商”。其实华商公司“若为一完全华资所组织之公司,则亦无异一种纯粹国货,吾人自应竭力提倡与维护,以期其尽量发展”。②

为了说服国人向华商投保,保险界同人详论华商公司的诸多优点。方椒

---

① 方椒伯:《提倡华商保险》,《银行周刊》第17卷第23期(1933年6月)。

② 方椒伯:《提倡华商保险及团体职工保险之重要》,《人寿》第3号(1933年10月)。

伯在《人寿》第2号专文胪列华商寿险公司之“优点”有八：

（一）股本完全华资，以故发行之保单，无异纯粹之国货；

（二）华商公司所征保费较廉，盖因按照本国市面，计息较优，开支省俭故也；

（三）保单完全华文，使被保险人一目了然，绝无因文字不同而发生误会与争执；

（四）凡有咨商事务，被保险人得与公司经理直接谈话，并无言语上之隔阂；

（五）即不幸而遇交涉，亦得求决于国法，因被保险人与政府在同一政府管辖之下，受同样法律之保障与制裁。洋商公司不受中国法律管辖，不便交涉；

（六）人寿保险公司为金融集中机关，各种实业都赖以发展，以故向华商公司投保寿险，固以爱己，亦所以爱国；

（七）换言之向华商公司投保寿险，为挽救利权促进建设之举，亦为同胞应尽之责任也；

（八）寿险保单为长期契约，中国与外国交，难保不发生问题，或竟成敌国，经济断绝，则已交与洋商公司之保费，无异以财资敌，损失极大。①

作为华商公司的佼佼者，宁绍公司告诫国人“向华资公司保险，在情谊上经济上法律上均为有益而无损”②，呼吁国人向华商公司投保。

## 三、保险兴国：保险界对于保险功能的论述

民国时期，保险同人以报章为阵地，对保险（尤其是人寿保险）的作用进行了大量论述，这些论述尤其集中于对社会、国家作用的阐述上。

---

① 《同人讨论会》，《人寿》第2号（1933年7月10日）。

② 姚永励：《余对于投保人寿保险之观感》，《人寿》第9号（1935年4月10日）。

20世纪30年代,张似旭在论及外商在华经营寿险事业之概况时,着重讲到人寿保险对于国家、社会的效能:

从直接方面来说:

因为这一事业的发展,各人寿保险公司所收的保费,日见增多,积成巨额,势不得不运用于投资,以增加被保人的利益。各公司的投资政策,经过了严密的考虑和政府的监督,所以都采用安全可靠的途径,以谋资金和利息的安全。保险公司要谋投资的安全,势必将她的资财从事于信用卓著、利益优美、有利于国家社会的第一流投资不可,合乎上列标准的投资,当然以政府、地方政府的债券、铁路股票,以及各种公用建设事业为最优美。在此种状况之下,各人寿保险公司的投资,遂多从事于此。这样,各公司本身既得安全的投资,而国内一切建设事业,公用事业,社会事业,亦得赖以完成……由此更足以证明人寿保险事业对于国家社会贡献之伟大。如我国寿险事业,能够大量发展,吸收人民游资,而得集成巨款,则国内一切建设事业,何难早日促成?发展航空、建筑道路,何至以奖券来引诱国人得趋于赌博?复兴农村,发展工业,又何必向美国大借棉麦借款二百万元呢?①

从间接方面来说:"因为被保人日增,人民的财富就日厚;人民的财富日厚,国家的经济力,就日渐增强。"②

张似旭还说:"人寿保险对于社会的效果,比一般人所估计的还大","普通一个适当的被保险人可以算是国内的一个自给的、可恃而高尚的人民。同时也是个供给开拓国内工业和富源的人民。因为每一个被保险人缴给公司的

① 张似旭:《外商在华经营人寿保险事业之概况》,《寿险季刊》第1卷第3期(1933年11月)。

② 张似旭:《外商在华经营人寿保险事业之概况》,《寿险季刊》第1卷第3期(1933年11月)。

保费,完全是投资来发展国家建设事业”。①

1934年,郭佩贤撰文专论人寿保险之效用:“人寿保险本来是以保障家庭幸福为最初的目的的,演至近世……效用愈加扩大,不但成为个人与家庭幸福的源泉,也是维护合伙或公司事业发展的途径;不但是完成个人经济目的或解放家庭经济压迫的实际计划,而且是健全国家经济结构的重要基础。”②

郭佩贤从对社会和国家两方面对人寿保险的功能进行了分析。他把人寿保险对社会的功能,概括为四个方面:

其一是“维持社会安宁”:“人民储蓄的风气与社会经济大有关系……人寿保险可以鼓励人民俭朴的风气而诱起公共储蓄的观念……投保寿险的人既多,社会里安居乐业的人也多,人民的生活既能安定,社会的治安自可维持。另一原因是人寿保险可以发展实业,容纳人才,减少失业,那么社会的安宁也自然由此而促进了。”③

其二是“消弭劳资纠纷”:“劳资纠纷的起源,往往由于资方不能为职工的生活筹虑周至所致。团体人寿保险是雇主关心雇员及其家属经济幸福的表现,故可增进友谊关系。雇员不幸身故,公司继续发给薪金,至相当时期为止,使它的家属可以从容应付环境的变迁,而毋须仰仗雇主的救济施与。雇主身后既无忧,仰事俯畜也不虞竭匮,安心办公,工作的效率必定比较的提高,职工的服务也必定比较的忠勤,这样一来,劳资的纠纷自然可以消减于无形。”④

其三是“提高妇女地位”:“我国女子职业尚不发达,一般女子能在社会上自谋生活的实在很少,她们在丈夫生活的时候固然可以无忧,设或丈夫一旦逝世,无所凭依,必至流离失所,艰苦万分,迫而离家工作……人寿保险最大的功用是保障生产能力,使一般依靠丈夫而生活的女子,不受人事兴亡的影响,她

① 张似旭:《节俭与国家前途》,《寿险界》第2卷第1期(1934年3月)。
② 郭佩贤:《人寿保险的效用》,《寿险界》第2卷第2期(1934年4月)。
③ 郭佩贤:《人寿保险的效用》,《寿险界》第2卷第2期(1934年4月)。
④ 郭佩贤:《人寿保险的效用》,《寿险界》第2卷第2期(1934年4月)。

们的经济地位也自然可以增高。"①

其四是"减少妇女夭折":"人寿保险是社会的重要元素,而家庭是社会的单位,所以寿险与家庭的关系最密,尤其是家庭内的妇女。有人寿保险的家庭,即使发生变故,还能从容应付,不致分崩离析;没有是项保障的家庭,一遇不测,人去财空,妻要出外雇工,子要半途废学,襁褓小儿只得送进孤儿院里去。一般娇贵惯的孀嫠,迫而井臼亲操,或糊口于外,因为经不起艰苦的工作,寿命也就因此短促。儿女还未长成便要雇工,婴孩还在襁褓便送到孤儿院抚养,调护总不比生母周到,都可损害儿童的康健。……婴孩死亡率的高低,与家庭进款的大小,有甚明显的关系,已经成为不可掩的事实。"②

郭同样将人寿保险对于国家的功能概括为四点:

其一,可以"调剂国民经济":"人寿保险可以调剂国民经济,在欧美各国已有很明显的事实。我国在经济原则上因为缺少这种集合民众经济力量的大组织,所以国家经济的调度,除由银行供给以一部分的助力,此外即须仰赖于个人的资力。个人的资力有限,而银行的资金是以流动为主,她不能如人寿保险公司这样欢迎长期放款……保险公司却不然,它们欢迎接受长期的资本付托,它购入的公债,可以存俟年期届满,无须中途卖出,于是公债市价也可赖以安定。……她的力量乃为多数人加增富利,同时也就做了产业公司赖以周转,国债市债赖以维持,各种公用事业赖以挹注的一个巨大的泉源。"③

其二,可以"促进国家建设":"我们如想挽救今日中国经济的末运,实以集中资本、发展事实(实业)为惟一途径。人寿保险就是集中国内的游资而使用于发展事业的途径,保寿公司是重要金融机关之一种,当这国内工商业凋敝、国外经济衰落的当儿,提倡保险事业,也是今后集中国民经济力以促进国

① 郭佩贤:《人寿保险的效用》,《寿险界》第2卷第2期(1934年4月)。
② 郭佩贤:《人寿保险的效用》,《寿险界》第2卷第2期(1934年4月)。
③ 郭佩贤:《人寿保险的效用》,《寿险界》第2卷第2期(1934年4月)。

家建设的唯一方法。”①

其三，可以“补助国家财政”：“人寿保险可以增进个人的责任心，团结家庭间的关系，就是可以提高一国的国民性，免除家庭间的失和，遏阻人类的奢侈，实现人生的福利，所以人寿保险必能减轻国家公共支出，如公安费、刑事审判费、监狱费、预防犯罪及惩罚犯罪的政务费，及贫穷灾难救济等费。”②

其四，可以“增进民族健康”：“寿险营业的盈亏，与投保人寿命的长短，有很密切的关系。所以有保险学者说：‘为健康工作而费一元，由死亡率之减低可省二元’，可见保险公司从事于卫生运动及宣传，于本身也很有利益。”③

李权时④则从人寿保险与民族复兴的关系这一角度，对保险的作用作了一番阐述：“复兴民族，其道多端，而促进人寿保险，却亦是其中之一端。民族怎样能够复兴？就经济学者的眼光看来，欲复兴民族，则必须复兴民族所相依为命的四五个生产要素。这几个生产要素，第一就是劳力，第二就是土地，第三就是资本，第四就是企业家，第五就是国家，也就是政府，也就是文武官吏。”⑤

接着，他就这五个生产要素论述保险的作用：

“一、先言劳力之改善与人寿保险之关系”：“保寿功用之一为投保者自身得免内顾之忧，故能使身心泰然，而其劳心与劳体的效率，自将增进不少。假使保寿者众，则一国劳力生产要素得以改善，其有助于民族复兴之利益，何可

---

① 郭佩贤：《人寿保险的效用》，《寿险界》第2卷第2期（1934年4月）。

② 郭佩贤：《人寿保险的效用》，《寿险界》第2卷第2期（1934年4月）。

③ 郭佩贤：《人寿保险的效用》，《寿险界》第2卷第2期（1934年4月）。

④ 李权时（1895—1979年），浙江镇海人。1918年毕业于北京清华学校，后赴美国留学，获哥伦比亚大学哲学博士学位。1922年回国，在上海高校从事教学和经济理论研究工作。历任上海商科大学、大夏大学、复旦大学、中国公学、暨南大学、交通大学、国立劳动大学等校教授，复旦大学商学院院长，还担任中国经济学社理论刊物《经济学季刊》总编辑，上海银行公会主办的《银行周报》社经理兼编辑等。抗日战争时期，任复旦大学经济系主任，大同大学、震旦女子文理学院教授。

⑤ 李权时：《保险事业与民族复兴》，《寿险界》第2卷第4期（1934年8月）。

胜数！假使不幸投保者早死，则其家中尚未成年之子女得以保育长成，克保其父在时高优的生活标准，其未来之优美劳力生产要素，亦即得以保育长成，其有助于民族复兴之利益，并不在前者之下，或且过之。”①

“二、再言土地之改善与人寿保险之关系”：“土地之改善，必须资本与劳力以为之助。劳力之改善与人寿保险之关系，已如上述。……至人寿保险之有功于土地之正常利用，似亦为颠扑不磨之真理，盖凡寿险公司大抵不保吃鸦片者之寿险，得以间接收禁烟之效果也。”②

“三、再言资本之积集与人寿保险之关系”：“夫资本之积集，须靠多数国民之储蓄，这是人人所晓得的一个真理。鼓励国民储蓄的有效方法固很多，但是人寿保险为中最有效方法之一……欲复兴资本，须积集资本，欲积集资本，须提倡寿险事业……”③

“四、再言企业家之保障与人寿保险之关系”：“查人寿保险对于企业界的利益，大致可分为二个：其一即保障大公司中重要职员对于公司的价值；其二即保障合伙企业于不堕。故欲复兴民族，必须鼓励企业，而欲鼓励企业，又必提倡寿险事业，然则人寿保险之有助于民族复兴之利益，又彰彰明甚的了。”④

“五、最后请言文武官吏之尽忠与人寿保险之关系”：“方今政治上轨道的国家，对于文武官吏之生活保障，无所不用其极；既有养老金，又有抚恤金，又有恩给金；一遇对外战起，对于开赴前敌的军士，又无不有战时寿险的保障。试问在这样重重保障之下，文武官吏又何必贪生怕死，又何必不尽忠报国，又何必贪污犯法，又何必不‘舍生取义，杀身成仁’呢？官吏善良则政治清明，政治清明，则其余四个生产要素皆得有所保障，五个生产要素皆能发荣滋长。”⑤

郭雨东也论述了寿险对于民族健康、国家经济建设以及教育普及之贡献，

① 李权时：《保险事业与民族复兴》，《寿险界》第2卷第4期（1934年8月）。
② 李权时：《保险事业与民族复兴》，《寿险界》第2卷第4期（1934年8月）。
③ 李权时：《保险事业与民族复兴》，《寿险界》第2卷第4期（1934年8月）。
④ 李权时：《保险事业与民族复兴》，《寿险界》第2卷第4期（1934年8月）。
⑤ 李权时：《保险事业与民族复兴》，《寿险界》第2卷第4期（1934年8月）。

并由此断言“人寿保险是富国强兵的伟大事业”，“在国难当头的时候，我们若想复兴民族，若想抗敌救国，对于这种事业之提倡发展，实为当务之急。”①沈雷春也阐述人寿保险“在国家经济组织和民族生命延续上”是“不可缺少的成分”，“影响到国家的强弱，和政治的安危甚大”。②

张明昕的以下论述，就比较充分地揭示了人寿保险对于社会、国家的作用，在当时较有代表性：

人寿保险，为保险制度之一种，依人类互助之原则，据科学精密之计算，将个人因生命危险所受之损失，分配于多数人之团体，使不幸者得以救济，民生获有保障。其作用足以安定个人生活，巩固社会组织，助长国家繁荣，为现代社会经济组织中最重要之事业，在欧美各国，久著成绩。我国今日，正当经济衰落，民生困穷，社会不安定之际，此种事业，实为对症之药石，举国上下，亟应一致提倡，积极推进，以期收获复兴民族之宏效。

……人寿保险，原为一种社会政策，在消极方面，可以防止社会之病态，如贫困、失业、犯罪、失学等，由于经济缺乏而起之一切不良现象，可藉以消除；在积极方面，可以增进社会之福利，如慈善、教育、卫生、治疗等，与人民生活有关之一切社会设施，可藉以举办；使社会日趋于光明之域，其功效至为伟大。……对于社会之精神上功效，则尤难以估量；如养成储蓄之习惯，节俭之风俗，互助之精神，伦理之观念，均与社会之进步，有绝大之关系也。

……（人寿保险）更有极巨大之功效，厥维集中民间之游资是也。是项细微之游资，经人寿保险公司集中之后，即成为巨大之资本，用以扶助国民经济之发展，促进国家之建设，维持政府之财政，其

---

① 郭雨东：《人寿保险对于民族复兴之贡献》，载上海市保险业同业公会寿险专刊委员会主编：《人寿保险特刊》第4期，《申报》1937年7月1日。

② 沈雷春：《关于人寿保险》，《寿险界》第3卷第1期（1935年6月）。

> 力量殊为伟大。……无怪近时觇一国之盛衰强弱者,每以其人民投保寿险之多寡,作为估量之准绳焉。①

1937年,随着日本侵略的加紧,中国时局为之风云突变。沈雷春更是明确地把保险提到可以抵御外侮、可以救亡图存的高度来认识:“保险是有益于群众的一种社会事业,同时能够稳定国内的经济,建设民众力量和抵御外侮。因此,我们应当肯定,保险事业为救亡图存之经济的重要契机,尤其在国家恐慌和紧急的时候,更能负起这重大的使命。因为社会的繁荣和政治的安定,完全以充裕的经济为核心,而充裕的经济,则不外乎开拓财源,而开拓财源,又非使民众的游资,有积储的组织不可。保险事业是民众金钱的保管库,从这大量积聚中,发生极大的力量,以填补人间的缺陷,经济的损失,而图优裕的生存。扩而大之,并可成为国家经济的源泉,协助产业的发展,而安定政治的基础。”②

诸如此类的论述,在当时的保险刊物中不胜枚举。它们从不同的角度立论,集中阐发了保险(尤其是人寿保险)对于社会、国家所具有的独特作用。这一时期,这么多的保险人反复著文阐说保险的功能、价值,广泛宣传保险可以救国、兴国,把保险提到救亡的高度来认识,这充分体现了民国时期保险人全新的保险观。这些连篇累牍的阐述保险功能价值的文字,虽有为本行业的发展进行宣传、动员之意,但这些专注于保险对于政府、国家作用的探讨其实包含着保险界对政府的说服,他们希望通过对保险功能、作用的系统揭示,引起政府对发展保险业的重视,争取到政府对保险的认同,并利用政府的权威来号召民众,寄予的是保险界对政府的期望。有关政府与保险业的关系将在第三章作专门论述。

保险界不仅在报章杂志上不厌其详地阐述保险的意义、作用,而且以促进

---

① 张明昕:《人寿保险之功效》,载上海市保险业同业公会寿险专刊委员会主编:《人寿保险特刊》第2期,《申报》1937年2月1日。

② 沈雷春:《二十五年来我国之保险业》,《信托季刊》第2卷第3期(1937年7月)。

华商同业联合、争取保险文书改用中文以及在重大对外冲突中义无反顾的责任担当等实际行动来表达对行业自身和国家利权的深切关注。

## 第三节　保险界维权兴国的行动体现

### 一、华商保险同业的联合

近代的华商保险公司规模较小，在方兴未艾的初创阶段，“限于资本，每遇巨额保险，难以接受”①，致使大宗生意常常落入外商之手。因此，加强华商同业的合作，通过抱团壮大力量、与外商抗争就显得尤为必要。

早在1899年，外商保险公司就成立了保险联合组织——上海火险公会，形成了对中国保险市场的强势垄断。为此，建立华商同业组织、加强华商之间的协作就日渐被提上了议事日程。1905年，由于美国排斥华工，上海爆发了大规模的抵制美货运动，并迅速波及全国。在此背景下，民族资本主义工商业得到了迅速的发展，保险业也因之发展起来，上海华兴、华安水火、华成、合众、华通、华安人寿等保险公司相继成立。1907年，上海华兴、华安、华通、华成经保、源安、源盛、华侨合众、万丰、福安等9家保险公司联合组成了华商火险公会，目的在于“联络同业间的感情和处理偶尔发生的费率事项”②。华商火险公会采取会长制，朱葆三为会长，这是近代最早的华商保险同业组织。

至1917年，华商火险公会“会员公司先后增添信益、协安、宜安、同安、恒安、普华、益同人、恒盛、羊城、华侨合资、联保、金星、联泰、先施、广恒、香安、永安、中华等18家，加上原有9家共为27家。在这短短的6年中，会员已增到这个数目，真是一种至可惊奇的事”。但“华通、源安、源盛、合众、信益、协安、

---

① 《华商保险业之大联合》，《申报》1931年5月8日。

② 沈云龙等主编：《近代中国史料丛刊三编》第47辑第468种，（台湾）文海出版有限公司1988年版，第93页。

宜安、同安、恒安、普华、益同人、恒盛、华侨合资等 13 家先后却不幸宣告停业”,“因之至民六仅有 14 家会员了,其中经营水火险者 12 家,于是华商火险公会就改名为华商水火保险公会以符事实”。①

华商水火保险公会“自民六到民十七,延续达十一年之久。其值得叙述者有数事,即:一、公会会员先由火险而次及水险;二、公会成立有一独立办公的处所;三、公会与会员的关系有明确的规定;四、公会对于水火险的费率、退保、短期投保及违章处罚等事,也有一致的规定;五、在这时期中新增的会员共有中华、联安、南洋华暹、丰盛、中央信托公司保险部、大中国、永宁、公安、兴业、宁绍商轮公司保险部、安平、肇泰等十三家;因停业或别种原因而出会者共有华侨合资、广恒、羊城、中华、联安、南洋华暹、香安、大中国、兴业、公平等十家”②。这一时期,“水火险虽然占了绝对的优势,但人寿保险也渐渐地滋长发育起来。继华安合群而起者,有永安人寿、先施人寿等数家。这一部分新生的保险力量,使得同业间的观念为之一变,于是华商水火险公会,又于十七年十一月改组而为上海保险公会”③。上海保险公会的成立,表明华商保险同业合作加强了。

1929 年,国民政府公布工商同业公会法。5 月,国民党中央第七次常务会议决定,指派虞洽卿等 34 人组成上海市商人团体整理委员会(简称“商整会”),同时命令上海市商民协会、上海总商会、上海县商会(即南市商会)和闸北商会一律停止活动,接受整理。上海保险公会遂于 1931 年更名为上海市保险业同业公会。

华商同业组织的建立,使得华商同业在关乎保险业发展的诸如保价、退

---

① 沈云龙等主编:《近代中国史料丛刊三编》第 47 辑第 468 种,(台湾)文海出版有限公司 1988 版,第 93—94 页。

② 沈云龙等主编:《近代中国史料丛刊三编》第 47 辑第 468 种,(台湾)文海出版有限公司 1988 年版,第 94 页。

③ 沈云龙等主编:《近代中国史料丛刊三编》第 47 辑第 468 种,(台湾)文海出版有限公司 1988 年版,第 94 页。

保、短期投保以及违约处罚等问题上，能统一协商，从而促进整个行业的发展；同时，作为与外商同业组织——上海火险公会相对而建立起来的组织，华商火险公会使得民族保险业在与外商的竞争中，开始摆脱受人操控的不利局面。

1929 年 6 月，上海市保险同业公会的函件称，政府已通饬各主管机关“国有财产及国营事业一律归华商承保”。为此，联合公会全体成员，成立一个包括 20 个华商保险企业的更大的分保组织的时机成熟：

> 自惟绠短汲深，时虞丛脞，爰为联合本会会员华商公司全体组织分保团，俾能集中资力，厚其保障，以便接受各界大宗保险……查各业投保水火人寿各险，前经本会通告，嗣后应改向本国保险公司投保，以挽利权而杜纠纷。各业同具爱国热肠，又有切身利害，自必乐于一致奉行。华商保险公司为厚集资力起见，爰有联合分保之组织，集中二十公司之财力，承受各界巨额之保险，为保户力谋保障，为华商益树信誉。凡我各业暨全市市民，自宜鉴于前车，力图改弦易辙，群向华商保险公司投保，庶挽积年坐失之利源，并免法权牵制、赔款纠纷之危险。①

12 月 2 日，上海联保、联泰、羊城、肇泰等四家保险公司设立四行联合水火保险公司总经理处，“因鉴于保险事业时有利权外溢之憾，故特设一四行联合保险公司总经理处……藉以挽回主权而利商贾”②。由肇泰公司总经理处徐可升担任司理，经营分保业务。次年，又有太平、华安、宁绍、通易信托公司保险部等相继加入，易名为中国联合保险总经理处。该总经理处规章规定，参加联保的保险公司须签订联合分保协定，并交纳保证金 1 万元，从而取得接受巨额分保业务的权利。

为了扩大保障能力，1931 年 5 月 1 日，通易保险部、华安水火保险公司、

① 《上海市保险业同业公会 1931 年度报告册》，第 82—83 页。

② 《联保、联泰、羊城、肇泰四行联合水火保险公司总经理处今日开幕》，《申报》1929 年 12 月 2 日。

华兴水火保险公司、宁绍水火保险公司、中央信托局保险部、肇泰水火保险公司、安平水火保险公司、大华水火保险公司、丰盛水火保险公司等9家公司组成分保团:“为谋团结一致,挽回利权计,实行组织分保团,接受巨大保险之营业,而由分保团团员互相分保,共负责任……在此分保团之九团员中,无论接得巨量保额,均可由团员分保,在团员之资本额已告受保满足时,可给与其他华商保险公司互相分保。”①5月26日,上海市保险业同业公会举行会员大会,经到会全体会员议决,“分保团由全体会员各公司组织,所有在会公司,一律加入”,即日始,“遇有大宗生意,均可随时分保,全体同业,联络一气,以厚保障而固信用”。华商保险界为此欢呼雀跃,《申报》次日将这一令人振奋的事件以《华商保险业之好消息》的新闻予以刊发。②

20世纪30年代,太平保险公司经过不懈的探索,走出了一条由单一公司到保险集团联合经营的集团化发展之路。1929年11月,当时号称“北四行”之一的金城银行独资创办了太平水火保险公司,注册资金100万元,经营水、火、船壳、汽车等保险业务。③ 太平水火保险公司运用稳健、严谨的经营方法管理公司,依靠金城银行发展代理业务,锐意开拓自营业务。3年后,该公司就取得了获利20万元的佳绩,成为民营保险公司中的佼佼者。太平水火保险公司的快速发展吸引了大批投资者,1933年增资至500万元,东莱银行是其主要股东之一,公司也因此更名为太平保险公司。随着经营实力的不断增强,太平保险公司开始兼并和联合其他保险公司,其主要股东之一东莱银行原来投资开设的安平保险公司由于投资关系也合并到太平公司之中。其后,丰盛保险公司因经营不善将牌号以10万元的代价盘给了太平公司。1936年,中国垦业银行亦将其投资开办的中国天一保险公司转让给太平接办。这样,太

① 《华商保险业之大联合》,《申报》1931年5月8日。

② 《华商保险业之好消息》,《申报》1931年5月27日。

③ 《金城银行创办二十年纪念刊》,载中国人民银行上海市分行金融研究所编:《金城银行史料》,上海人民出版社1983年版,第289页。

平旗下除太平保险公司外,还包括安平、丰盛、天一三家公司,安平、丰盛、天一三公司对外仍保留原牌号,继续经营。这样,在短短几年的时间里,太平就从一家保险公司发展成为一个具有相当规模的保险集团。业务因之蒸蒸日上,盈利也随之激增,“遂成全国著名的数一数二的华商保险公司”①,令外商同业和华商同行刮目相看。

在联合华商同业与洋商斗争方面,太平保险公司亦做了大量工作。据当时太平公司的王伯衡后来的回忆,太平公司在这方面主要有四个方面的成绩:“(一)共保问题:洋商保险公司看不起华商公司,凡洋商已保的业务,不承认华商有共保之权,即使小数,亦不同意。(二)分保问题:凡华商公司承保的业务,有溢出自己所订的限额时,洋商公司不肯接受其余额的分保。以上两个问题乃系华洋公司间的平等问题,几经交涉,终于打通或取消。(三)中文保险单问题:起初华商公司的保险单亦须用英文印制,否则,洋商公司不接受分保。(四)保险单上‘第二十一条’问题:英文保险单上第二十一条规定,凡保户与公司有争论时,一切以保单中的英文条约解释为准。以上两条涉及到国家文字与主权问题,经过多次争辩,华商保险公司获得以中文译文为解释的权利,上述的二十一条条文,最后洋商亦接受删除不列。”②

1933 年 6 月,由肇泰、华安水火、永宁、永安水火、先施置业、中国海上、上海联保、通易信托公司保险部、宁绍商轮公司保险部 9 家公司发起成立华商联合保险公司。公司资本 80 万元,实收 40 万元。国民政府认官股 5 万元,以示扶持,并特许其为经营分保业务的专业再保险公司。华商联合保险公司与瑞士再保险公司订有分保合约,解决溢额再保问题。1934 年 1 月,由肇泰、华安水火、上海联保、太平、宁绍商轮公司保险部、中国海上意外、先施置业、永宁、

---

① 《金城银行创办二十年纪念刊》,载中国人民银行上海市分行金融研究所编:《金城银行史料》,上海人民出版社 1983 年版,第 294 页。

② 中国人民银行上海市分行金融研究所编:《金城银行史料》,上海人民出版社 1983 年版,第 295—296 页。

联泰9家公司组成的中国船舶保险联合会正式成立,聘请汤旦华担任主任,主持工作。中国船舶保险联合会的组建成立,使得上述9家保险公司能自行制订合理的船舶险费率,与外商竞争。1936年,由于通易信托公司倒闭,华商联合保险公司资本受到影响,公司经营面临亏损的危机。太平保险公司出面承担通易信托公司全部股份票面51000元,并据此修改原章程,增加董事名额,由太平担任常务董事和董事长,公司业务由常务董事主持。①

华商保险同业还建立了一个互助委员会,“以互助互惠为原则,共存共荣为鹄的”,“专备会员之咨询与商议,藉以调整同业中次健之症象,而冀消除危险于无形”,并推选朱如堂、傅其霖、徐可升三君为互助委员会委员。“该会任务,积极方面,促进华商同业设计事宜;消极方面,辅导同业请求协助事宜”,这样一来,“不独华商同业间再保险事易于推进,使当事会员实受其惠,即华商保险业之信誉,将获磐石之安矣”。②

面对保险经纪人市场的一派混乱现象,1936年,上海市保险业同业公会联合外商上海火险公会,制订了《经纪人登记规章》,由两公会同时公布,于5月1日起正式施行。规章规定,所谓经纪人乃指个人或行号依据规章向上海市保险业同业公会或上海火险公会登记领得登记证者,“所给经纪人的佣金限度,不能超过被保险人缴纳保险费实数的20%,凡公会所规定火险保价须详载于各火险保险单或续保收据上,所有折扣或临时特别折扣,均不得超过85%,且须分别详注各单上。被保险人所纳保费的实数,亦须在结单及保费收据上注明”,“经纪人不得以任何方式直接或间接发还回扣予被保险人”,“经纪人须在公会缴纳保证金国币500元”,“如有违犯规章情事者,每次须受国币50元以下的罚款或被撤销登记证”等。1936年12月6日,“以联络感情,交换知识,增进互助精神,共谋同业福利”为宗旨的上海市保险业经纪人公会成

① 参见中国保险学会、《中国保险史》编审委员会编:《中国保险史》,中国金融出版社1998年版,第82页。

② 《上海市保险业同业公会1936年度报告册》,第8页。

立，朱晋椒为主席。对此，保险界深受鼓舞，正如当时保险名士朱如堂所感慨的：上海《经纪人登记规章》之付诸实行，“实为吾同业合作之伟大收获。施行之初，虽有一二违章背约之举，大都犹能绳以制裁。当时吾同业咸抱相当乐观，以为此乃吾业步入正轨之嚆矢，日后得以同样设施，逐渐推行于全国各地”①。

在认识到教育宣导工作的重要后，它们又通过联合同业来扩大宣导工作。② 同时，积极推进华商联保。1937 年，华商寿险公司讨论组建再保机关：“我国华商寿险公司，向无正式联合组织之再保机关，故间有以余额向外商公司再保者，利权外溢，有心之士忧之，上海市保险业同业公会人寿险组会员，有鉴于此，特于最近举行会议，讨论‘华商寿险同业再保问题’，拟定由上海市保险业同业公会寿险组各会员公司，共同联合组织一健全之再保机关，额定资本为国币二十万元，现即着手进行，他日实现，回看华商人寿保险事业，欣欣向荣，无复利权旁落资源外溢之可虑矣。”③

华商保险界已经认识到，同业“自身团结合作，是克敌致胜的最大前提”，而要“增进华商各公司的团结，形成一条牢不可破的战线”，“不但同业间以往的种种竞争隔阂应该设法完全消除，还要图谋进一层的密切合作，不分先进后进，不论资力大小，融会沟通，冶于一炉……要本着共存共荣的精神，不屈不挠的毅力，才能夺回外商在华的霸权，从殖民地化的现状，造成一个民族本位的独占事业”。④

按照“商人旧习”，“不论中外，常有‘同行如敌国’之想，彼此不惜勾心斗角，暗斗明争，务求打倒同业，以为便可独霸专雄”。对于此种竞争，胡咏骐告诫业界同人“不啻为自杀政策”。华商同业在此危殆之际，“惟有彼此合作，互

① 朱如堂：《合作概言》，《保联月刊》第 1 卷第 7 期（1939 年 5 月）。

② 参见沈雷春：《中国金融年鉴》，1939 年 1 月 22 日，第 A139 页。

③ 《华商寿险公司讨论进行联组再保机关》，载上海市保险业同业公会寿险专刊委员会主编：《申报》人寿保险特刊第 4 期（1937 年 7 月）。

④ 谢国贤：《保险事业在中国（续）》，《太安丰保险界》第 3 卷第 15 期（1937 年 8 月）。

相扶助,方能共存共荣”。①

太平保险集团、华商联合保险公司以及中国船舶保险联合会等华商联营机构的纷纷建立,增强了华商保险同业的团结与信心,体现出民族保险业在力图挣脱外商控制中所表现出的强烈的团体意识和自强决心,这是民族保险业在近代获致发展的根本前提和重要保障。正是在这一时期,华商自营保险的基础得以初步奠定下来。

面对洋商保险的强大优势,实力弱小的华商保险业通过行业联合、彼此抱团来壮大力量,与之相竞,其中饱含着民族保险业作为民族企业对国家利权的关注,体现出近代中国民族保险业鲜明的民族本位追求。而这一民族本位追求在保险界争取保险契约文书改用中文以及反对以外币投保、争取以国币投保的努力中体现得更加明显和集中。

## 二、争取保险文书改用中文和以国币投保

近代民族保险业是在外商保险业的夹缝中艰难求生的,其发展一直与外商的抗争相交织,表现出鲜明的民族本位意识和拳拳爱国心。此处所谓“民族本位”是指华商保险业在与外商保险业的竞争中,出于民族自觉,站在本民族的立场,努力挽回和维护国家利权的意识和行为。对于近代中国保险业的民族本位问题,牛林豪在《试论近代中国保险业民族本位观念的确立》②一文中对近代中国保险业的民族本位观念确立的历史过程进行了系统的梳理。本小节主要围绕华商保险界争取保险文书改用中文以及以国币投保等方面,来探析民族保险业所具有的鲜明的民族性。

---

① 胡咏骐:《弁言》,载《上海市保险业同业公会 1937 年度报告册》,第 3 页。

② 牛林豪:《试论近代中国保险业民族本位观念的确立》,《华北水利水电学院学报(社科版)》2004 年第 4 期。

## (一)保险条款、文书沿用英文的由来

近代之初,中国的保险公司主要为外商所办,投保者亦绝大部分为外人外商,所以他们所用的保险契约文书亦采用通行的英文文本。中国民族保险业的经营从一开始就是模仿欧美的做法,“所有一切章程单据,大率皆以英文为主”①。就连寿险所必须的死亡率的计算也都是参照和借用外国的,“在中国是没有死亡统计可言的,因为国内各地从来就没有办理过精确的出生死亡登记的事件。在中国的人寿保险公司,不论是中国公司外国公司,都是用外国的死亡表做根据,而以普遍卫生状况、气候、传染病症、瘟疫等为标准,而增加其死亡率的估计”②。但由于国情的差异、中外保险企业经营状况与经营习惯的不同,英文拟就的保险条款往往脱离中国经济、社会的实际;而保险本身具有很强的专业特点,即便是精通英文者,也很难保证百分之百地领会保险条款的含义,更何况精通英文的中国人在当时实属凤毛麟角,少之又少。所以“投保者获此诘屈之洋文凭单后,对于单内之纪载如何,条件如何,完全莫名其妙,不知所云,万一险事发生,则彼保险者藉此片面之言,曲解之文,卸去一切责任,作为拒赔赖赔之护符,年来因保险赔偿问题而发生纠纷争执者,报章所载,屡见不尠”③。屡见不鲜的保险纠纷皆因“保户投保时仅凭居间人之说合,执有神秘之洋文保单,而未明了其内幕之究竟所致也”④。保险业单据,“为保户与保险公司双方应行遵守之契约,何等重大,其关系于人民之生命财产者,实非浅鲜,自应使保户完全明悉单内详情,方为正道”,“再查各保险公司,无论华洋,彼既在华营业,而吸收我华人,保户又均属华人,更应全用华文,以尊重我国体,而保存我国粹,方为适合”,所以商会呼吁,“此保险单据及一切附载之

① 《保险年鉴·1935年·附篇》,第158页。

② 天颀:《人寿保险科学的研究》,《寿险界》第2卷第1期(1934年3月)。

③ 《商会四届大会议决保险单据应用华文呈请政府令行饬遵》,《申报》1933年7月4日。

④ 《商会四届大会议决保险单据应用华文呈请政府令行饬遵》,《申报》1933年7月4日。

章程规则,应一律废除洋文,改用华文”,“如完全废除洋文,事实上亦有未便,拟请修正为华洋文并用,如有疑义,应以华文为准”。①

民族保险公司创立之初,经营范围主要在中国境内,以华人为服务对象。作为保险人与投保人利益关系的依据,保险契约理应采用中国保户最易理解的中文。商业上的国际惯例也没有商业条款以外文为据之说,“商业上所订契约,应用之文字,本无一定规则,当随各地之习惯而定,至外籍保险公司,藉口营业关系,单据上纵有需用洋文之处,至少亦须华洋两种文字并列,以免商人受愚,而达挽回主权目的。至鉴于承保之保险公司,及保户均为国人,自应尊崇国体,及便利大多数保户起见,即因市场习惯,或有需用洋文之处,亦须华洋文字兼列,仍以华文为主”②。

由于近代中国的保险市场为外商所垄断,民族保险业的发展一开始就面临着与外商保险公司激烈竞争的恶劣环境。外商保险公司,如谏当、於仁、保家行、扬子等,每年都从中国攫夺了巨额利润。清政府的丧权辱国、外国公司依仗条约特权肆无忌惮的经济侵略,激励着有爱国良知的国人发愤图强。1865年5月25日,新开张的义和公司保险行为便利华商投资,在开业启事中就这样申明:“自通商以来,设有保险之行,以远涉重洋,固能保全血本,凡我华商无不乐从而恒就其规也,由来虽久,无如言语不同,字样迥别,殊多未便,爰我华商等议开义和公司保险行,保家纸系写一面番字,一面唐字,规例俱有载明,并无含糊。”③这显示出华商在经营新式产业之初所表现出的维护民族利权和国家尊严的那份自觉,同时也开创了民族保险业以中英两种文字标明保单的经营先例。可惜义和保险行存在未久,这一先例并未沿袭下去。华商保险业的保单在相当长的时期内仍然只用英文。

---

① 《商会四届大会议决保险单据应用华文呈请政府令行饬遵》,《申报》1933年7月4日。
② 《社会局令保险业保险单据华洋文并列》,《申报》1933年7月14日。
③ 《新开保险行》,《上海新报》1865年5月27日。

## （二）保险界争取保险文书改用中文

1907年，清政府在修订的《保险业章程草案》中提出："凡应遵守本章程之保险公司及公会，其所定各项章程凭单等，须用中国文字，如有翻译附载东西各国文字者，仍以中国文字为准。"但该草案并未正式实施。

为了争取保险文书改用中文，华商业界同人前赴后继，进行了不懈的努力。成立于1929年的太平水火保险公司，率先将英文条款译成中文。上海市保险业同业公会号召同业仿效太平的做法，将中英文条款对照刊印于保险单上。1930年，上海市保险业同业公会统一负责翻译工作。1931年2月10日，会员大会作出"将保险规章、条款、单据等一律改用中文"的决议，先由各会员公司搜集国外的保险单，分组研究，继而推定水险部分的翻译工作由华安、肇泰、联保、宁绍四家负责；火险部分则由安平、先施、羊城三家承担；人寿部分由先施人寿、华安合群、永安人寿三家担任翻译起草工作。① 8月17日，会员大会决议聘请魏文翰、伍守恭两位律师担任审订翻译保单条款事宜，要求翻译的中文条款一目了然，避免因不必要的误会而发生争议。

1935年，上海市保险业同业公会鉴于"文字有关于国家民族之递嬗兴衰"，"保险事业，又为国家经济命脉之所系"，故决议"营业章程单据一律改用中文"，"现在除寿险契约全用中文外，其余保险，均中英文并用，使被保险人一目了然，绝无不明文字，而发生误会等争执"。② 1936年，公会还成立专门的"保单译文委员会"，"推选潘学安、朱如堂、冯佐芝三君为委员，从事迻译工作，并延聘仇子同律师主持译政"。③ 6月，公会"第卅七次会员大会议决于七月一日起将火险保单内第二十二条'本保单中文部分系译自英文，如有差异之处，应以英文为准'一条，中英文一并完全删去。为尊崇国体，便利保户计，

① 参见《上海市保险业同业公会1931年度报告册》，第41页。

② 《保险年鉴·1935年·附篇》，第158页。

③ 《中国保险年鉴·1936年》，第10页。

采用中文之举,实应具此毅决之精神也。本年年底止,火险保单条文,大部份(分)已蒇事焉”①,但许多公司并未照办。

1936 年 2 月 7 日,上海市机制国货工厂联合会举行第九届第二次会员大会,会员美亚织绸厂代表蔡声白“谓国人所营保险业保险单据,均中英文并列,并注明如中英文有差异之处,以英文为准一语,实为羞辱国体,且华人不尽认识英文,一旦发生不幸,保险公司往往藉英文曲为解说,委卸赔偿责任,致保户对之瞠目无所措词……若不呈请政府于保险法中加入华商保险业所用保险单据,应用中国文字,如并用本国或他国文字者,应注明以中文为准之规定,则吾人所受保险上之损失,将何所底止云云”,因此请求机联会转咨立法院议定保险法时对保险英文条款予以纠正,恳请“立法院议订保险法时,以‘华商保险业所用之保险单据,应用中文为准’数语,订入条文之中,以杜保险业之取巧,俾保户获应享之权益”。实业部批复略谓:“《保险法》早已于十八年十二月三十日,《保险业法》亦于二十四年七月五日先后公布,所拟加订条文,自无转送必要。唯华商保险业所用保险单据章程,仍未遵饬以华文为主,实属不合,再令上海市社会局严饬保险业公会,务即遵办,毋得违延。”②

1937 年 1 月 11 日,国民政府公布《保险业法施行法》,其中第十四条明确规定“保险契约应用中国文字,其并用他国文字者,以中国文字为准”③。至 1937 年夏,全部翻译工作始告完竣,并经审定通过。公会正拟公布施行,却因遭逢八一三事变而搁置下来。

在争取保险契书改用中文方面,地方政府亦在协同努力。1935 年 5 月,广东省财政厅训令各保险公司所立保险契约应一律采取中英文对照:“现据广东省经济设计委员会呈请分饬各保险公司所立保险契约,一律用中英文对

① 《上海市保险业同业公会 1936 年度报告册》,第 8 页。

② 吴越:《保险英文条款改用中文的演变》,《上海保险》1996 年第 4 期。

③ 周华孚、颜鹏飞主编:《中国保险法规暨章程大全(1865—1953)》,上海人民出版社 1992 年版,第 176 页。

照，以免遇事发生文字争执……自廿四年八月廿三日起，凡发出保险执照，所列条款，如系全属英文者，务须译成中文，粘贴于执照之上，以资对照；倘发生争执时，应以中英对译，妥协解释为准。"①

8月，广东省财政厅训令不准各保险公司执照免附中文译文：

> 案查广东省经济委员会呈请分饬各保险公司，所立保险契约，一律用中英文对照，以免遇事发生争执一事，当经本厅核准，并通令各保险公司依限于本年八月廿三日起遵照办理在案。现据乌思伦保险公司等函呈称："窃查广东省经营火险事业之外商公司现行习惯，皆有将保险凭单所列规条，另具中文译文，以便投保者索取，惟该项译文，并非粘贴凭单之上，作为附属凭单之一部分，谅此项手续，亦适合钧厅所需求者，拟请准予继续施行。"……经决定，碍难变更，应照前令办理。②

1938年5月3日，广东省财政厅函致驻穗各外商保险公司，今后对厅所递函呈，须另备中文本："查外商保险业对于本厅有所陈述或请求缮具函呈，每因国籍不同，所用文字，自不一致；而本厅受理，动须逐案翻译，办理迟缓，影响行政效率，窒碍滋多，亟应设法改善。兹规定，嗣后外商保险业对厅所递函呈，无论用何国文字缮具，必须另备中文本，一并呈缴。"③

但是，日本发动侵华战争，打乱了中国社会、经济的正常秩序，《保险法》没有实施，《保险业法施行法》也无法施行。抗战胜利后，有些保险公司已改用中文火险保单，但有些公司还是中英文并用。在半殖民地半封建社会时期，国家无法行使完整主权的情况下，要完成这一任务实属不易。保险条款和规

---

① 《各保险公司所立保险契约应一律用中英文对照》，《广东省政府公报》1935年第297号。

② 《不准各保险公司执照免附中文译文》，《广东省政府公报》1935年第305号。

③ 《广东省政府财政厅关于各保险公司、暨外国商人开设之保险公司调查事宜的训令，来往文书等和保险公司名称地址一览表》，广东省档案馆档案，档号：4-2-120。

章彻底取消英文,完全改用中文,则是新中国成立后的事。①

从近代以来华商争取保险业经营条款、规章乃至文书从纯粹的英文到中英文并列,再到完全中文的努力过程,可以看到其中饱含的民族本位意识和鲜明的爱国立场。与争取保险文书改用中文具有同样意义的还有华商业界争取以国币投保的努力。

### (三)业界对以外币投保的反对

有关此方面的内容,笔者暂未收集到全面抗战爆发前的资料,目前掌握的只有广州市保险商业同业公会于1947年9月18日②发布的《勒令未入会之外商保险公司停业》的公告,里面提到外商"歧视国币,接受外币投保,不独妨碍职会合法会员权益,抑且违及国家法令","亟应切实取缔","勒令停止营业,以维法令"。③

1947年10月,广州市保险商业同业公会呈请广州市市长欧阳驹"取缔本市保险公司接受外币及黄金投保"。呈文中提到一些在穗的保险公司"以迎合投保者之心理,接受黄金及外币投保","致使市内一大部分保险业务,为此等非法接受黄金及外币投保之保险公司所掠夺",影响到"奉公守法之属会会员之权益""实非浅鲜"。"保险事业,负有保障社会金融重责",因此请求"在报章公告,凡属经营保险业者,不得接受黄金与外币投保,市民亦不得投保黄金与外币,否则以行使外币论罪,受授同科",这样"国家法令之尊严得以维持,而属会奉公守法之会员业务藉可稍获保障"。④

---

① 参见吴越:《保险英文条款改用中文的演变》,《上海保险》1996年第4期。

② 本研究的时段下限虽为1937年抗日战争的全面爆发,但为了更好地论述近代保险业的民族本位问题,此处所用资料时间后移到1947年。

③ 《广州市保险商业公会请勒令未入会之外商保险公司停业》(1947年9月18日),广州市档案馆档案,全宗号:4-02,案卷号:4643。

④ 《取缔本市保险公司接受外币及黄金投保》(1947年10月),广州市档案馆档案,全宗号:4-02,案卷号:4644。

但初步推测，反对以黄金和外币投保、力争以国币投保问题的提出很可能在20世纪30年代甚至更早，但由于相关资料的匮乏，1937年以前有关此方面的具体情形在此暂不能详论，只好留待日后找到资料再作补充。

反对用黄金和外币投保、只接受国币投保，与前文所述保单改用中文一样，是民族本位意识在近代保险业发展中的又一体现。近代民族保险业的这一意识和立场在面临华洋冲突时华商保险业界的种种表现中也能得到较充分的体现。

## 三、共襄国难的责任担当

近代华商保险界在努力通过经营利润维持持续经营的同时，也十分关注行业的社会责任。在许多时候，他们将两者结合到一起，向民众宣讲投买保险即是“爱国”，保身保家其实也是在“尽国民之责”。20世纪二三十年代兴起的赎路运动、对日经济绝交等对外冲突中，华商保险界均以其特有的方式投入其中。

### （一）投身胶济铁路赎路运动

五四运动的爆发，促使国人郁积已久的爱国之情进一步迸发。1921年的“华盛顿和平会议之结果”，由中日双方代表“订立山东条约”，规定“由日本归还前清胶州租借地，移交公产，撤退日军，归还海关，并由我国给偿实价，日本应将胶济路及其支路与各种附属产业，一并移交中国”。当时赎回胶济铁路需路款三千万之巨，政府“因财政紊乱”，无力顾及，“故此集款赎路之责，由我国民负之”，因此有了集款赎路运动。①

作为华商保险业一面旗帜的上海华安合群保寿公司，“力任提倡之责”，“独力担认一百万元”，并号召更多的有实力的公司积极参加：“近日赎路之运

① 《本公司提倡赎路贮金之运动纪事》，《华安杂志》第2卷第2号（1926年）。

动风起,然显有实力,愿独力担任百万元者,实未之见"。为筹集赎路款,"外人尚且为吾拟议办法,登于西报,国人安可不即自为显有实力之动作"①,"若每省苟有一二同志,不难朝集夕满"②。华安公司还通告国民:"华会闭幕已有数月,而赎路集款,迄今未有成数,若是岁月蹉跎,转瞬五年期届,吾国无款应付,国民有何颜面,立于世界?现在人心未冷,务请邦人君子各尽其力,于最短时期赶紧集款"③,为国家"尽一分子之义务"④。

华安公司还结合自身业务开展,"特定赎路集款保寿单,将保寿储积金额悉充赎路集款","代人集款,人欲担认赎路款若干者,可用按月付款等办法,由本公司为之生息汇解,以便利热心认任巨款而力不能一次付足者",同时要求政府为路款"不得另行举债",将路权收回后,"归民有民办","所收集款概发债券","将来路上盈余,悉作债券红利"。⑤

1924年,华安合群公司又发起"经济救国保寿":"华安合群保寿公司为纯粹华商自办之人寿保险公司,历来对于爱国任务,赞助备至……特订经济救国保寿专条,详述计划手续及一切办法,深望全国人士共起赞助也。"⑥五卅惨案发生后,华安合群公司继续其"经济救国保寿"计划:"经济不能自立即不能对外经济绝交,本公司特发起经济救国保寿,为五卅惨案后促进经济自立运动之具",特订专则,详述办法,将"此项保寿金额全数移充国家清还外债,赎回路矿等用,由妥实团体保管"。⑦

由于保险界对时局的热切关注和及时、迅速地采取相应对策,以及社会各界的共同行动,外国在华保险业务受到较大影响,"五卅事件发生以后,英日

① 《本公司提倡赎路贮金之运动纪事》,《华安杂志》第2卷第2号(1926年)。
② 《本公司提倡赎路贮金之运动纪事》,《华安杂志》第2卷第2号(1926年)。
③ 《本公司提倡赎路贮金之运动纪事》,《华安杂志》第2卷第2号(1926年)。
④ 《本公司提倡赎路贮金之运动纪事》,《华安杂志》第2卷第2号(1926年)。
⑤ 《华安合群保寿公司敬告国民》,《申报》1922年5月14日。
⑥ 《华安合群保寿公司创办经济救国保寿》,《申报》1924年7月20日。
⑦ 《华安合群保寿股份有限公司》,《申报》1925年10月10日。

保险公司之营业大受打击”，特别是在华日商损失惨重，“日商之营业则一蹶而不振矣”。①

### （二）参与对日“经济绝交”和抗日救亡

1931年，日寇进犯东三省，上海市保险业同业公会通告同业，“现在日兵犯境，普天同愤，本市各业，既经市商会通告停市援助，凡我同业者自应一致停业，共伸义愤”②。保险界以参与对日“经济绝交”，表达民族义愤。

10月6日，宁绍商轮公司水火保险部为“警告全国同胞弗再向日商投保”致函上海市保险业同业公会：“此次暴日入寇蹂躏东省，凡有血气莫不发指，现全国商会已群起实行经济绝交，我保险业居商业之中枢，义不后人。亟宜设法劝阻，买办经理员等代日行兜揽营业并限期退出，以示决绝。同时警告全国同胞弗再向日商投保。此项宣言可登诸报章，俾向在日行招揽营业者便予来归，同仇敌忾，利权挽回，亦未始非发展华商保险之一助也。”③

10月10日，经理保险多年的保险人王梅卿通过《申报》向保险同业及其他各界同胞倡议对日经济绝交：日本“悍然出兵，占我疆土，杀我同胞，焚我屋宇，劫我财货，帝国主义之狰狞面目完全暴露。国际联盟屈服于强力之下，无法阻挡。可知世界只有强权，原无公理，我同胞不速谋自救则亡国。在目前，自救方策，鄙见以为最有效力者，莫如各业各自团结，实行经济绝交，苟人人能抱定不合作主义，坚持到底，即足以制帝国主义者之死命。”④同时，他毅然与洋商脱离关系，并告诫国人今后勿向洋商投保、为洋商服务：“鄙人经理中外保险有年，自即日起，决计对洋商保险脱离关系，已保各险满期之日，即一律改归华商承保。即使洋商保价廉至千两一两或五钱，折扣跌至一折或半折，或优

---

① 王仁全:《洋商保险业之在华情形》,《保险月刊》第2卷第3期(1940年3月15日)。

② 上海市档案馆藏上海市保险业同业公会档案,档号:Q365-1-4。

③ 《上海市保险业同业公会1931年度报告册·来往文牍》,第73页。

④ 《王梅卿哭告保险同业及全国同胞公鉴》,《申报》1931年10月10日。

给佣金多至九折或九五,亦宁愿牺牲个人一切权利计,不再为虎作伥。所望我全国同胞嗣后欲保水火险,不再向洋商投保,并请我保险同业不再为洋商经理保险,即洋商设计破坏或为觇我民气,滥跌保价,滥放回佣,愿我同胞弗贪小利,尤盼贤明之新闻界,对于洋商之跌价、放佣等等,不为代登广告。果能团结一致,坚持弗懈,我保险业如是,其他各业亦一致团结起来,则我垂危之国势,尚有一线生机。"①透过这段感人至深的肺腑之言,我们可以真切地感受到一个中国保险人在国家面临危难之际表现出的对国家前途、命运深深的忧虑,感受到一个有良知的中国人炽烈的爱国心。

王梅卿号召千千万万同胞,同仇敌忾,以实际行动与洋商公司相决裂,共挽国运:"当斯内忧外患空谈不足救国,鄙人生业保险,即以此自矢,故将以前经手之洋商保单悉数归保华商,上次登报宣言并非沽名渔利而获时誉,耿耿此心,所以昭示国人,俾得一呼百应,共挽国运。盖一人之力有限,一人经理之营业更有限,以言挽回利权,何异洒杯水以救车薪。语云众志成城,众口铄金,有冀他人之觉悟耳。"②字里行间洋溢着对国家强烈的责任感。

1932 年,保险界同人在《华安合群保寿公司二十周年纪念刊》中,呼吁民众积极投保寿险,并说投保寿险就是"尽国民之责任",就是"爱国"的表现:"谁都知道训政时期的工作,最重要是在'建设',而建设的先决问题,又在'经济',经济这个问题又怎么解决呢?……人寿保险,为国民经济之长城:内之可以以寿险储蓄之金钱,保障全家之生计,外之汇集国民零星之储蓄,以汇成大资本,为各项建设之母。……简单地说,投保寿险,直接是保家保身,间接即所以爱国!……建设时期的民众们!应以投保寿险,为尽国民之责任。"③

1936 年,上海职业界救国会中一部分银钱业、保险业、洋行业的进步职工,为使救亡活动进一步深入到各行业广大群众中去,先后发起组织"上海市

---

① 《王梅卿哭告保险同业及全国同胞公鉴》,《申报》1931 年 10 月 10 日。

② 《上海市保险业同业公会 1931 年度报告册·来往文牍》,第 76 页。

③ 《关于建设》,《华安合群保寿公司二十周年纪念刊》封底。

银钱业业余联谊会”、“上海市洋行华员联谊会”（以后改名为“华联同乐会”）等群众团体。① 上海八一三事变爆发后，“各地难民纷集于租界一隅，流离失所，饥寒交迫，殊堪怜悯”。上海市保险业同业公会“有鉴于斯，特捐助国币三千元于上海市救济委员会，又三千元于红十字会，以作救济难民之用”，“迨南市失陷，难民益众，情状之惨，不胜怵惕！上海国际救济会，特在南市设立难民区，藉资安插”，上海市保险业同业公会“特再捐国币伍百元”。②

随着抗日斗争的蓬勃发展，上海保险界同人通过各种渠道参加抗日救亡运动，组织“保险界战时服务团”，“以救济救护慰劳服务为目的”，并发起“每日一角捐款运动”，将所得款项用于解决“难民和伤病的给养困难”③，还积极开展劝募、战地慰劳、救济同胞以及抗日宣传等活动。④ 汉口市保险业公会“鉴于前方将士浴血苦战”，号召“后方人民，自应本有钱者出钱，有力者出力之旨，加强力量”，“量力输将，以示爱国之心”，并向汉口救国公债劝募委员会“认购救国公债伍万元”。⑤

1938 年 7 月，在中共上海地下党的领导下，上海保险界职工组建“上海市保险业业余联谊会”（简称“保联”）这一进步团体。⑥ 10 月，武汉、广州相继沦陷。“保联”积极开展支援前线、救济难民、劝募寒衣等活动。此外，“保联”还结合其他会务活动，通过各种形式筹募款项，支援抗战。⑦

---

① 《上海市保险业业余联谊会简史》，载中共上海市委党史资料征集委员会主编、上海市保险业党史资料征集组编写：《上海市保险业职工运动史料（1938—1949）》，1987 年版，第 6 页。

② 《本年度本会一般工作》，载《上海市保险业同业公会 1937 年度报告册》，第 25 页。

③ 《保险界服务团发起每日一角捐款运动》，《太安丰保险界》第 3 卷第 24 期（1937 年 12 月 25 日）。

④ 参见《上海市保险业业余联谊会简史》，载中共上海市委党史资料征集委员会主编、上海市保险业党史资料征集组编写：《上海市保险业职工运动史料（1938—1949）》，1987 年版，第 6 页。

⑤ 《本年度本会一般工作》，载《上海市保险业同业公会 1937 年度报告册》，第 19 页。

⑥ 参见《上海市保险业业余联谊会简史》，载中共上海市委党史资料征集委员会主编、上海市保险业党史资料征集组编写：《上海市保险业职工运动史料（1938—1949）》，1987 年版，第 5 页。

⑦ 参见《上海市保险业业余联谊会简史》，载中共上海市委党史资料征集委员会主编、上海市保险业党史资料征集组编写：《上海市保险业职工运动史料（1938—1949）》，1987 年版，第 12—13 页。

### (三)积极进行国债投资

保险本质上是一种经济补偿制度,组织和实现保险金的给付是保险的基本职能。此外,保险还具有包括融通资金在内的其他派生职能。保险的融通资金职能是指将保险组织的可运用资金重新投入到社会再生产过程中,以便实现资金的保值和增值。由于保险人的业务经营中会有一部分保险资金处于暂时的闲置状态,这种暂时闲置的资金就构成了保险人的可运用资金。保险人通过保险资金的运用,取得盈利,加快保险基金的积累。雄厚的保险总准备金,可以提高保险人应付巨灾保险的能力,增强保险人的财务稳定性,同时也突出了保险业在整个社会经济生活中的重要作用,使保险能更好地发挥社会稳定器的作用。①

寿险公司跟所有保险公司一样,要遇险赔偿;同时它又有其特殊之处——它还承担着满期还款的责任。所以寿险公司的投资更要讲求稳健。政府发行的各种债券,一般利率较高,风险相对较小,因而成为寿险公司投资的重点。而近代民族寿险业在国家危难之际仍然积极进行国债投资,除了投资的考虑外,更有另一层意味:它饱含着民族保险公司作为民族企业所具有的赤子情怀。

1914 年,华安合群保寿公司决定购买国内公债,其中就有借此激发民众爱国心的因素。

正是由于华商同业坚定的民族信念支撑和切实的实际努力,民族保险业在寻求自立的过程中进行了许多卓有成效的斗争。在此过程中,民族保险业敢于与外国经济侵略势力斗争以及面对国难义无反顾地担当责任的种种表现值得肯定。

---

① 参见徐文虎等主编:《保险学》,上海人民出版社 2001 年版,第 54—57 页。

# 第三章　扶植与约束：政府对近代民族保险业的双重作用

民族保险业在从零起步、蹒跚前行的过程中，一直与政府有着密切的关系。民国时期民族保险业的发展与政府的关系同样紧密，政府的态度和政策深刻地影响着民族保险业的发展节律和走向。对保险业发展与政府关系的梳理，不仅可以在一定程度上增益对民国保险业发展外部环境和条件的认识和把握，而且能为探讨政府在近代民族企业发展中角色扮演的成败得失乃至与早期现代化的关系等问题，提供具体行业的案例借鉴。本章将主要从民国政府对民族保险业的扶持、保险立法以及其对保险业的税收管理等方面论述近代民族保险业发展中的政府角色，并在最后对其政策得失作一简要评析。

## 第一节　政府扶植和官员倡导

对于政府的扶持，以下将以华安合群保寿公司的创建为例加以阐述。而有关政府的倡导，则主要通过国民政府时期一些官员和社会名流的相关言论、作为来展现。

## 一、政府的扶植：以华安合群保寿公司的创办为例

民族保险业的兴起和发展，与政府的扶植关系尤大。晚清时期民族保险业的初创与清政府的扶持有着颇大的关系。民国初立，热潮涌动，实业救国呼声日涨，政府对新兴产业亦行保护奖励之策。[①] 这一态度在对民族保险业的扶植中就有比较充分的体现。作为早期民族寿险公司的一面旗帜，华安合群保寿公司在初创时就得到了来自政府的多方支持。

揆诸史料，不难看到，华安合群保寿公司的创建，与清末两江总督端方之前的鼓励和支持密不可分。作为清末"预备立宪"中出洋考察宪政的五大臣之一，端方对参观过的西方人寿保险公司印象深刻且感触良多。"以旷达风雅自命"[②]的端方任两江总督时，经友人介绍，得与在英商永年人寿保险公司南京分公司担任经理的吕岳泉相见。二人晤谈甚欢，端方对吕岳泉谈及人寿保险说，"人寿保险是一项大企业，我前几年奉命去美国考察宪政时，乘便参观他们的人寿保险公司。规模宏大，很是惊人，询悉其资产的雄厚，竟达数十万万美元。你可好好的干吧"[③]。端方对吕岳泉鼓励之余，当下还为自己投保了寿险，并晓谕僚属前来购买。为此，吕岳泉颇多感慨，"内心自问：端方的所谓大企业，为什么中国人不能办呢?"[④]随后经多方努力，吕岳泉出面创设了华安合群保寿公司。在创办过程中，端方"一面以个人名义认股，一面谕僚属参加投资"[⑤]，华安合群保寿公司"公开招股，筹集资金，朝野人士纷纷响应"：

① 参见徐建生：《论民国初年经济政策的扶植与奖励导向》，《近代史研究》1999 年第 1 期。

② 寿充一、寿墨卿、寿乐英编：《近代中国工商人物志》第二册，中国文史出版社 1996 年版，第 343 页。

③ 寿充一、寿墨卿、寿乐英编：《近代中国工商人物志》第二册，中国文史出版社 1996 年版，第 343 页。

④ 寿充一、寿墨卿、寿乐英编：《近代中国工商人物志》第二册，中国文史出版社 1996 年版，第 343 页。

⑤ 上海市保险学会：《中国民族保险业创办一百周年纪念专集(1885—1985)》，上海市保险学会 1985 年版，第 289—290 页。

“徐绍祯认缴股款规银一万两。王人文(署理四川总督)认缴股款规银二万两。民族实业家张季直,早年在南京主办劝业会,提倡国货,提倡实业救国,吕岳泉曾参与其事,竭力赞助,现在张季直也积极赞助,入股投资。大总统冯国璋与吕岳泉交谊颇笃,他不仅自己认购股款,还答应随时出具用他个人名义加盖私章的介绍信,广为介绍入股投资。”①

作为早期的一家民族寿险公司,华安合群在初创时,就多方寻求支持,尤其是对政府寄予了很大的希望。1913 年 7 月,公司众董请求政府予以赞助。在请求赞助函中,他们以美国为例,论述了寿险对于国家的作用,并结合当时中国的实际情况,阐述华安合群保寿公司创立原委:“立国之道,财力为先,财力不充,鲜有能树立其国者”,而“一国财力,重在储蓄,而储蓄之道,以保寿为著。盖保寿储蓄一端,不特能使个人及其家室得所赡恃,且群策群力,合一国之众,而成一极大之金融枢纽,又足以供国家之取求。迨夫积资既巨,以之开辟富源,扶助实业,或为政府债券之代表,均无不可”。在国外,保寿公司“裨益于国家者”甚大,可媲美银行:“外洋若英美等国,其民间资本之积聚于保寿公司者,不亚于银行。而其裨益国家,且视银行尤过之。盖银行之储蓄,不论何时,皆可提取,仅为暂时之存储。若保寿公司,则有年限契约为之保障,最短者以十年,推至十五年,二十年或且至二十年以上。凡在约定年期之内,定例不得提回,是为永久之存贮,而且有保证者。”这在美西战争中可见一斑:“美西之战,美政府需募战事国内公债一万万金元,而大多数乃为保寿公司所输。其中有一公司,输至二千三百万金元之巨,几占全债额四分之一”。但是“返观吾国,此项公司本属寥寥,往者政府又不为提倡,致洋商保险公司,设立日多,耗蚀无限。即以寿险一项言之,我同胞输金钱于外国公司者,每年何止几千百万,莫大漏卮,可胜慨叹”,“董事目击心伤,乃于去夏组设此公司于海上,以期利权渐挽,裕国福民。……自公司成立以来,仅十二阅月,而承保之数,已

① 上海市保险学会:《中国民族保险业创办一百周年纪念专集(1885—1985)》,上海市保险学会 1985 年版,第 289—290 页。

达二百余万，成效之速，实为他公司初创一年中所未曾有。然董等辄不敢自满，犹当竭尽智力，务谋扩充，俾公司所至之处，国人莫不欢迎而信恃之。公司苟能为国人所信恃，则其效力之大，实有不可限量者”。但是，“吾国保寿风气，尚未大开，社会上对于保寿之利益，亦未能如外国人民深知底蕴，今欲开通社会，维系信用，不得不赖在上者之赞助扶持”，“伏念钧座为一国代表，人民莫不以大总统之意思为意思。倘蒙钧座赞助，则公司事业之扩充，当易如反掌”，因此恳请“大总统鉴其微忱，力予赞助”。① 其言之真，意之切，跃然纸上。

另有一封徐绍桢、王人文、沈敦和、朱佩珍、王芝祥、顾兆德、李准、徐承庶诸董事联名致总统、国务院总理函，兹录于后：

> 敬呈者，民国建立，百度维新，社会情事亦因以迁变，惟经济颠危艰困，致使外资输入，国本动摇，金融窒塞，商务停滞，此凡为国民莫不疾首痛心者。尝见欧美大资本家，类皆群策群力组织公司以振兴实业，而于保寿储蓄等业尤引为前提。近奉贵院咨令上海总商会奖励华商公司注册，以期振兴实业，尤注意于保险一端，谓外国保险公司在吾国贸易甚巨，而本国则否，言之似有隐痛，此可见我政府根本之计划与提倡商业殷殷之苦心焉。查西国保险公司实与银行产业债贷储蓄等大公司相峙而并行，且魄力宏大，地位重要，常操握金融机关，无事时直接为人民厚储蓄，保康宁，有事时即能间接为国家挽利权，任担负。故美国纽约一埠大保寿公司三十四家，其产业价值达三千六百兆美金，一旦政府有事需用资财，保寿公司即可协同银行等团体，查照章程，立起而供给之，或直接承借自保债权，或受政府委托而发行债券于国内国外，亿兆巨款，咄嗟立集，国家无须外债之求，而公

① 《呈请大总统赞助扶持函》（1913 年 7 月），载《华安合群保寿公司创办初期请北洋政府为总统、国务院和各方赞助的函稿以及开幕词暨广告等件》，上海市档案馆藏保险档案，档号：Q336-1-11。

司所得债权实利之巩固，视银行等犹且过之。即或需借外债，而有此等公司为政府转圜居间，当不至受外人之挟持，一遇金融恐慌，银行等可以朝夕间遭破产之祸，而保寿公司则因殖产丰富更有年限、条例为之保障，决不受排挤之虞。设吾国果多设此种公司，则今日何至仰息外人、潜移国柄。绍桢等取法外洋之模范，应乎时势之要求，重有感于政府之倡导，爰征引同志集合全体华股资本规银一百万两，即将上海原有之华安人寿保险公司归并办理，定名为中国华安合群保寿有限公司，于民国元年七月一号开始营业，是为完全纯粹之中华保寿公司，第以经营此业为必需专家……一切内部营业办法暨保寿各项章程，审慎优厚，为中国公司向日所未有，凡以期公司能力日益扩张，得达裕国兴商之目的焉。①

在华安合群保寿公司的开幕词中，董事徐绍桢详述了创办经过。他首先从当前中国财政之困难讲到金融之重要，“我国财政困难已达极点，苟不于国家上为根本之计，则利权外溢，金融顿滞，日甚一日，何能自立。考外国执金融之枢纽者，有银行与保险公司之别，而银行中又分其部门为商业银行、工业银行、贮蓄银行，凡所以谋资本集合流通之道，实纤悉具备。盖营业之盛衰，胥视乎流通资本之多寡，而流通资本之资给，则全在乎金融机关。苟得一金融机关，集收多数资本，贷诸生利之人，而以其不动产为抵押，有无相通，各适其用，然后工商日裕，不独一般人之经济可望发达，而国家富强之基亦于以肇之。其关系岂不重且大哉”，但是“回视我国金融机关，多属外人执其枢纽，听命外人，实为一至危至痛之事故。为治本之计，不得不望金融机关之发达”。至于何以“不办银行而办保险公司”者，“则以保险公司能奖励贮蓄，且不需限于大资本之故。一国之内，巨富能有几何。若办保险则虽属中人之家，若能出其余蓄，竞来投保，则积腋成裘，即不难吸引成一巨数，以视乎银行之专恃巨富者，其难易不

① 《华安合群保寿公司创办初期请北洋政府为总统、国务院和各方赞助的函稿以及开幕词暨广告等件》，上海市档案馆藏保险档案，档号：Q336-1-11。

啻天壤之别”,何况“保险为人人自卫上必要之举,实成社会上一种救济制度”,“目前欧美大公司之在吾华开设者,已属成效昭著,更足为保险事业适于我国之证”。中国“若不亟思挽救,则漏卮日甚,又岂中国前途之福哉”,“我国人口之众,本甲全球,苟能通力合作,共襄盛举,则其异日发达又何难并驾欧美,于此则政府需款之时,即可由公司承借,又何至有因借债而损及主权如今日者。故保险公司之设,小言之,足望工商之发达;大言之,即为国家财政之补助机关,实为刻不容缓之举”,于是“同人所以有创设保险公司”也。①

当时一篇题为《华安合群保寿公司开幕记事》的报载新闻,就揭示了政界与华安合群保寿公司之间非同寻常的关联:黎元洪“居本公司赞成员之首”,“董事徐固卿君绍桢乃民国光复南京之首功,而又为本公司首倡之人,若王采丞君人文即前代理四川总督……若王铁珊君芝祥则卸职广西都督”。② 但更具体的赞助情形,因手头资料所限,无法更详尽地呈现。

其实,在近代,即便是保险业发达的国家,譬如美国,保险业的发展也往往离不开政要的参与。对此,时人介绍曰:“美国之保险业界,则退职总统之出为保险公司之重要职员者,不一而足。古立芝总统于卸任总统职务以后,即由纽约寿险公司聘任为董事,至死为止。胡佛总统退位后亦于 1934 年受纽约寿险公司之聘,担任该公司董事职务。此外,如 1929 年美国民主党之总统候选人纽约州长史密斯,亦于连任四次州长后,被纽约寿险公司聘任为董事,并代理古立芝为委员会之主席。皆其例也。”所以,保险界已经认识到“如欲谋华商保险事业之健全发展”,非有政治人物支持,“决难收效”。③ 他们对政治人物的支持寄予了颇大的希望。

20 世纪 30 年代,国货运动风起云涌,保险界大力宣扬华商保险。这时,

---

① 《华安合群保寿公司创办初期请北洋政府为总统、国务院和各方赞助的函稿以及开幕词暨广告等件》,上海市档案馆藏保险档案,档号:Q336-1-11。

② 《华安合群保寿公司创办初期请北洋政府为总统、国务院和各方赞助的函稿以及开幕词暨广告等件》,上海市档案馆藏保险档案,档号:Q336-1-11。

③ 《保险事业与领袖人物》,《太安丰保险界》第 2 卷第 24 期(1936 年 12 月)。

国民政府也顺乎大势,支持华商保险业的发展。

1930 年 5 月 27 日,华安合群保寿公司在得知国民政府铁道部所辖各机关正欲办理团体保险时,特上书工商部,提出机关团体保险应优先委托华商寿险公司办理,不得让与外人:“查保寿事业,尚属幼稚,且悉为外资经营之商公司所操纵压迫,每年利权外溢,为数甚巨。近闻政府隶属机关,有进行团体保险之举,外国保险公司谋揽甚力。其事果成,则直接使国家机关多一年之漏卮,间接使我国保寿公司蒙重大之打击,伏念钧部职掌全国工商事业,保障提倡,不遗余力。对于各机关举办团体保险时,当亦主张由国人经营之保寿公司承办,即如敝公司承保商务印书馆、新闻报等职工之团体保险,成绩斐然,亦不让于外人,伏恳准如所请,咨请各机关进行团体保险时,应尽先委托国人保寿公司办理,以塞漏卮而资鼓励。”①国民政府铁道部充分考虑华商保险业界的利益诉求,遂让所辖各机关遵办,以鼓励华商保险事业的发展。以华安合群保寿公司为龙头的华商业界的呼声看来是得到了国民政府有关部门的积极回应,并转化成支持华商保险业的实际行动。

地方上,当时的广东省政府也大力提倡和支持华商保险。1930 年,广东省政府下发同意华安公司的陈请,日后团体保险应尽先委托华商公司办理的公文:“查团体保险,亦称联合公险。东西各国,均极盛行,我国近年亦有发展趋向。惟各国在华经办保险之公司甚多,诚恐将来此项团体保险发展以后,相率向外商投保,亟宜事先筹划,以免利权损失。该公司所陈各节,尚属实情……遇有进行团体保险事件,悉行尽先委托国人经营之公司承办,以挽利权。”②

1930 年 6 月,广州市政府亦同意华安公司的呈文,通令提倡投保华商保险公司,认为政府机关的团体寿险业务不能让与外国公司,应“尽先委托国人经营之公司承办,以挽利权”:“华安合群保寿公司呈称,查保寿事业,为调剂国民经济,促进国家建设之要图。惟吾国保寿事业,尚属幼稚,且悉为外资经

① 《团体保险应委本国公司办理》,《申报》1930 年 5 月 27 日。

② 《令知团体保险应委托国人经营之公司承办案》,《广东省政府公报》1930 年第 94 号。

营之商公司所操纵压迫,每年利权外溢,为数甚巨。近闻政府隶属机关,有进行团体保险之举,外国保险公司,谋揽甚力。其事果成,则直接使国家机关,多一长年之漏卮,间接使我国保寿公司,蒙重大之打击。……各机关进行团体保险时,应尽先委托国人保寿公司办理,以塞漏卮”。①

当时的工商会议亦有此提案:“保险营业,创自欧西,晚近华商公司,急起直追,虽能挽回利权一部分,究以先入为主,有积重难返之势。而吾国商民,素来国际观念薄弱,不明商战胜负之机,与夫漏卮外溢之害,所以吾国商民,仍多向洋商公司投保,此项损失,为数至巨。况且印花税颁行以来,华商公司已经遵贴,而洋商并不照行,办法两歧,未免轩轾。为保护华商、提倡中国商业计,拟请由政府通饬各机关,所有关于水火保险之国有财产及国营事业,一律须向各处华商公司投保,俾树风声而坚信仰。商民成见,庶可藉以转移,吾国保险事业,或可渐臻发达。”②该案后获通过。1932 年 3 月,广东省政府亦宣布“国有财产、国营实业应由中国公司保险”③。

国民政府还多次颁布支持民族保险业的训令:1930 年 9 月,国民政府外交部发表训令,提倡职工团体保寿,并由纯华商公司承保;④1931 年 7 月,国民政府行政院发布“关于国有财产及国营事业一律归中国公司保险的训令”⑤;1934 年 1 月,国民政府铁道部将全国国有铁路局交由华商保险同业联保火险;⑥1935 年 5 月 18 日,国民政府行政院奉准颁布简易寿人保险法训令⑦。

---

① 《市府通令提倡国营保险事业》,《广州市政公报》1930 年第 356 号。

② 《国有财产、国营事业归中国保险公司保险》,《广东省政府公报》1931 年第 147 号。

③ 《令知国有财产、国营实业应由中国公司保险》,《广东省政府公报》1932 年第 181 号。

④ 颜鹏飞等主编:《中国保险史志(1805—1949)》,上海社会科学院出版社 1989 年版,第 234 页。

⑤ 中国第二历史档案馆编:《中华民国史档案资料汇编 · 第五辑第一编 · 财政经济(四)》,江苏古籍出版社 1994 年版,第 740 页。

⑥ 颜鹏飞等主编:《中国保险史志(1805—1949)》,上海社会科学院出版社 1989 年版,第 274 页。

⑦ 中国第二历史档案馆编:《中华民国史档案资料汇编 · 第五辑第一编 · 财政经济(四)》,江苏古籍出版社 1994 年版,第 744 页。

这些体现出国民政府对民族保险业的支持。

实践证明,在近代中国民族保险业发展之初,来自政府的保护是非常必要的。如果没有政府的支持,民族保险业难以在19世纪70年代产生。民国时期,民族保险业的发展同样离不开政府的扶助,而这主要体现在一些官员和社会名流对保险的宣导上。

## 二、民国时期政府官员和社会名流的宣传倡导

国民政府时期,随着保险业在中国的逐步成长,一些官员和社会名流也逐渐认识到保险对于国家、社会的功能和作用,因而在各种场合利用其特殊的身份、地位,或发表讲话,或为保险刊物题词,或撰文畅谈对保险的看法以及个人投保的切身体会,对保险进行宣传倡导。

1935年5月,国民政府颁布《简易人寿保险法》,明令此项业务由邮政储金汇业局管理,隶属交通部。① 为了向民众讲解简易寿险的基本知识,增进民众对简易寿险的了解,当时的国民政府交通部部长朱家骅于1936年这样介绍简易寿险业务及其实施计划:"此项业务,不特足以养成人民储蓄的习惯,并足以集中社会上的游资,作发展地方产业之用途,又因其手续比较简单,实际推行亦较便利。国外采取此种业务之国家颇多,均有极大成效。因此本部参照他国制度,斟酌本国情形,拟订草案,经过立法程序,缜密讨论后,公布简易人寿保险法及详细章程。已于上个月在首都、上海、汉口等邮政储金汇业分局先行举办。预备自本年度3月起,逐渐酌量情形,推广至江苏、浙江、安徽、江西、湖北、湖南各邮区,以后再施行到其他邮区。"②朱家骅进一步说,简易寿险由政府举办,信用可靠,必有益于社会:"以此种巩固而健全的基础,为简易人寿作信用的保障,深信必得社会的信仰,至于保费的收入,均以特别会计处理,

---

① 中国第二历史档案馆编:《中华民国史档案资料汇编·第五辑第一编·财政经济(四)》,江苏古籍出版社1994年版,第745页。

② 《朱家骅氏谈人寿保险》,《太安丰保险界》第2卷第1期(1936年1月)。

不与该局其他帐目相混,而其投资,亦将以用于地方事业为主,不仅求其稳固,且将来有利于社会也。”①

经济学博士马寅初对保险有着特别的关注,在当时发表了大量倡扬保险的文字,比如在《太安丰保险界》上就可以看到他用浅白易懂的语言向民众传递寿险的真义:“人寿保险是需要,不是消耗;是储蓄而非投机;寿险非保人之长寿,系保一人之生产能力,此种生产能力因死亡而消灭者,可用经济力量以维持之。”②胡适也说:“人寿保险含有两种人生常识:第一、人无远虑,必有近忧,所以壮年要做老年的准备,强健时要做疾病时的计划。第二、日计不足,岁计有余,所以微细的金钱,只须有长久的积聚,可以供重大的用度。”③

除了发表对保险的看法,当时的不少政要、社会名流还利用自身的名望和社会影响力,在保险刊物上题词,以此教育和号召民众。1933 年,宁绍人寿保险公司创办《人寿》季刊,该刊连续出版至 1940 年。在该刊的每一期上,几乎都可以看到当时的政要、名流有关保险的题词,这些题词均是以寥寥数字言简意赅地揭示出保险的独特功能。在其他保险刊物上,这样的题词也俯拾即是,屡见不鲜。

还有一些人结合自己所从事的工作,畅谈对保险的认识和看法。当时的国民政府上海市社会局局长吴醒亚曾撰专文论及“团体保险与工商界”的关系,阐述团体保险对于解决劳资纠纷、促进工商业发展的重要意义。④ 1937 年,上海市商品检验局英文秘书周琎,作为宁绍人寿保险公司的投保人,他认为人寿保险可以向保户灌输卫生常识,通过免费为保户检查身体、注射疫苗等训练民众养成良好的卫生习惯,有益于民族前途,不愧为“于公于私”两利的事业。⑤

---

① 《朱家骅氏谈人寿保险》,《太安丰保险界》第 2 卷第 1 期(1936 年 1 月)。

② 《太安丰保险界》第 3 卷第 1 期(1937 年 1 月)。

③ 中华人寿保险协进社编:《人寿保险专刊》第 4 期(《申报》1933 年 4 月 9 日)。

④ 吴醒亚:《团体保险与工商界》,《人寿》第 3 号(1933 年 10 月 10 日)。

⑤ 参见周琎:《从功效上说明人寿保险的重要性》,《人寿》第 16 号(1937 年 1 月 10 日)。

这些政府官员和社会名流对保险宣传提倡背后的具体原因可能不完全相同,但是凭借他们的影响力,这些出自他们之口、倡导保险的言论,势必会对民众的保险观念产生影响。而在这种舆论氛围下,国民政府对保险的态度也不是漠然视之。

这一时期,国民政府将保险列为一项重要工作,其倡导的"新生活运动"《劳动服务团组织大纲》第十五项就明确规定提倡储蓄保险运动。1937 年 5 月,南京的"新生活运动促进会"(王漱芳为该会主任干事)致函上海市保险业同业公会,认为华商保险业"于调剂国民经济,挽回以往漏卮,裨益良多,自应努力提倡,嗣后俟于举行节约运动或遇类似此项运动时,当为倡导宣传也"①,对华商保险给予了高度评价。

除此之外,国民政府对保险的支持和倡导还体现在其他一些方面,如,国民政府应保险界之吁请,同意在派遣留学生中给予少量专攻保险学的名额,以便培养高级保险人才。有关保险留学教育的问题将会在第五章专论保险教育时一并论述。

## 第二节　扶持与约束并存的保险立法

立法是指一定的国家机关依照法定职权和程序,制定、修改和废止法律和其他规范性法律文件以及认可法律的活动。立法是以国家的名义进行的活动,是一种政府行为。政府立法的目的在于通过法律实现对社会生活的有效调控。

保险业在近代中国是一个崭新的行业,有关法规无陈规可循。随着中国保险业的发展,有关保险立法问题逐渐被提上议事日程。中国对保险立法的探索始于清末。

① 《太安丰保险界》,第 3 卷第 9 期(1937 年 5 月 1 日)。

## 一、近代保险立法的历程

中国的保险立法于清末正式启动,历经北洋政府时期、南京国民政府时期,不断有所建设并逐步完善。

### (一)清末保险立法的启动

近代中国资本主义经济法律制度的建设探索"起始于清末新政时期"①。20世纪初,内外交困中的清政府被迫进行某些统治政策的调整,实行以振兴工商为中心的"新政"。实行"新政"期间,清政府先后颁布了60余项有关经济的法规②,经济法律制度的建设探索出现一个小高潮。

1903年,清政府设立修订法律馆,并颁布《钦定大清商律》。《钦定大清商律》由《商人通例》和《公司律》组成,前者规定的商业就包括新兴的保险业,后者则涉及设立保险公司的一系列具体规定。1909年,修订法律馆在日本保险界、法律界著名人士志田甲太郎的参与下,完成了有关商律的草案初稿,其中包括《大清商律草案》。1910年,修订法律馆制定了《保险业章程草案》。此法虽名为保险业法,实则包括保险契约法与保险业管理法两方面。这是中国保险史上第一部以"保险"命名的专门的保险法规。该草案分总则、股份公司、相互公会、物产保险、生命保险、罚则以及附则等七章,共105条。③ 1911年,经各大商会讨论后上报农工商部,修改成《大清商律草案》。其第二编《商行为》项下第七章有关损害保险营业有50条,第八章生命保险营业有11条。④ 此为中国保

① 虞和平:《民国初年的经济法制建设述评》,《近代史研究》1992年第4期。

② 参见汪敬虞:《中国资本主义的发展和不发展——中国近代经济史中心线索问题研究》,经济管理出版社2007年版,第217页。

③ 参见周华孚、颜鹏飞主编:《中国保险法规暨章程大全(1865—1953)》,上海人民出版社1992年版,第37—47页。

④ 参见周华孚、颜鹏飞主编:《中国保险法规暨章程大全(1865—1953)》,上海人民出版社1992年版,第47—53页。

险业法之雏形。但此时的清政府已是穷途末路,快要走到尽头,所以对与它的统治没有直接关系的保险业并无心顾及。而随着辛亥革命的爆发,清政府被推翻,该商律更是无从审核颁行。

清末草拟的《保险业章程草案》《大清商律草案》等法规,虽然受制于现实条件,未及颁行实施,但这些保险法规的编订为后来北洋政府时期的保险法规制定奠定了必要的基础,对于民族保险业的兴起、发展也起到了一定的作用。

### (二)北洋政府时期保险立法的进展

中华民国建立后,经济法律制度建设又现新热潮,保险法规建设因此有了新进展。

1913 年 9 月,时任北洋政府农林、工商总长(后改为农商总长)的张謇指出:"法律作用,以积极言,则有诱掖指导之功;以消极言,则有纠正制裁之力","故农林工商部第一计划书,即在立法"。① 他在"筹画利用外资振兴实业办法呈"中明确提出"各国对于承办保险事业等,每令预缴巨款,存于政府,以为其事业之保证者,中国尚未有此,似可酌量仿行"。②

1914 年 3 月,北洋政府公布了新的《商人通例》,共七章 73 条。③ 1917 年,北洋政府修订法律馆聘请法国顾问爱斯嘉拉协助起草《保险契约法草案》。4 月,《保险契约法草案》拟定完竣,该草案共四章 109 条,这是近代第二部由外国人协助起草的保险法草案。同一年,北洋政府农工商部拟定了《保险业法案》。1918 年,法制局对此法案进行了修改,对保险业实行严格管

---

① 张怡祖编:《张季子九录 · 政闻录卷七》,载沈云龙主编:《近代中国史料丛刊续编》第 97 辑第 961 种,(台湾)文海出版社有限公司 1983 年版,第 350—351 页。

② 张怡祖编:《张季子九录 · 政闻录卷七》,载沈云龙主编:《近代中国史料丛刊续编》第 97 辑第 961 种,(台湾)文海出版社有限公司 1983 年版,第 366 页。

③ 参见周华孚、颜鹏飞主编:《中国保险法规暨章程大全(1865—1953)》,上海人民出版社 1992 年版,第 61—67 页。

理。① 该法案共42条,其中规定:“保险公司资本总额至少须满二十万元”,“保险公司不得兼营他种事业,每一保险公司不得兼营人寿保险与伤害保险”,“人寿保险公司每年应以所收保险费总额的1/5,作为特别准备金以现款存储于该公司,或存储于认为适当之银行商号”,“保险公司之股东会议或董事会议,农商部得派人员参列”,以加强对保险业的监督管理。② 后因北洋政府统治的终结,此法案也被束之高阁,未得公布。

### (三)国民政府时期保险立法的粗具规模

有了清末的探索、北洋政府时期的推进,国民政府时期的保险立法就有了一定的基础。1927年南京国民政府成立伊始,即责令有关部门草拟保险法。1928年9月,国民政府金融管理局制定了《保险条例草案》,共九章29条。③ 1929年12月24日,国民政府立法院第68次会议通过了《保险法》,同年被明令公布,内分总则、损害保险、人身保险三章共82条。④ “该法取范法国,故法系之成分居多”⑤,“惟当时事实上尚无此需要,故迄未施行”。“但自该法公布后,中国保险业已有逐渐发展之趋势”,“六七年来,保险法规之需要,与日俱亟,而当初公布之保险法,又有修正之必要”,1935年“始由立法院商法委员会根据已公布之保险法,另行起草”,1936年春,“起草完竣”,“由立法院商法委员会召开第四届第十四次会议讨论”,并函请国民政府实业部、上海市保险业同业公会拟具意见,再行讨论。其间又经过多次会议讨论,最后于1936年11月27日获国民政府立法院第四届第八十一次会议“无异议通过”。1937

① 赵兰亮:《近代上海保险市场研究(1843—1937)》,复旦大学出版社2003年版,第298页。

② 参见周华孚、颜鹏飞主编:《中国保险法规暨章程大全(1865—1953)》,上海人民出版社1992年版,第73—75页。

③ 参见周华孚、颜鹏飞主编:《中国保险法规暨章程大全(1865—1953)》,上海人民出版社1992年版,第90—94页。

④ 《中国保险年鉴·1936年》,第23页。

⑤ 《中国保险年鉴·1936年》,第23页。

年 1 月 11 日,国民政府正式公布,“我国保险法始粗具规模”。①

修正后公布的《保险法》第一章为总则,第二章为损失保险,第三章为人身保险,第四章为附则,凡 98 条。② 在损失保险中,规定火灾保险、责任保险等都属于其范围;人身保险包括人寿保险、伤害保险。此外,对其他保险特约条款、复保险、再保险亦相应增加了新的规定。

《保险业法》曾于 1933 年 4 月由国民政府立法院商法委员会函聘王效文起草,并请上海市保险业同业公会推举代表列席发表意见,嗣后复邀保险公会代表出席审查,再度修正。至 1935 年 6 月 7 日,始经国民政府立法院三读通过。7 月 5 日,国民政府首度公布。1937 年 1 月 11 日,修正公布。该法内容分总则、保证金、保险公司、相互保险社、会计、罚则及附则七章,共 80 条。③

其第一条称,“本法所称保险业,谓以损失保险或人身保险为业而设立之团体”;第三条规定,“经营保险业者,非呈请实业部核准并依法登记缴存保证金领取营业执照后,不得开始营业”;第六条关于呈请核准、第七条关于商号、第八条关于计算员、第十一条关于资金运用、第十二条关于监督机关、第十三条关于营业报告、第十四条关于监督权之行使及第十五至十八条关于清算等之规定,均体现出国民政府制定的这部法律“照英、美、德、日等国法律,采取干涉主义,即国家对于保险业之经营,加以严格监督,不准人民自由为之”。④

关于华洋合资问题,明确规定华洋合资不得经营寿险,只限于财险:“人寿保险业其股东全体为中国人者”“财产保险业其资本三分之二以上为中国

① 马寅初:《中国保险业与新中国建设之关系》,《银行周报》第 21 卷第 19 期(1937 年 5 月)。

② 周华孚、颜鹏飞主编:《中国保险法规暨章程大全(1865—1953)》,上海人民出版社 1992 年版,第 158—167 页。

③ 周华孚、颜鹏飞主编:《中国保险法规暨章程大全(1865—1953)》,上海人民出版社 1992 年版,第 167—175 页。

④ 《中国保险年鉴 · 1936 年》,第 24 页。

人所有,并其董事三分之二以上及总经理为中国人者"。[①] 其原因在于,"人身保险之人寿保险,有储蓄之性质,其所积存之责任准备金,为数颇巨,且保险契约之期间甚长,甚至以终身为条件,如准华洋合资,则难免权操外人,所有资金必将投放于国外,不仅一旦国际有事,对于此种投资无法处理,即以国人积存之金钱,为助长外国发展实业之需,于情于理,亦觉不合,故有人身保险之股东,须全体为中国人之规定,至财产保险,则同契约性质各异,且期期(限)较短,而积存金亦少,即使每届营业得有盈余,为数亦属有限,于国计民生关系较小,故在职员与资本,加以相当限制之条件下,准予华洋合资。"[②]

关于业务兼营问题[③],不仅规定"同一保险业不得兼营财产保险与人身保险",而且规定"保险业不得兼营其他事业"。[④] 因为"保险科学系根据均数原理而成,与他种营业之性质稍有不同,若国家立法,准许保险业得兼营他业,则他业失败,势必影响及于本业,故本案第五条以明文规定保险业不得经营其他事业,以确保保险业之基础"。[⑤]

关于保险业之资金及责任准备金,规定"至少以总额百分之八十投放于中华民国领域以内"[⑥];对于外国保险业在华营业范围,则规定"以通商口岸为限"[⑦]。

---

① 周华孚、颜鹏飞主编:《中国保险法规暨章程大全(1865—1953)》,上海人民出版社 1992 年版,第 168 页。

② 《中国保险年鉴·1936 年》,第 24—25 页。

③ 保险业务一般分为寿险业务和产险业务两大类。由于两类业务的性质不同,资金运转周期、风险系数等都存在很大差异,因此大多数国家和地区都在法律上原则性地规定禁止同一保险公司兼营寿险和产险,但却规定了一些补充性条款,用于解决特殊问题。(参见高洋:《保险业法律监管若干问题研究》,《当代法学》2003 年第 2 期。)

④ 周华孚、颜鹏飞主编:《中国保险法规暨章程大全(1865—1953)》,上海人民出版社 1992 年版,第 167 页。

⑤ 《中国保险年鉴·1936 年》,第 25 页。

⑥ 周华孚、颜鹏飞主编:《中国保险法规暨章程大全(1865—1953)》,上海人民出版社 1992 年版,第 168 页。

⑦ 周华孚、颜鹏飞主编:《中国保险法规暨章程大全(1865—1953)》,上海人民出版社 1992 年版,第 169 页。

1935年4月26日,国民政府立法院第十四次大会通过《简易人寿保险法》。同年5月10日,《简易人寿保险法》获国民政府通过。该法共38条,规定:简易人寿保险为国营事业,属交通部主管,其他保险业者不得经营;简易人寿保险由邮政储金汇业局管理,并指挥各邮政储金汇业分局或邮局经理之;邮政储金汇业局对被保险人负有给付保险金额之责;简易人寿保险分终身保险和定期保险两种,终身保险于被保险人死亡时给付保险金额,定期保险于契约满期时或未满期而被保险人死亡时给付之;保险金额以国币五十元至五百元为限;简易人寿保险之收支,以国币为标准;简易人寿保险对于被保险人免验身体;凡年满12—60岁的中华民国国民,皆得为被保险人。①

1937年1月11日公布的《保险业法施行法》共19条,其中规定保险契约"应用中国文字,其并用他国文字者,以中国文字为准"②。

从以上一系列保险法规具体条款的规定中,可以看到国民政府在制定相关规条时,在一定程度上还是能根据民族资产阶级的利益要求,从国家利益角度对外资保险作出必要的限制。这体现了国民政府对本国保险业发展的保护。但是,"一向是自由营业,不受中国任何法律的管束"的外商保险业,对此自是不能接受,因而"保险业法公布后,一班外商就群起反对,发出种种威吓言论",国内学者如马寅初等虽然也著文加以驳斥(第二章第二节中有论),却没有得到实际的结果。国民政府"一再迁延顾虑,未能当机立断"。③

不久,七七事变发生,抗日战争全面爆发,国民政府迁都重庆,上述保险法规除《简易人寿保险法》和《简易人寿保险章程》外,均未能付诸实施。

---

① 周华孚、颜鹏飞主编:《中国保险法规暨章程大全(1865—1953)》,上海人民出版社1992年版,第151—154页。

② 周华孚、颜鹏飞主编:《中国保险法规暨章程大全(1865—1953)》,上海人民出版社1992年版,第175—176页。

③ 沈云龙等主编:《近代中国史料丛刊三编》第47辑第468种,(台湾)文海出版有限公司1988年版,第94页。

### 二、近代保险立法的特点

通过以上对近代以来中国保险立法的考察,不难看出,近代中国保险立法明显滞后于保险业的实际发展。如前所述,鸦片战争后,西方近代保险业逐渐传入中国,中国的民族保险业最早产生于19世纪70年代。然而,有关保险的立法迟至20世纪初才真正启动。在相当长的时期里,保险立法从属于商法或海商法,直至1907年《保险业章程草案》拟定,保险法规才首次独立出来。但《保险业章程草案》的拟定,并不是官方的立法行为,且没有得到清政府的明确认可。专门的保险法规的出现事实上更晚,这就明显落后于保险业的发展实际。

近代中国的保险立法由于无陈规可循,多循外国成例,所以许多规定并不是很切合中国实际。近代的保险立法先是照搬德国法例,继而请日本人、法国人代为操刀,历经晚清、北洋政府时期,先后形成过三部保险专门法案。但因悖于国情,加之政权更迭,这三部法案均未实施。①

国民政府时期,情况有所改善。这一时期,国民政府在制定相关法律规章时基本能从本国利益的角度考虑问题,在保险立法的某些条款中,亦能看到限制外商、保护本国保险业发展的规定。但是,在半殖民地半封建社会的旧中国,迫于强大的外部压力,国民政府态度迟疑,加上战争频仍,使得上述几部保险法都未实施,保护民族保险业的措施并未产生太多的实际效果,限制外商的立法努力也归于徒劳。

## 第三节　苛严的税收管束

保险作为社会的稳定器,是国民经济的重要组成部分。政府在制定各种

① 岳宗福:《试探晚清和北洋政府时期的保险立法》,《中国保险管理干部学院学报》2002年第6期。

税法时,都将保险公司和保险票证列为重要的征税对象,并根据保险业的特点,制定不同的税收政策,通过税收对保险业加强管理。近代以来,清政府和北洋政府虽都拟定了相关法规对保险业进行管理,但因外患频仍、政局动荡,终未付诸实施,因而对保险业的税收并无单独的税率规定。对保险业征税的真正实施是在民国时期。

民国时期,国民政府对保险业征税主要有营业税、印花税和所得税三种。在征收的过程中,国民政府对华商保险业管束不免苛严,因而招致他们的强烈不满。

## 一、营业税的税率之重和华商保险业的吁求

营业税是对从事交通运输、服务业等第三产业的单位和个人,就其经营业务征收的一种流转税。1928 年,国民政府制定《营业税办法大纲》,第一次使用营业税的名称。①

1931 年,国民政府财政部在修正营业税条例时,曾有征收保险业营业税之议,"其中规定:保险业按资本额征收营业税 20‰,将呈由中央政治会议及各部院核准施行。经上海市保险业同业公会具呈中央党部及各部院据理力争,最后乃将原案修正,规定按照保费征收 2‰,但迄未实行"②。2 月,因国民政府新征营业税,华商保险同业积极商讨应对之策。2 月 14 日,营口华商保险同业公会主席郭静齐向上海市保险业同业公会致函:"关于保险同业应付方法,尊处所定宗旨,敝处极表赞同,务恳据理力请实业、财政两部对于国内业经呈准营业之各同业公司,无论本分公司设在各省,统请政府一体依照现有法规,优加保护,以免各省另订单行法章,致碍发展,一致进行,以求彻底之解决。"③营口华商保险同业公会对上海市保险业同业公会所定应付新征营业税

① 刘隆亨:《中国税法概论》,北京大学出版社 1995 年版,第 180 页。
② 丁雪农:《所得税与遗产税下之寿险问题》,《保险季刊》第 1 卷第 1 期(1936 年 9 月)。
③ 《上海市保险业同业公会 1931 年度报告册·来往文牍》,第 28 页。

方法表示赞同。

1931年3月16日,华安合群、先施人寿、永安人寿三家公司从当时中国保险业的实情出发,请求对人寿保险业“免征营业税”:“窃以人寿保险为人生预防本身衰老及家庭生计之保障事业,故与国民经济关系至为密切。质言之即为国民之经济生产机关。其营业与银行同一轨道,而负担则较银行更为綦重也。是以欧美各国对于人寿保险事业所征之捐税,除保险法有规定者外,其余类皆免征。其顾虑之周,盖为国民设想耳。吾国人寿保险事业尚在萌芽时代,而因洋商人寿保险公司侵略之故,本国公司当此风雨飘摇之时,艰难奋斗,已极困顿,若再增加营业税,实不堪加任。”①

他们“将人寿保险不能肩负营业税之理由”列为三点:

其一,“人寿保险之保费系作二部,第一部分为期内身故之赔款,于公司有损无益,第二部分为满期还款,此为保户方面之储蓄,亦非公司谋取利益之营业,幸而保客无恙,保费纳至满期,在人寿公司之收益亦不过历年利息之一部。保客所保之金额仍须照给并要付以相当之利益。惟公司所得利息之一部,办事人薪俸之开销,介绍人佣金之取给与夫其他保客之遇险赔偿,悉资此项利息,以为挹注利益之微,于此可见”②。

其二,“保户供付之保费不过假手公司为其储蓄,期满须将保款归还,其中所图之利息,亦固有限,而须预负赔款损失,则得之东隅未晓,能收之桑榆否?且中国人民现尚未知人寿保险之益,对于投保寿险者数实寥寥,营养尚虞不足肩担,岂能再负捐税”③。

其三,“人寿保险单据均已遵章贴用印花,中国人寿公司已多负一重责任矣。若再加收营业税,百上加斤,实觉力有不胜。忖思皮之不存,毛

① 《上海市保险业同业公会1931年度报告册·来往文牍》,第31页。
② 《上海市保险业同业公会1931年度报告册·来往文牍》,第32页。
③ 《上海市保险业同业公会1931年度报告册·来往文牍》,第32页。

将安附”①。

他们还将保险与同属金融业的银行作比,“查银行营业不过还本付息,保寿公司对于保客之义务到期还款,与银行办法无异也。至于保客遇险无论其投保之久暂,悉照保额赔偿,此种义务为人寿保险公司之所独有,而各种银行之所必无,其责任之孰重孰轻,至为明显。故公司等主张保寿公司之征税,纵不能比待遇银行而略轻,亦不应比待遇银行而加重。银行亦无缴纳营业税之规定,人寿保险公司营业为代保户储蓄,实际既与银行同然,其所处地位亦应同一待遇,事关国税,在国民尽可为政府助力者,莫不勉为输将,以尽责任,但能力实有不胜,在政府犹应鉴谅,用恤商艰,况现在中国人寿保险公司只有三数家营业,薄弱如此,当其茁壮时期,似宜扶之植之”。因此,希望政府“准予通饬各省将人寿保险业之营业税一体免征,以维国本”。②

5 月 15 日,上海联保水火险有限公司司理冯佐芝致函同业公会,对于营业税问题发表意见曰,“苏浙营业税条例应按资本征收千分之二十,实难办到”,因为“吾业年来保费低微,折扣太巨,又加以印花税等,已有不能担负之势。若再重以此税,则商力几何一摘再摘”,而且政府对华洋难以一体对待,“华商处政府辖治之下可以形驱势迫,而洋商保险公司其资本动辄数百万以至千余万元,伊肯计资科税乎?纵国权收回今非昔比,洋商为顾全其内地之营业计,亦必勉就范围,而其本国政府外交官吏换商约以为抵制利器,能放任而允许乎?殆曰不能。夫同此保险营业,而显示偏颇,宽容洋商独征华商,此驱鱼驱爵之谬计,度非我贤明之当局诸公所忍出此也”;虽说“经商纳税等于天经地义”,“凡我同业绝无希图幸免之心理”,但“亦须政府有维持保育之诚意,而后可责吾辈以踊跃输将”。他建议说,“笼统吁请免税,殆难邀准,不如就切实易举之事,呈恳施行,较有实益”,“吾业年来衰败原因不一,而以经纪人滥

① 《上海市保险业同业公会 1931 年度报告册·来往文牍》,第 32 页。

② 《上海市保险业同业公会 1931 年度报告册·来往文牍》,第 32 页。

跌折扣为致病之源,非藉国家法令之功不能收整齐划一之效”,如果能“呈请政府制定一种保险经纪人条例”,“凡经纪人须由政府给予执照,明定每单保本若干,实应收佣金若干,违者料(应为‘科’)以罚金若干元或监禁若干日”,则“吾国始有一线生机,方可议及营业税事”。关于税率问题,“(一)照资本收千分之二十,窒碍难行,已如上所述矣。(二)照纯益收千分之二,亦等于有名无实,缘近年以来吾业同人因保价低而扣头滥之故,其年终总结能获纯益者殆有几家?若长此不振,政府虽榷算极于蝇头,而亦无如此蚀本之公司何也。(三)照经济原理赋税得以转嫁之公例,制定一适宜税额,许保险公司转嫁于经纪人或保户,照每单保本若干,除贴印花税若干外,另贴营业税若干”。并且将此税归由“经纪人自理或准其取偿于保户”,“如此办法不独吾业同人乐于遵从,即洋商亦不能独标异帜,实为简便易行之道”。①

## 二、保险印花税的调整与华商保险界的不满

印花税是以签订合同、产权转移、权利许可等行为所书立,或以领受的凭证为征税对象的一种流转税,具有征收面广、税负轻、由纳税人自行购买并粘贴印花税票以完成纳税义务等特点。②

民国初年,北洋政府将清末酝酿已久的印花税之议付诸实施,保险印花税的征收自兹开始。1912 年 10 月 21 日,北洋政府颁布新的《印花税法》,对 3 类 35 种凭证征收印花税,保险单被列为第二类。按其规定,保险单每件所载“银数 10 元以上贴印花 2 分,按累进税率贴至 1 元 5 角为止”③。南京国民政府成立后,财政部即颁布《印花税暂行条例》。④ 1934 年 12 月 8 日,国民政府

---

① 《上海市保险业同业公会 1931 年度报告册·来往文牍》,第 46—47 页。

② 参见刘隆亨:《中国税法概论》,北京大学出版社 1995 年版,第 193 页。

③ 谢振民编著、张知本校订:《中华民国立法史》上册,中国政法大学出版社 2000 年版,第 570 页。

④ 参见谢振民编著、张知本校订:《中华民国立法史》上册,中国政法大学出版社 2000 年版,第 571 页。

公布了《印花税法》,共4章24条,包括3类共35个税目,并制定了执行细则,定于1935年9月1日起在全国施行。保险单被列为第一类商事产权凭证,适用税率为“按保额每千元贴花2分,超过之数不及千元的按千元计贴。每件保额不满千元的免贴”。印花税由国民政府财政部征收,印花税票也由其监制,并指定机关发行,通用全国。应纳印花税之凭证,由国民政府财政部指定主管机关,执行检查。违反者,处以应纳税额10倍或30倍以下之罚款。①

对于保险印花税的这一调整,上海华商保险界反应强烈,认为此举“于国家之税额增收有限,而影响于本业之弊害实多”②。为了谋求自身的利益保障,华商保险同人发起了减低保险单印花税运动。他们认为,“新印花税法规定保险单须照保险额贴花,每千元贴花二分,其超过之数不及千元者,亦以千元计算。此项办法,不特未依保险法划分人身保险与财产保险,即以水火两项而论,亦照从前印花税法增加数倍,各公司担负实为太重”③。

为此,上海市保险业同业公会“特推定宋汉章、丁雪农、徐可升、胡咏骐、朱如堂、项馨吾、汪叔梅等代表先后赴京晋谒各部院,面陈一切”,“其贡献意见如下:(甲)保险单有效期满一年或一年以上者,其保额每千元贴花一分(一千元以下免贴)。每满一千元加贴一分,不及一千元者亦以一千元计,贴至二元为限,不再加贴。(乙)保险单有效期间不足一年或一年以上者,其保额每千元以下者免贴,自一千元至五千元贴花一分,每满五千元加贴一分,不及五千元者亦以五千元计,贴至一元半为限,不再加贴”。经几度吁求,国民政府立法院“允酌予减轻”。④

① 参见谢振民编著、张知本校订:《中华民国立法史》上册,中国政法大学出版社2000年版,第574—575页。

② 《上海市保险业同业对于新印花税法碍难负荷,恳仍照十九年核准办理由》,上海市档案馆藏保险档案,档号:S181-1-49。

③ 《上海市保险业同业对于新印花税法碍难负荷,恳仍照十九年核准办理由》,上海市档案馆藏保险档案,档号:S181-1-49。

④ 《上海市保险业同业公会1935年度报告册》,第24—25页。

但是,当时关于保险印花的条例、法规,实际上都只是在华商保险业中发挥作用:“照我国暂行印花税条例,人寿保险公司凡收保费数额在一元以上者,即应贴用印花,然洋商公司则置之不理,我国政府迄无制裁办法。”①对于此种不公,华商保险界虽多有怨言但无力改变。1933 年,胡咏骐在发表对保险法的看法时,就流露出对政府保护华商的期望以及掩饰不住的失望和无奈,“苟政府不能确订奖励华商之条例,最低限度应不令华商强为其难,庶几在同一待遇之下,华商公司方得勉力挣扎,与洋商相颉颃以图自存也”。②

## 三、所得税对寿险并无豁免及保险界的抗争

企业所得税是指对企业的利润或收益征收的一种税。③ 保险公司也是征收所得税的对象之一。对于人寿保险的特殊性,当时的国民政府并未予以区别对待。因此,国内保险界为争取人寿保险免征所得税进行了一系列的斗争。

1936 年,上海市保险业同业公会向国民政府立法院吁请人寿保险免征所得税:“窃见报载钧院通过所得税暂行条例,施行在即,伏读之下,颇觉有所觖望。按国民有纳税之义务,苟无害以民生,而有裨于国计,自无不乐于输将。今所得税暂行条例中对于与国计民生最有关系之保险费与保险金,未经明白规定,准予免征所得税,似与提倡奖励之旨未能符合,不得不仰恳钧院赐予修正。”④它主要从三方面阐述了人寿保险应免征所得税的理由:

其一,“查暂行条例第二条第一项:不以营利为目的之法人所得,免纳所得税。按投保人寿保险者非以营利为目的,收益者纵是个人,而于一切重要问题,如贫穷、衰老、依赖、疾病、失业、失学、慈善等,莫不仰赖人寿保险为之解

① 郭佩弦:《人寿保险业应免所得税之理由及例证》,《太安丰保险界》第 2 卷第 16 期(1936 年 8 月 15 日)。

② 胡咏骐:《对于保险业法之意见》,《人寿》第 2 号(1933 年 7 月 10 日)。

③ 刘隆亨:《中国税法概论》,北京大学出版社 1995 年版,第 205 页。

④ 《上海市保险业同业公会呈立法院文(吁请免征所得税)》,《人寿》第 15 号(1936 年 10 月 10 日)。

决,是则人寿保险所得与不以营利为目的之法人所得,论其性质在社会所尽之功能,实无异致”①。

其二,“查暂行条例同条第二项:第二类所得:(卯)凡残废者劳工,及无力生活者之抚恤金、养老金、及赡养金,免纳所得税。而人寿保险对(卯)种所列各事,实包括无遗。何以一般之抚恤金、养老金、及赡养金,可以免税,乃对于用以为抚恤、养老、赡养之保险金及预备为抚恤、养老、赡养之保险费独不以明文规定之于免税之列乎”②?

其三,“查暂行条例同条第三项:第三类所得:(丑)公务员及劳工之法定储蓄金,免纳所得税。此种规定,推其用意,无非欲奖励节俭,使其实行储蓄,以备不虞而已。公务员之法定储蓄,既予奖励,得享免税待遇,而一般国民用以储蓄以备不虞之保险费则不酌予免税,以资奖励,同是国民,何厚于彼而薄于此乎”③?

而且“欧美各国,对于人寿保险及各种保险俱有免征所得税之先例,或免征保险费,或免征保险金,或全部豁免”,“我当局诸公方以挽回国家利权,提倡节俭储蓄,贯彻民生主义为职志,对此与国计民生,文化俭德种种有极大关系之保险事业,诚宜明文规定,概予豁免征收所得税,以示奖励扶掖,而符政府设税之本意”。④

经过保险界的再三力争,国民政府财政部终作出批复,“投保寿险人领受保险金,超过投保费用总数者,超过部份,即与储蓄利息所得相等,自应按照所得税暂行条例第六条税率课税”⑤。可见,完全免征的目标虽然没有达到,但

① 《上海市保险业同业公会呈立法院文(吁请免征所得税)》,《人寿》第 15 号(1936 年 10 月 10 日)。

② 《上海市保险业同业公会呈立法院文(吁请免征所得税)》,《人寿》第 15 号(1936 年 10 月 10 日)。

③ 《上海市保险业同业公会呈立法院文(吁请免征所得税)》,《人寿》第 15 号(1936 年 10 月 10 日)。

④ 《上海市保险业同业公会呈立法院文(吁请免征所得税)》,《人寿》第 15 号(1936 年 10 月 10 日)。

⑤ 《保险情报:财政部复批中国保险学会》,《太安丰保险界》第 2 卷第 23 期(1936 年 12 月 1 日)。

国民政府还是作出了一定的妥协和让步。

## 第四节 民国政府双重作用的得失

民国政府对民族保险业的扶持,对于在外商强势包围的夹缝中艰难求生的民族保险业的发展,无疑起着非常重要的作用。但在扶持的同时,对保险业的管制、约束也属必要。20世纪40年代,陈郁就“政府对保险业应有之措施”提出了“修订保险业法”“创办国营保险机构”“决定保险业之经营方式”“规定各保险业不许采用佣金制度”“管制全国各保险业”等五点建议。这五个方面,“举其大端概括言之,即先取保护政策,扶助民营保险之发展,次取严格管制,使作有秩序之前进”①。

综观民国政府对民族保险业的各项措施,亦不外乎扶持和约束两方面,而且大体是扶持在先,约束随后,更多的时候则是扶持和约束同在。在民族保险业艰难起步的发展初期,扶持的一面比较突出。如,前述民国初年间华安合群保寿公司的创建就得到了来自民国政府的扶植,当时的官员对保险的宣导也表现了其扶持之心。在保险立法中,则是扶持与约束两者兼有。而在税收政策层面,体现出来的更多的是管制,尤其是对华洋保险业不能统一对待,造成对华商保险业事实上的苛严管束,不能不说是民国政府的失策。

而究其根源则在于,民国政府在当时受制于不平等条约,不能自主地行使主权,加之其本身也无法做到廉洁和高效,这就使得它在民族保险业发展中不仅不能发挥其应有的作用,反而会自觉不自觉地设置障碍。政府扶持的有限性和与之相伴的过多的管制、约束,是民国时期民族保险业迟滞不前、终难发展的重要原因之一。

---

① 陈郁:《对于今后吾国保险事业之意见》,《金融月刊》第2卷第4、5期(1943年7月)。

# 第四章　失范与规范：民国时期的保险欺诈及其防范

保险的产生，源于人类应对危险的需求。危险发生的偶然性决定了保险行为的射幸性[①]，即保险的赔付依赖于特定危险的偶然发生，这一特性也决定了保险自产生以来就与道德风险相伴而行。

保险是一种契约行为，契约双方（保险人与投保人）订立契约应基于诚信，“保险契约当事人之双方既经合意订定契约，则对于契约上所应负之义务，自应始终以绝对之诚信相互履行”[②]。保险欺诈是指投保人、被保险人或受益人以骗取保险金为目的，违反诚信的基本原则，以虚构保险目标、编造保险事故发生原因、夸大损失程度或故意制造保险事故等手段，致使保险人错误地向其支付保险金的行为。保险欺诈往往在合法保险合同的掩护下进行，具有较强的隐蔽性。

---

① 射幸性是保险合同的法律特征之一。保险合同是侥幸或碰运气的合同，而不是等价交换的合同。保险合同依赖于机会，一方的获益可以与其付出的代价完全不成比例。（参见许谨良主编：《保险学原理》，上海财经大学出版社 2005 年版，第 109 页。）

② 沙古痕：《保险契约当事人之应付义务》，《太安丰保险界》第 6 卷第 4 期（1940 年 2 月 15 日）。

保险欺诈①是金融欺诈的典型表现之一,在中国保险业发展之初的民国时期时有发生。这一弊行既是保险业发展的严重障碍,又是社会病态的显著呈现。在当时的报刊上,有许多关于保险欺诈案的报道。这里主要以《申报》和《太安丰保险界》②的相关报道为主要史料,对民国时期保险欺诈的手段及恶果、发生的原因、欺诈行为的惩治等问题,作一初步探讨。

## 第一节　保险欺诈的手段及其恶果

中国保险业诞生自清末,保险欺诈行为随之出现。至民国时期,更呈流行之势,当时的报刊对此弊行的报道屡见不鲜。保险欺诈案的频发,在当时产生了甚为恶劣的社会影响。

### 一、报刊中常见的各种欺诈

在财产保险和人寿保险两个主要险种中,欺诈行为都频频发生,其手段亦各具特点。

#### (一)产险中的欺诈

财产保险方面,最常见的欺诈手段是"纵火图赔",即通过蓄意放火焚烧所保财物,以达到索取高额保险赔偿的目的。在实施这一欺诈手段时,骗保人往往会事先精心策划,然后冒险实施。当时的报刊有大量这方面的详细报道,从中可见"纵火图赔"欺诈的具体情形。

---

① 保险欺诈有狭义和广义之分:狭义指投保人一方的欺诈,广义则不仅包括投保人,还包括保险人和保险关系以外的第三者即保险中介机构方面的欺诈。本书所论保险欺诈,是就其狭义而言,即仅指投保人的欺诈。

② 此为太平、安平、丰盛三家保险公司总经理处创办的一份保险刊物,1935 年创刊,在当时影响颇大。

有的是事先“逾额投保”①,随后伺机作案。如发生于1917年底的一起纵火图赔案,投保者上海大德电灯公司“保有火险一万三千两”,而“店中存货不及数百元”;②又如1922年,故意纵火的上海协记号此前“曾向保泰、维新两保险行保有险银五千两”,事后查得起火之处焚毁之物“只值二三百两之数,核与所保火险银数,不满十分之一”。③ 在众多“纵火图赔”案中,采用这种欺诈手法的比较多见。

有的是故意制造假象,以便掩人耳目。如1920年,上海“公共租界浙江路862号门牌顺兴机器缝衣店内,忽尔火发”。经查,该店“于四月间搬进,至五月一号投保火险银一千两,旋于七月二十号,续保险银二千两”,至8月间便发生放火焚店事件。为防止他人猜疑,该店主还不惜将自己的“眉毛头发”“焚焦”,制造亲历火场的假象,后查出是为骗保而故意放火。④

还有的是多人密谋串通,一道协同犯案。如1937年4月,汉口就发生了一起街邻房屋多家同时失火的“离奇巨案”⑤,案中几家房主和住户均向保险公司保有500元至2000元不等的火险。⑥ 经警方侦查讯问,查知亦为一起纵火图赔案:“该新河巷三十五、三十七两号及毗连同一房主之汉德里第一、二、三、四号起火焚烧,所有该房主及住客,俱有浮报财产之险,或出资担保者,此种冒名担保情事,实所罕闻,且有保险而间有隐匿不曾照章登记者,以上情节,则更足以证明预谋串同纵火图赔无疑。”⑦

---

① 所谓逾额投保,就是所投保险金额大于财产实际价值的金额,有的甚至超过数倍或数十倍。这样在保险事故发生后,投保人就可故意夸大财产的实际价值,向保险公司诈领高额的保险赔偿。

② 《保险纵火之疑案》,《电界》1918年第10期。

③ 《协记号纵火案之讯判》,《申报》1922年10月28日。

④ 《保险纵火押两年》,《申报》1920年8月13日。

⑤ 《汉口纵火图赔案真相》,《太安丰保险界》第3卷第10期(1937年5月15日)。

⑥ 《汉口纵火图赔案真相》,《太安丰保险界》第3卷第10期(1937年5月15日)。

⑦ 《汉口纵火图赔案真相》,《太安丰保险界》第3卷第10期(1937年5月15日)。与此案类似的还有同年发生的上海繁华服装公司纵火图赔案,其案发过程中多人密谋策划的情节更为曲折生动,《申报》对此作了非常详尽的报道(参见《繁华服装公司纵火图赔,竟有人惯于纵火兜揽生意》,《申报》1937年1月24日)。

除“纵火图赔”外,财产保险欺诈还有另一种手段,就是谎报事故。如1938年,在上海开设中华教育用品社的宁波人钟正才,“曾向英商劳民保险公司,投保生财产物险法币二十五万元,及‘八一三’战事起后,钟将中华教育用品社迁至法租界辣斐德路五六一号,一面向英商劳民保险公司声称,中华教育用品社,已被日军所毁,要求赔偿,经英商劳民保险公司派员调查后,乃将保险费二十五万元,如数赔出,但直至最近,英商劳民保险公司,突查悉钟正才之中华教育用品社生财物产并未被日军所毁,均完全迁至法租界辣斐德路五六一号,认钟正才实有诈欺保险费之行为”。①

### (二)寿险中的欺诈

就世界范围来看,产险的产生要早于寿险,中国也不例外。② 寿险在中国起步虽较晚,但民国初期的寿险骗赔行为亦不在少数,其主要手段是捏造投保人死亡的谎言,以骗取保金。

以死亡骗赔的欺诈,以谎称被保人病故者为多见。1915年,昆山县区董谢玉书,就串党谎报投保寿险的丁瑞园病故,虚设灵柩,企图骗取寿险银1000两。③ 1917年,金星人寿保险公司保户施尔忠串通方玉衡,精心策划了一起寿险骗赔案。案破后,该保险公司登报披露了此案的详情:先是1916年阴历3月“施胡氏在本公司投保寿险一千元”,接着“阴历十一月十四日接到施胡氏之夫施尔忠邮递一函,云伊妻有病,不肯服药。又来一信云,回娘家仙女庙尤庄地方,并以气痛十分吃紧。复于阴历十二月二十七日接到扬州仙女庙来电云,已病故,下署胡竹平之名”。后来公司派员调查,发现所谓病故之事皆系

---

① 《中华教育用品社主人诈欺保险费廿五万》,《太安丰保险界》第4卷第11期(1938年6月1日)。

② 沈云龙等主编:《近代中国史料丛刊三编》第47辑第468种,(台湾)文海出版有限公司1988年版,第98页。

③ 《骗取保险银之彻究》,《申报》1915年10月7日;《谎骗险银案移送昆山讯办》,《申报》1915年10月14日。

捏造,意在骗保。① 这宗骗保案的策划有前期铺垫,有详细过程,可谓费尽心思,但最终还是被识破。

还有谎报"投海自杀"的欺诈手法,《太安丰保险界》就报道了这样一则案件:广东汕头人李炳昌,在潮阳县开设利源钱庄,曾于1932年向美商友邦人寿保险公司香港分公司投保寿险港币5万元,并声明如将来李死亡,则赔款应交其妻李梁志英收执。当时公司方面请医生为李作了体检,在单据上注明其头部有两处特别的疤印。到了1934年,香港友邦分公司忽接李妻来信,告知李炳昌于此年1月23日因事由汕头乘海宁号轮船赴香港,中途突然投海自杀,留下行李及绝命书3封,已由怡和洋行转送前来证实,请求保险公司赔偿所保之寿险费港币5万元。香港友邦分公司接信后,即转函请上海友邦总公司进行调查,"至二十三年十一月十六日,经总公司向海宁轮船船主严格调查,得悉海宁轮并无乘客投海自杀之事,并出具证明书。因此友邦公司对于李炳昌之死亡问题……既不能证明,照章须于七年后再付赔偿款,故置之不理,而在暗中继续调查"。后友邦公司"得悉李炳昌确尚在人世","以前之死亡消息,实为捏造",于是"拍电汕头,著李梁志英到沪面谈",然后"暗中侦查若辈之行动",发现李炳昌本人其时亦在沪上。当时李为防被人认出,还"头戴压发帽",友邦公司见其"状殊可疑",立即报告总巡捕房,捕房西探根据其头上两个特别的疤印,证实其正是李炳昌本人无疑。李炳昌后在捕房"承认因营业失败,设计诈骗不讳,并声明当彼来海宁轮时,系穿西装购一等舱位,后改中装,离于三等舱上岸云云"。②

比起谎报死亡来,更显恶劣的寿险欺诈就是蓄意谋害被保人,然后骗取保险金。

笔者在翻阅民国时期报刊的过程中,在《太安丰保险界》上见到一则颇为

① 《中国金星人寿保险总公司声明英公堂判决施尔忠冒领赔款事》,《申报》1917年3月26日。

② 《谎报死亡诈骗寿险赔款》,《太安丰保险界》第2卷第24期(1936年12月15日)。

详尽的《图骗人寿保险金谋杀惨案详志》,记述的是1935年发生在广州的一宗“两叔谋杀亲侄,图骗人寿保险万余元惨案”:李姓两叔(李锡钧、李锡光兄弟)先多次向其侄李巨壎(其父早亡,母尚在)“侈言购买人寿保险之利益,巨壎答以俟诸异日,若稍有积蓄,当如命而行。锡光锡钧语之曰,如汝有志于斯,汝叔虽困,亦能勉为代供头期保费,而不吝也。巨壎拜而谢之”。于是,“至六月一日,锡钧即偕巨壎往一德路华商华安人寿保险公司,商买终身寿险三千元,经该公司检验体格,允予受保。……又至七日再偕巨壎往华安公司加买保险四千元……至七月八日,又偕巨壎赴沙面洋商宏利公司购保险西纸六千元”,华安的第一笔保险领款人署为李巨壎之母易氏,后两笔均署其祖父李鸿昌之名。对第一笔保险领款人署为李母,李姓两叔“恐日后领款时,发生障碍……往华安公司,请将保险单领款人名改署李鸿昌”。二人于“九月九日上午九时许,预约凶手,偕巨壎出郊游玩,诱至白云山麓……由凶手拔枪向巨壎乱枪轰毙后,不顾而返”。9月中旬,复向报馆登出寻人广告。后发现白云山一具男尸正是李巨壎,于是假惺惺地向公安局报案,同时向保险公司请领李巨壎人寿保险金。他们自以为此番策划是天衣无缝,但最终还是被案中的蛛丝马迹败露奸谋。① 编者在编发此案的报道后,感慨“人寿保险契约之订立,须基于当事人之善意,讵有不肖之徒,竟藉以为骗财之具,幸事机不密,卒堕法网,小人作伪,徒见其心劳日拙耳”②。

## 二、保险欺诈行为造成的恶劣社会影响

保险欺诈的频频出现,造成了一系列颇为恶劣的影响。

首先,严重侵害了保险人的合法利益,阻碍了保险业的正常发展。不法之徒对保险金的骗取,直接造成了保险公司的损失,有的保金数额巨大,一旦得手,导致的亏损也就格外惨重。如1936年福州发生的一起“轰动全市之放火

① 《图骗人寿保险金谋杀惨案详志》,《太安丰保险界》第2卷第3期(1936年2月1日)。
② 《图骗人寿保险金谋杀惨案详志》,《太安丰保险界》第2卷第3期(1936年2月1日)。

图赔”案,保主在闽江江畔有平安货仓一所,“事后查悉该仓各货主,保有巨额货物火险共二十四万一千元……其损失之巨,打破福州火险赔偿之记录”。[①]尽管后来查出了火灾真相,使作案者的骗术未能得逞,但就其潜在威胁而言,还是令保险业胆战心惊,有如履薄冰之感。

其次,对民众财产甚至生命安全形成重大威胁。如前述纵火图赔案,就极易危及无辜者的身家性命,造成财物乃至生命的损失。又如 1917 年 12 月 30 日上海发生的一起纵火图赔案,“天未破晓时忽然起火”,“延烧左右邻居二十余间”,“并闻当时尚焚烧延宝旅馆内十二岁男孩一口,亦安旅馆内十八岁女子一口,情形极惨”;[②]复如 1937 年上海另一起纵火图赔案,“焚去邻居共十八幢”[③]。虽然这一类人为纵火案多能得到及时扑救,不至于酿成大祸,但也烧毁了被保人自身的财产,引起社会的惊扰。而寿险方面的欺诈,往往直接置人于死地,手段甚为残忍。

最后,保险欺诈的频发还会败坏社会风气,引发诚信危机,诱使人们铤而走险。1936 年《太安丰保险界》上一则关于“日人杉山丈夫纵火图赔”案的报道,就很能说明这方面的问题。这位日籍商人“去岁年底,因借款无法偿还,又因患肺病,无资医治,故深感穷困之苦。本年一月间,闻日本某酒家因火灾一次,得保险赔款十万元,以后又见有恒路某油店因被火灾三次,而得赔款三次,因是决定放火图赔以解贫困”。邪念既定,此人便开设了一汽车零件商店,向两家保险公司投保火险共 13000 元,然后按计划故意放火烧店,后被日本领事和警察认定为纵火骗保。[④] 此案中所提及的 4 次得到赔偿的火灾,未必就是欺诈,但显而易见的是,大量保险欺诈行为的存在(不论其最终得手与否),起的都是一种不良的示范作用,势必产生消极的社会影响。

---

① 《福州发生放火图赔大嫌疑案》,《太安丰保险界》第 2 卷第 13 期(1936 年 7 月 1 日)。

② 《保险纵火之疑案》,《电界》1918 年第 10 期。

③ 《盛球成纵火判处徒刑七年》,《太安丰保险界》第 3 卷第 13 期(1937 年 7 月 1 日)。

④ 《日人杉山丈夫纵火图赔败露》,《太安丰保险界》第 2 卷第 11 期(1936 年 6 月 1 日)。

## 第二节 保险欺诈的成因

民国时期保险欺诈的不断发生,并不是一种单纯的行业现象,而是有着多方面的原因,是多种因素综合作用的结果。

### 一、保险业本身的道德风险

与其他行业相比,保险业的经营具有一定的特殊性,这就存在着某种程度的道德风险。保险业的产生,源于人类应对危险的需求,而危险发生的偶然性,决定了保险行为的射幸性。保险的这一特性,决定了保险自产生以来,就一直伴有道德风险。加上保险欺诈往往在合法保险合同的掩护下进行,有着相当的隐蔽性,因此,更容易为不法之徒提供可乘之机,令保险业界防不胜防。时至今日,如何有效防范欺诈行为的出现,依然是中外保险公司所共同面临的一大难题。从民国时期所出现的保险欺诈案来看,作案者大都抱着一种赌徒式的侥幸心理,通过制造假象并期待假象不被识破而牟取非法之利。

### 二、民国时期社会经济不景气导致的生计困境

前述保险业本身所具有的道德风险,只是为保险欺诈的发生提供了机会,还不足以使其流行成风。民国时期保险欺诈案之所以频繁出现,与社会经济的发展状况有着非常密切的关系。

民国时期的中国,由于西方列强的侵略压迫、军阀的相互混战、社会的动荡不安等等,社会经济发展受到严重制约。即使在堪称最繁华都市之一的上海,经济发展的畸形性、混乱性和不稳定性,以及由此引发的各种民生问题,也呈现得相当明显,更遑论其他城市。在当时见诸报端的许多保险欺诈案中,骗保者谈及作案动机,都会不约而同地提到经济方面所面临的种种困难,如“生

意清淡""艰于维持"[①],"积欠他人款项,无法维持"[②],或"营业失败"[③]等等,这些都以个案形式反映了社会经济的不景气给人们带来的沉重压力。正是由于经营受挫,前景黯淡,具有赌博性的保险欺诈才有了更大的吸引力。

## 三、民国时期社会诚信观念的缺失

一般而言,人们为了生活得更好,总会想方设法为个人谋求利益。但是,在正常情况下,人们会采取正当的方式和遵守起码的道德准则。只有当社会诚信缺失、道德观念扭曲之时,企图通过蓄意制造保险事故非法获取钱财这种犯罪行为才能得以风行。正如有的论者所说:"保险诈骗发生的最原始动因是人类自利本能的异化,而这种异化使一部分人无法经受高额保险金的诱惑。"[④]这一"异化",就民国时期而言,就是由于当时整个社会无法正常有序地运行,致使社会诚信出现了严重缺失的现象。

对此缺失,时人作过具体的分析,认为骗保者的思想动机"不外为求获得不当之利益"。其情形又可分为两种:一是"预先对其财物订立超过保险,然后实行放火,起始即以求谋不当利益为目的者有之",二是"订立契约之初,原绝无恶意之存在,然后以物价低落,或被保险人陷于经济困难,或对于其财物发生厌恶之心理,或欲求财物之即时现金化,订立契约后始发生道德危险者有之"。无论哪种情况,保险契约都存在着一定的"道德危险",不能掉以轻心。[⑤] 这在一定意义上反映的是那个时代社会契约精神的缺乏。

从民国时期实际报道的保险欺诈案例来看,道德失范、物欲横流的问题的确相当突出。其最为恶劣者,当然是那些为了谋取钱财,不惜直接残杀人命的

① 《繁华服装公司纵火图赔,竟有人惯于纵火兜揽生意》,《申报》1937 年 1 月 24 日。

② 《放火图赔败露》,《太安丰保险界》第 2 卷第 20 期(1936 年 10 月 15 日)。

③ 《谎报死亡诈骗寿险赔款》,《太安丰保险界》第 2 卷第 24 期(1936 年 12 月 15 日)。

④ 张利兆:《保险诈骗罪研究》,华东政法大学博士学位论文,2007 年。

⑤ 李莫强:《火灾保险中之道德危险及其预防之方法》,《太安丰保险界》第 4 卷第 11 期(1938 年 6 月 1 日)。

骗保之人。除此之外,还有一些属于保险欺诈的刻意教唆和怂恿者,其不但毫无道德之心,而且极力拉拢道德观念薄弱者落水。有一则颇为详尽的保险欺诈案报道讲述的即是这种情况:1937年,上海有吴子良、吴松森两兄弟开设的繁华服装公司,已经营9年有余,曾保有火险5万元,近“因生意清淡,亏蚀颇巨,本年亏达一万余元,致有难于维持之状”。该公司司账张奎伯,“于去年六月间曾游于天韵楼游艺场,遇一友人名林麻皮者,谈及公司亏本情形,林即唆令放火,则可得巨额赔款,并介绍镇江人黄常根与张会面,谓黄惯于纵火,手段异常高明。张心为之动,遂与林黄屡在天韵楼商谈,乃因经理吴子良之不完全同意,故延至现今尚未实行。而张一意欲行,故……邀吴子良前来,劝吴赞同纵火之议,谈论结果,吴遂同意,并允于赔款中每百元提出九厘为黄之酬劳。于是黄即于月之廿一日夜,携满储戤士林之金鱼缸十余只,至繁华公司……引火燃烧”,造成了一起火灾。① 在此案例中,林、黄二人可谓纵火的首犯和惯犯,张姓司账亦为主犯,而吴姓老板则较为被动,但最后还是守不住道德的底线而成了从犯。

## 四、现代保险知识和观念的缺失

民国时期,作为参保对象的大众,对于保险这一“舶来”之物,还缺乏深入的了解和科学的认识;对开展保险教育的重要性,业界有识之士虽一再呼吁,但仍未引起整个业界及政府方面的高度重视,保险知识和观念的宣传还受到各方面的限制,难以真正落到实处。那一时期,在社会持续动荡、民生常陷困境的大背景下,本应是为未来提供保障的保险,在一些人眼里就成了当下生财济困的捷径。在此扭曲认知的指导下,加上贪财心理的驱动、不良典型的参照,以及必要的法律监管机制也尚未建立或健全的情形下,难免有人会一再铤而走险。

① 《繁华服装公司纵火图赔,竟有人惯于纵火兜揽生意》,《申报》1937年1月24日。

从保险人一方来说，也存在着保险认知上的误区。保险契约的订立，本应基于诚意，“如保险人（即保险公司）或被保险人（即保户）于订约时或订约后有恶意之行为，则保险契约，依法即属无效”。但在当时，“保险人因营业上关系，普通除被保险人故意放火，因嫌疑重大，为当地警署或法院所检举而经法院判决确定有罪者，应予赔偿以外，而因自己查有放火证据，或经人告密知有放火嫌疑者，每多隐忍而不肯自行告诉”，所以“桀黠之徒，常思借火灾保险，以冀获得非分之财”。[①] 也就是说，民国时期，有些保险人出于避免麻烦的考虑，不是迫不得已，并不愿意自觉举报欺诈者，这就使得保险欺诈更加有恃无恐。此外，这种现象还跟当时社会组织管理的不完善、相关法律制度的不健全等密切相关。

## 第三节　对保险欺诈的惩处与防治

民国时期保险欺诈的层出不穷，对保险业的发展和社会的安宁造成了很大的危害，逐渐引起保险界、司法界和社会各方的警惕，惩处和防治保险欺诈的工作也陆续展开。

见诸报道的保险欺诈案，都是欺诈者已受到惩处的案件，案情也较为严重。案件发生之后，保险公司会根据疑点，先进行现场查勘，并多方了解情况。如果判断有重大的欺诈嫌疑，保险公司就进一步联合执法机构进行调查取证。这一过程往往颇费周折，需投入较多的人力和财力。当终于查清欺诈真相之后，就由司法部门加以审讯，依法定罪。如前述 1917 年金星人寿保险公司保户施尔忠串通方玉衡所策划的寿险骗赔案，就经过了数月的侦查，最后证实确为“勾串”骗保，施、方二人“经警局解赴江都县署收押，依法惩办”；[②]1920 年

① 《为防止放火图赔告保险同业》，《太安丰保险界》第 1 卷第 4 期（1935 年 12 月 1 日）。

② 《中国金星人寿保险总公司声明英公堂判决施尔忠冒领赔款事》，《申报》1917 年 3 月 26 日。

上海公共租界顺兴机器缝衣店的人为纵火骗保案被查实后,店主被"判押西牢二年示儆";①1937年上海繁华服装公司故意制造火灾骗保,法庭"依刑法一百七十三条公共危险罪"对相关当事人作出"徒刑九年六个月,褫夺公权七年"和"徒刑十四年,褫夺公权十年"不等的判决;②1937年发生的上海南市经营骨牌生意的盛球成人为纵火,造成延烧邻居房屋的重大损失,查实后"被处徒刑七年"③,等等。这些惩处,对打击骗保者、震慑保险欺诈行为,起到了一定的作用。

在保险欺诈案中,保险业是直接的受害方,也是利益的最大受损者。因此,保险界对保险欺诈的危害更有切肤之痛,在如何防治保险欺诈方面也表现得更为主动积极。

一些有识之士意识到要从根源上整治保险欺诈,预防道德危险是更为紧迫的问题:

> 防止道德危险之历史,由来甚久……道德危险中之最主要者,厥为预订超过保险,然后实行放火……至如我国,则此种危险,虽以缺乏统计,不能为数字上之证明,然理论上殆有较高之倾向,放火之多,影响之巨,实令人为之舌咋。尤以火灾之发生,直接固有关保险公司之休戚,间接正有损于社会之安宁,而放火则更对于社会公益以及社会习惯,具有重大之关系,道德危险之豫防,实火灾保险公司当务之急矣。④

针对这一危险,他们提出的预防方法是在订立保险契约之前,"对于被保险人之人品、所订契约,以及保险标的等,加以详尽之调查,然后根据其调查,以决定契约之取舍",而于保险契约成立之后,"更应随时注意保险标的之价

① 《保险纵火押两年》,《申报》1920年8月13日。

② 《吴子良等纵火图赔判刑有差》,《申报》1937年1月31日。

③ 《盛球成纵火判处徒刑七年》,《太安丰保险界》第3卷第13期(1937年7月1日)。

④ 李莫强:《火灾保险中之道德危险及其预防之方法》,《太安丰保险界》第4卷第11期(1938年6月1日)。

格与保险利益关系者之变迁,以决定是否断续承保或中断契约之效力”。[①] 与此同时,还应充分发挥法律制裁的作用:“欲求保险事业之上正轨,对于此种不法行为,似不能不思有以制裁之也! 制裁之道唯何? 即保险人对于保险标的物之减失或损害,如经查有放火之确实证据,即使当地警署不予检举,而保险公司为自己之利害计,亦应直接向该管法院检察处具状告诉,请求依法侦查。如是,则一般保户得知放火未必能赔,且有受刑之危险,则放火之风或将因之而稍戢。”[②]

一些保险公司还号召同业团结起来,相互支持,向客户和社会广泛宣传保险法律及其他相关知识,一致对付欺诈者。他们指出,要与保险欺诈进行斗争,确实会存在查证的困难,或引发与保户的矛盾,例如最为多见的“放火图赔”,“如经查有实据,依法固属可以不赔,然使放火嫌疑重大,而一时不能查有实据,则保险公司对于此种火灾之损失,除依照估实之损害数额赔偿以外,实无他道。然往往因之发生争执,调查需时,所致赔款时日迟延,亦属事所难免。此时在保户或因不满于公司而有不利于公司之宣传”。在这个时候,保险同业就更应“随时随地将保险契约之性质,详予解释,使一般保户明白火灾保险之真谛,庶几一切之误会,得以免除;万不可因同业竞争之关系,借端中伤,而有不利于同业之宣传也”。其道理和重要性就在于,“一公司此时于故意放火所致之损失,无故担负赔偿之责任,则他公司对于以后同样之情事发生,亦必不能免除赔偿之责。此风一长,放火图赔之事,必将层出不穷! 是则不仅吾保险同业对于业务无法以善其后,而社会秩序亦将因此破坏而无宁日矣”。[③] 这些认识,体现了保险界正在不断增长的行业自律和社会责任意识。

在政府和社会方面,对保险欺诈的危害性也开始加以重视,采取多项举措

---

① 李莫强:《火灾保险中之道德危险及其预防之方法》,《太安丰保险界》第4卷第11期(1938年6月1日)。

② 《为防止放火图赔告保险同业》,《太安丰保险界》第1卷第4期(1935年12月1日)。

③ 《为火灾赔款告保险同业》,《太安丰保险界》第1卷第3期(1935年11月15日)。

进行防治。1929 年 5 月 10 日,国民政府广州市公安局发布通令,要求“广州市商民投买保险,例须报请该管警区备案”,公安局“特制备广州市投买保险商民调查表,函请各区署查填”。① 这其实是在对包括保险欺诈在内的保险犯罪未雨绸缪的防范。1936 年,汉口因为“近来火灾特多,有人疑为商店纵火图赔”,武汉记者公会作出决议,“将联合市商会、保安公会、律师公会,向党政军各机关建议,请定单位惩治办法,从严办理”。② 1937 年,国民政府济南省公安局“为预防奸商之阴谋发生起见,特谕凡保有火险之商号,一律将(保险)牌悬挂门前,俾便警察考察,而杜奸谋,弭止火患”。③

不过,就整体而言,民国时期对保险欺诈的防治还是议论多于践行。无论是保险界还是政府相关部门,都没有充分地采取或落实具体而有力的应对措施,因而并不能有效地遏制保险欺诈之风的蔓延。这从当时报刊上关于保险欺诈案报道的有增无减,可以看出大概。

综上所述,保险欺诈的盛行是民国时期一项颇为引人注目的时弊。其欺骗手法因险种的不同而各具特点,对保险业的正常发展、民众生命财产的安全和社会风气的健全等产生了严重的危害。其产生既有保险行业自身的特殊性,又与当时社会经济的不景气、社会诚信观念的缺失等有着更为直接的因果联系。为了惩处和防治保险欺诈,那一时期的保险界、司法界等各界作了多种努力,积累了一定的经验,但终究力度不够,成效有限,给后人留下了需要进一步思考和解决的重要问题。

---

① 《商民投买保险须向警区登记》,《广州民国日报》1929 年 5 月 11 日。

② 《汉市各界请严惩纵火图赔》,《太安丰保险界》第 2 卷第 22 期(1936 年 11 月 15 日)。

③ 《济南省公安局预防奸商纵火办法》,《太安丰保险界》第 3 卷第 3 期(1937 年 2 月 1 日)。

# 第五章　艰难的宣导：民国时期国民保险教育的开展

保险业的发展与国民对保险的认知密切相关，国民的保险认识水平、对保险的接受程度越高，保险业发展就会越顺畅，二者呈一种正相关关系。到20世纪二三十年代，中国民族保险业的发展经历了近半个世纪的风雨历程，但发展水平仍然不高。面对这一状况，放眼世界先进国家保险业的发展，许多保险人意识到，国人保险认知的相对落后，已成为制约中国保险业进一步发展的重要因素。要推动中国保险业的发展，就必须在民众中大力开展各种形式的保险教育，切实提高民众的保险知识水平，为民众树立起科学的保险观念。

保险教育与保险欺诈为同一问题之两个方面。保险欺诈的起因往往在于保险教育的不足，而保险教育的发展则可以有效地防范保险欺诈的发生。

正是基于此种认识，在保险界同人的共同努力下，20世纪二三十年代的国民保险教育出现一个引人注目的新局面，保险知识在民众中得到了广泛的传播。

此处所言的“保险教育”是一个包括学校保险教育、对民众的保险知识观念教育、保险公司对从业人员的教育以及与保险教育密切相关的保险学术等几方面内容的较为宽泛的教育，而非单指狭义的学校教育。当然，学校教育是其中的一个重要方面。

## 第一节 保险界对开展国民保险教育的认识

20世纪二三十年代,面对近代中国保险业历经半个世纪的发展仍严重滞缓的现实,当时许多保险界人士在探究原因时,都认识到国人保险认知的缺乏,是其中一个不可忽视的重要方面,而要解决这一问题,就必须大力推行国民保险教育。对国民保险教育的重要性及如何做好这一工作,他们从多种角度展开了颇有深度的分析。

第一,从开启民智和传播科学的高度论述保险教育之必要。

民国经济学家、金融界知名人士李权时,曾撰专文指出近代中国保险业不发达是由于"民智之不发达"、"大家族制度之存在"、"学者不知提倡"和"经营保险业者之非国内第一等人才"等4个原因。对于位列第一的"民智之不发达",他进一步解释说,"所谓民智,是指人民的科学常识而言",由此得出结论:"开民智为发展保险业之最根本办法",而"欲开民智,必先普及教育"。①

另一保险界人士郭雨东也认为,保险思想的宣传乃"当前之急务":"保险事业,为人类防备生命或财产损害的唯一经济制度,此种制度不发达,则一国之产业及人民之生活,皆处于风雨飘摇中,毫无保障。一旦危险事故发生,即难免有一蹶不振之虞。故东西列强所以称雄,未尝不由于保险事业健全发展所致也。反观我国,不但保险事业不发达,即保险思想,亦尚未普及。……为今之计,欲谋中国经济之复兴、政府对于保险思想之宣传,保险事业之提倡与经营实为当前之急务。"②

作为20世纪30年代重要的保险刊物,由太平、安平、丰盛保险公司总经

---

① 李权时:《我国保险业不发达之原因》,《太安丰保险界》第2卷第20期(1936年10月15日)。

② (郭)雨东:《保险事业与中国经济之复兴》,《太安丰保险界》第2卷第10期(1936年5月15日)。

理处编辑出版的《太安丰保险界》,在创刊号中就分析中国保险业发展之所以“迟滞”,“泰半由于国人对于保险学理,尚多不明”,“真理不明,信仰不生,此实保险事业前途之一大阻碍”。① 所以,该刊的定位是“探讨水火、人寿等险之原理,将其所得,按期披露,以供同人之参考”,“俾其对于保险学理,有更深切之认识”。②

第二,强调在国民保险教育中,保险界应充分发挥主导性作用,采取各种方式广泛宣传科学的保险观。

对于保险界在国民保险教育中应负的重大责任,有的论者以人寿保险为例,作了这样系统的论析:从世界范围来看,“凡百事业,创始也难,保险又何独不然,即在先进各国,当初亦未尝不感费力。其惟一原因,当为一般人对于人寿保险之意义及利益未能认识,故不加以注意。然先进各国,以执是业者之不断努力与宣传,或以政府之竭力鼓励与提倡,卒能使保险知识普及于民间”;从中国国情来看,“我国人寿保险尚未能为大多数国人所认识,斯业中人当亦感创始之难,然其进步如是之迟,实为先进各国所未有。或谓历年政局之纷扰,民生之凋敝,与教育之未能普及,皆为人寿保险发展之障碍,而我政府尚未能充分奖劝,与我同业尚未能充分致力,亦为其主要原因”;从保险业界的作用来看,人寿保险之最大障碍“当推一般人之成见”,而“欲破除此种成见,端赖普及寿险教育,与保险业者之致力于宣传”,“夫宣传云者,非诱人入彀之谓也。圣人之教,不宣不能流传于天下。仁者之风,不扬不能励人以兴起。使我邦人君子习知人寿保险之利己利群,则宁有不乐为宣扬者乎”。③ 也就是说,只有保险界同人尽力担负起宣传教育之责,才能有效提高国民的保险认知水平。

---

① 郭佩弦:《本刊之使命》,《太安丰保险界》第1卷第1期(1935年10月10日)。

② 郭佩弦:《本刊之使命》,《太安丰保险界》第1卷第1期(1935年10月10日)。

③ 顾君长:《国人何以大多未能利用人寿保险之我见》,《太安丰保险界》第6卷第1期(1940年1月1日)。

早年留学美国哥伦比亚大学、时任上海市保险业同业公会主席的胡咏骐，对保险界在国民保险教育中应起的重要作用深有体会，多次讲到“欲求我国异日保险事业入于繁荣，应从培植人才、推进保险教育着手”，“推进保险教育，实为发展保险事业之首要工作”，①“回顾国内同胞，半世纪来，被外商公司之熏陶，不但穷乡僻壤之妇人孺子，要即久居都市之智识阶级，亦有麻痹其思想，只知外商公司为可靠者，不亦可叹乎？我人苟欲纠正此类错误思想，排除社会不良观念，则须例行下列两点，倾同业全力以赴之……甲、自强工作……乙、宣导工作 ……”②这些看法，应该说均为真知灼见，并能切中时弊。

胡咏骐还身体力行，督率保险同业，为推进此项工作殚精竭虑。胡去世后，他的继任丁雪农对其致力于保险教育的事功有这样的总结：“知而能行，拟有具体计划三点：一、呈请教部，遣派庚款学生，指定研究保险学人数。二、呈请教部，援照欧美日本先例，转饬全国各大书局，将保险学识辑入教材。三、函请国内各大学商学院，规定保险学列入必修课程。”③宁绍公司的龚渭源亦满怀深情地追忆公司的创始人：“先生数年来翊戴中枢，躬行实践，其艰苦不辞之施政状况，实有多足道者……先生深知人寿保险事业在国内不克普遍发展者，以常人对于寿险真义未能充分明了，亦为重要原因之一，故创用教育方法推展营业，务使保户明其需要而乐于受保。凡因情面或回佣而征得之营业，必深予痛惜。先生为贯彻此项主张起见，聘请专家担任训练，凡从业员开始出外服务以前，必先经过相当时期之训练。先生并随时亲予指导，今日国内寿险界人才中，出自先生之栽植者，既不乏人，而宁绍人寿保险公司在社会中

① 丁雪农:《胡先生与上海市保险业同业公会》，载上海图书馆近代文献室藏:《胡咏骐先生纪念册》(1941年7月15日)。

② 胡咏骐:《上海市保险业同业公会之组织及其使命》，《太安丰保险界》第3卷第20期(1937年10月15日)。

③ 丁雪农:《胡先生与上海市保险业同业公会》，载上海图书馆近代文献室藏:《胡咏骐先生纪念册》(1941年7月15日)。

薄负时誉者,以先生之力为最多。”①丁雪农评价胡咏骐终生“对于提倡研究保险之集团及发扬保险学术之刊物等,无不悉力提携,自勉勉人,自觉觉人”,乃“保险业专家而具有学者之风度者也”。②

为保险事业前途计,帮助广大民众树立起正确的保险观念,使他们明了保险于家庭、社会乃至国家的意义就显得尤为重要。实际上,这一时期,着力阐扬保险真义、对民众进行保险知识普及的文章频频见诸报章,尤其是一些专业的保险期刊(详见表5.1)。

**表5.1　20世纪30年代主要保险刊物阐述保险作用的文章一览表**

| 作者 | 篇名 | 出处 | 出版时间 |
| --- | --- | --- | --- |
| 宁绍 | 人寿保险之任务与价值 | 《寿险季刊》第1卷第2期 | 1933年7月 |
| 项馨吾 | 国人对于保险事业应有之认识 | 《寿险季刊》第1卷第3期 | 1933年11月 |
| 式正 | 保险储蓄之社会价值 | 《寿险季刊》第1卷第4期 | 1934年1月 |
| 徐源泉 | 人寿保险与复兴中华民族经济 | 《人寿》第4号 | 1934年1月10日 |
| 郭佩贤 | 人寿保险的效用 | 《寿险界》第2卷第1期、第2期 | 1934年3、4月 |
| 张似旭 | 节俭与国家前途 | 《寿险界》第2卷第1期 | 1934年3月 |
| 张似旭 | 人寿保险与国家经济的发展 | 《寿险界》第2卷第2期 | 1934年4月 |
| 马寅初 | 人寿保险之涵义与价值 | 《人寿》创刊号 | 1933年4月10日 |
| 张素民 | 我们为什么要保寿险 | 《人寿》第5号 | 1934年4月10日 |
| 本柴宫六著,立凡译 | 保险价值论 | 《寿险界》第2卷第3期 | 1934年6月 |
| 李权时 | 保险事业与民族复兴 | 《寿险界》第2卷第4期 | 1934年8月 |

① 龚渭源:《胡先生与宁绍人寿保险公司》,载上海图书馆近代文献室藏:《胡咏骐先生纪念册》(1941年7月15日)。

② 丁雪农:《胡先生与上海市保险业同业公会》,载上海图书馆近代文献室藏:《胡咏骐先生纪念册》(1941年7月15日)。

续表

| 作者 | 篇名 | 出处 | 出版时间 |
|---|---|---|---|
| 乐建 | 保险事业的功效 | 《寿险界》第 2 卷第 4 期 | 1934 年 8 月 |
| 沈雷春 | 人寿保险与妇女 | 《寿险界》第 2 卷第 4 期 | 1934 年 8 月 |
| 汪德伟 | 寿险保户对国家的贡献 | 《人寿》第 8 号 | 1935 年 1 月 10 日 |
| 宋启文 | 人寿保险之我观 | 《人寿》第 9 号 | 1935 年 4 月 10 日 |
| 沛然 | 寿险对于家庭的效用 | 《太安丰保险界》第 1 卷第 4 期 | 1935 年 12 月 1 日 |
| 陈宇飞 | 人寿保险影响于国家治安的前途 | 《人寿》第 14 号 | 1936 年 7 月 10 日 |
| 周琎 | 从功效上说明人寿保险的重要性 | 《人寿》第 16 号 | 1937 年 1 月 10 日 |
| 张明昕 | 人寿保险之功效 | 《申报》人寿保险特刊第 2 期 | 1937 年 2 月 1 日 |
| 郭雨东 | 人寿保险与家庭幸福 | 《申报》人寿保险特刊第 4 期 | 1937 年 7 月 1 日 |

第三，主张借鉴外国先进经验，联合政界和社会各方力量，形成上下一致、共同推动国民保险教育发展的良好局面。

从当时发表的相关时论看，许多论者能密切关注国外保险业的发展情势，尤其注重国民政府及社会各方对国民保险教育所持的态度。

在 1934 年出版的《寿险界》上，就有关于美国"保险周"活动的介绍："今日全世界人寿保险事业最发达的国家，当推美国。……美国人的提倡人寿保险事业，真是不遗余力的，在全国人寿保险协会领导之下，已定本年三月十九日至二十四日为保险周，亦即所谓'经济独立周'，在此七日内，全国上自总统，下至公民，全体通力合作，普遍地宣传人寿保险事业，竭力显示其对于国家及个人经济的重要性。发行印刷品小册及书籍，各公司全部经理人总动员，并在全国各报纸，刊登关于人寿保险的文字及图画。"①这种全民性的保险动员，对于中国近代保险业来说，显然既是一种差距非常鲜明的对比，又是一种具有

① 《美国的保险周》，《寿险界》第 2 卷第 2 期(1934 年 4 月)。

榜样示范作用的鞭策。

除美国外,还有人撰文主张学习日本的经验:“保险事业之于日本,已继英美各国而入于繁荣之境,而寿险事业更较他种保险尤为发达。查其保险业务突飞猛进之主因,要皆赖于全国朝野提倡不遗余力所致。按日本文部省发行之高等小学读本卷二第十课为‘保险’,足征该国重视保险之一般,深望我国教育当局,亦起而提倡,是则奚之幸也。”①可以看出,当时日本的经验也像美国一样,都是集合政府上下之力,共同参与和支持国民保险教育活动,才取得了保险业迅速发达的显著成效,成为保险大国。

正是基于上述认识,保险界有识之士积极活动,多方奔走吁求,努力争取教育界、出版界、舆论界及国民政府方面对国民保险教育的支持,使国民保险教育在学校打下初步基础,在民众中得到一定程度的普及,共同开创了20世纪30年代国民保险教育的新局面。

## 第二节　国民保险教育的开展

关于这一时期的国民保险教育的开展情况,下面将主要从学校的保险教育、对民众的保险教育以及保险从业人员的教育等三方面作一论述。

### 一、学校基础保险教育的推行

无论开展何种国民教育事业,学校教育都是必不可少的基础,国民保险教育同样如此。为了将保险知识和观念从小就逐渐深植于民众脑海之中,保险界在推动保险教育进课本、进课堂方面作了大量工作。具体而言,可分为小学阶段的保险常识教育和大学商科的保险专门知识教育两大层次。

① 《日本小学教科书中的一页》,《人寿》第10号(1935年7月10日)。

### (一)小学阶段作为常识的保险教育

民国时期,作为常识的保险教育主要体现在小学教科书中增加保险内容一事上。这是保险界推动学校保险教育努力的伊始。在小学中进行保险常识教育,是开展学校保险教育最为基本的一环。

保险界所努力争取实现的主要目标,就是将保险课程列入小学的教科书。为此,许多保险公司和团体积极主动地与有关各方联络,反复讲明道理,提出操作方案,力促既定目标的尽快实现。

1935 年 7 月,宁绍人寿公司就提请上海市保险业同业公会知照邮政简易寿险部,请求"共同分别呈请教育部于小学课本中列入保险一课":

> 窃思保险一业,关于社会经济机能之发展,国家财赋之增殖,至重至巨。惟查我国坊间出版之小学教科书中,向无保险课程之编入,以是各种保险业务不能深入儿童心理,实为推行尽利之障碍。乃思贵会为国内保险业之最高机关,实施福利同业之枢纽,为敢专函布达。即请贵会知照邮政局简易寿险部,双方共同分别呈请教育部,并向上海各大书局接洽,将保险一课援照日本先例,编入我国小学教科书内。是则奚啻敝公司之幸,实为我国整个保险业务之幸也。①

宁绍公司还将"日本文部省所发行之高等小学读本卷二(女子用)内列保险一课""特译成华文",随函附上,"以供参阅"。②

1935 年 9 月,邮政储金汇业局提出仿照日本办法,在小学课本内加编"简

① 《宁绍人寿保险公司来函(1935 年 7 月 11 日)》,《上海市保险业同业公会提倡学校增设保险课程编印教材与教育部和有关当局的来往文书》,上海市档案馆藏保险档案,档号:S181-1-54。

② 《宁绍人寿保险公司来函(1935 年 7 月 11 日)》,《上海市保险业同业公会提倡学校增设保险课程编印教材与教育部和有关当局的来往文书》,上海市档案馆藏保险档案,档号:S181-1-54。

易寿险”一课,以资提倡。[1]

此后,上海市保险业同业公会积极行动,在给国民政府实业部的呈文中力陈“广厉保险事业,普及保险思想”的紧迫性和必要性,“请咨教育部通令各大书肆将保险一课加入小学教科书”,强调若能在小学教科书中增加保险内容,则“为我国整个保险业务之幸也”。[2] 1936 年,中国保险学会理事长宋汉章、上海市保险业同业公会主席胡咏骐联名向国民政府教育部递交呈文,再次阐释“倡导保险事业,不仅使保险公司沾惠无穷,而辅助国民经济建设运动,福利国家,其功亦殊有足多者”之理,吁请政府“效法日本办法”,“通令各书局于教科书内增加保险题材”,“借资倡导,使保险思想得以普及”,[3]还函附日本文部省发行的高等小学读本卷二第十课保险译文一件,作为决策的参考。[4]

与此同时,上海市保险业同业公会和保险学会还积极寻求出版界的支持,致函商务印书馆及世界、中华、大东等书局,大力宣传“保险事业关系国家社会安宁,东西各国因此发达,无论何时何地,虽偶有天灾人祸之厄,而凡百事业所以不至一败而不可复者,大率皆恃此业为之保障”,请求为“普及保险思想”起见,于次年春季小学开始编刊课本时,能编入保险一课。[5] 此议一出,立即

---

① 《上海市保险业同业公会致中国保险学会函(1935 年 9 月 18 日)》,《上海市保险业同业公会提倡学校增设保险课程编印教材与教育部和有关当局的来往文书》,上海市档案馆藏保险档案,档号:S181-1-54。

② 《上海市保险业同业公会呈实业部(1935 年 9 月 20 日)》,《上海市保险业同业公会提倡学校增设保险课程编印教材与教育部和有关当局的来往文书》,上海市档案馆藏保险档案,档号:S181-1-54。

③ 《上海市保险业同业公会呈教育部(1936 年)》,《上海市保险业同业公会提倡学校增设保险课程编印教材与教育部和有关当局的来往文书》,上海市档案馆藏保险档案,档号:S181-1-54。

④ 《附:日本文部省发行高等小学读本卷二(女子用)》,《上海市保险业同业公会提倡学校增设保险课程编印教材与教育部和有关当局的来往文书》,上海市档案馆藏保险档案,档号:S181-1-54。

⑤ 《上海市保险业同业公会致商务印书馆及世界、中华、大东书局函(1936 年 2 月 27 日)》,《上海市保险业同业公会提倡学校增设保险课程编印教材与教育部和有关当局的来往文书》,上海市档案馆藏保险档案,档号:S181-1-54。

得到各大书局的赞同,几大书局一致表示“保险事业关系于国计民生者诚属密切,嗣后敝局编订教科书时,自当采入此项材料,藉对学龄儿童灌输保险知识,而为贵会谋一助也”。①

与各大书局的迅速反应形成一定反差的是,作为当时全国教育主管机关的国民政府教育部,并未及时表态。直至1937年1月,时任国民政府教育部部长的王世杰部长始作批示:“查小学课程标准业经公布,其中有储蓄一项自包括保险教材,将来编订教学要目时,可将保险一项列入要目中。至民众学校课本业已编竣,将来改编时,亦可将保险教材酌量加入。”②

上海市保险业同业公会接到国民政府教育部的批示后,“即派秘书长关可贵会同中国保险学会秘书长罗北辰,持批往各大书局当事人接洽”。1937年夏间,商务印书馆、大东书局、中华书局、开明书店、世界书店等数家书店“俱将保险题材编入”教科书中。③

撷诸史料,可以看到大东书局和商务印书馆所编入之保险教材的具体内容:

> 大东书局:“新生活教科书算术”第三册,百分法的应用一章内第四节,即为保险。此节对于保险之意义、计算法、种类及性质等,皆有简明叙述,并附有保险费计算法练习多条,编订最为完善,“新生活教科书社会”第四册,第十一课怎样改进我国的国民经济一课内,对于救济国民经济的方法,第三项即揭示:“奖励储蓄和保险”;并谓:“保险大半为劳工设想,分疾病保险、伤害保险、老年保险和失业

---

① 《中华、大东、世界三书局来函(1936年3月5日)》,《上海市保险业同业公会提倡学校增设保险课程编印教材与教育部和有关当局的来往文书》,上海市档案馆藏保险档案,档号:S181-1-54。

② 《教育部批文(1937年1月4日)》,《上海市保险业同业公会提倡学校增设保险课程编印教材与教育部和有关当局的来往文书》,上海市档案馆藏保险档案,档号:S181-1-54。

③ 《上海市保险业同业公会1937年度报告册》,第11页。

保险等。举办了这两种事业,平民一旦发生事变,就不致束手无策了"。①

商务印书馆:"复兴常识教科书"第八册,第二十七课怎么样改良劳工的生活一课内,即揭示:"设立劳工失业保险,进而失业保险的机关。"②

由是观之,当时的小学保险常识教育是落到了实处。为此,保险界人士感喟不已:"我国小学教科书内,编有保险教材者,当以今年为嚆矢","此后保险观念,将深印国人脑际,传播普及,潜力之伟,自意中事耳"。③

在致力于小学保险常识教育的同时,为了使学校保险教育取得更大成效,上海保险界又着力推动大学商科保险专门知识教育的开展。

### (二)商科学校保险专门知识的教育

1936年10月,上海市保险业同业公会和中国保险学会致函有关大学及专门学校,提请务必高度重视开设保险课程的重要性:"保险事业对于社会经济之发展,国家财富之增殖,人民俭德之养成,在在皆有密切关系。丁此国势凋敝、俗尚奢靡之秋,厥宜将保险学识普及灌输,庶可树育人民节俭之风气,辅助国民经济之建设。考诸欧美各国,凡各大学及专门学校,对于政治经济法律商学各系学生,设有保险学为其选修课程者,固所常见,而特别规定保险学为其必修课程者,为数亦属不少。"恳切期望这些学校"对于政治经济法律商学各系学生,允宜踵仿欧美成法,将保险学一科定为必修课程,俾百年树人,终收为国储材之效"。④

---

① 《上海市保险业同业公会1937年度报告册》,第11—12页。

② 《上海市保险业同业公会1937年度报告册》,第12页。

③ 《上海市保险业同业公会1937年度报告册》,第11页。

④ 《上海市保险业同业公会致各大学及专门学校函(1936年10月12日)》,《上海市保险业同业公会提倡学校增设保险课程编印教材与教育部和有关当局的来往文书》,上海市档案馆藏保险档案,档号:S181-1-54。

对此,中华大学、沪江大学、广东法科学院等纷纷作出积极回应。中华大学在回函中告知,该校“保险学一科……早经列入商学院二三年级,定为必修课”。① 沪江大学校长刘湛恩写信说:“敝校商学院向有保险学程,此后在经济与人才可能范围内,当设法扩充,于保险人才多多培养,以副雅命。”②广东法科学院院长邓青阳复函表示:“保险事业不独关于国计民生攸关至切,即于文化方面关系亦至深至巨,拟请踵欧美成法,将保险学一科定为必修课程,俾百年树人,终收为国储材之效。”③

1940 年,中国抗战烽火正炽。在国难当头的危急时刻,保险界人士立足当前,放眼长远,仍然不忘学校保险教育的推进。1940 年 4 月,上海市保险业同业公会再次递交呈文,深谋远虑地指出:“商科学生毕业后,与国民经济发生正面接触之机会最多”,“抗战胜利……凡百工商事业,自必日臻发达,而保险之范围当亦随之更为扩大,则保险知识,尤为商科学子所不容或缺者也”!④请求国民政府教育、经济两部饬令全国各大学,将保险学一科列为商科学生的共同必修课程,以期“行见百年树人,终收为国储材及巩固国民经济之效”。⑤5 月 29 日,时任国民政府教育部长陈立夫批示:“本部颁布之商学院科目表已将财产保险列为银行学系必修科目及工商管理系选修科目,将人寿保险学列

① 《中华大学来函(1936 年 10 月 14 日)》,《上海市保险业同业公会提倡学校增设保险课程编印教材与教育部和有关当局的来往文书》,上海市档案馆藏保险档案,档号:S181-1-54。

② 《沪江大学来函(1936 年 11 月 6 日)》,《上海市保险业同业公会提倡学校增设保险课程编印教材与教育部和有关当局的来往文书》,上海市档案馆藏保险档案,档号:S181-1-54。

③ 《广东法科学院来函(1936 年 12 月 9 日)》,《上海市保险业同业公会提倡学校增设保险课程编印教材与教育部和有关当局的来往文书》,上海市档案馆藏保险档案,档号:S181-1-54。

④ 《上海市保险业同业公会呈教育部、实业部(1940 年 4 月 24 日)》,《上海市保险业同业公会提倡学校增设保险课程编印教材与教育部和有关当局的来往文书》,上海市档案馆藏保险档案,档号:S181-1-54。

⑤ 《上海市保险业同业公会呈教育部、实业部(1940 年 4 月 24 日)》,《上海市保险业同业公会提倡学校增设保险课程编印教材与教育部和有关当局的来往文书》,上海市档案馆藏保险档案,档号:S181-1-54。

为统计学系选修科目。”①

此外,中华人寿保险协进社为阐扬人寿保险之学理起见,特聘专家学者先后赴约翰大学、大夏大学等校演讲,听者甚众。② 宁绍公司总经理胡咏骐还应复旦、沪江等大学之邀,“前往演讲人寿保险之职业,以资青年择业之指导”,希望有更多青年才俊加入到保险行业中来。③

在这一过程中,上海市保险业同业公会、中国保险学会、中华人寿保险协进社等保险组织、团体起到了引人注目的引领作用。

### (三)培养专业保险人才的教育

保险界还致力于专业人才的培养,以缓解保险专才之不足。在这方面,除了通过常规的学校教育来培养保险专业人才之外,保险界还积极开展留学教育、函授教育等。

在近代,欧美许多国家保险业发展已至相当水平。而中国保险业起步较晚,20 世纪二三十年代“尚属蓓蕾时代”④。为了“养成保险人才,普及保险思想”⑤,向先行发展、相对成熟的欧美国家学习就显得尤为重要,保险留学教育因而被提出。

1934 年,“胡先生(胡咏骐)动议,由公会备文呈请庚款委员会于派遣公费出洋留学生中规定保险专科名额,以谋多植保险人才。”⑥1935 年 5 月,华安水火保险有限公司拟派职员周式民赴日自费留学,因而通过上海市保险业同业公会请呈教育部颁给留学证书:“我国保险事业年来日臻发达,此在国民经济

① 《教育部批文(1940 年 5 月 29 日)》,《上海市保险业同业公会提倡学校增设保险课程编印教材与教育部和有关当局的来往文书》,上海市档案馆藏保险档案,档号:S181-1-54。

② 《保险年鉴·1935 年·附篇》,第 184 页。

③ 《胡总经理应各大学演讲人寿保险之职业》,《人寿》第 10 号(1935 年 7 月 10 日)。

④ 《上海市保险业同业公会 1936 年度报告册》,第 2 页。

⑤ 《保险年鉴·1935 年·下篇》,第 1 页。

⑥ 丁雪农:《胡先生与上海市保险业同业公会》,载上海图书馆近代文献室藏:《胡咏骐先生纪念册》(1941 年 7 月 15 日)。

上亦有一可喜之现象。惟其间因人才之缺乏,进步迟滞,亦在所难免。敝公司有鉴于此,拟资遣现任职员周式民赴日本留学,攻究水火保险……函请贵会转呈教育部颁给留学证书。"①中国船舶保险联合会亦有意派遣职员汤旦华赴日学习,专门研习海上保险。为此,上海市保险业同业公会呈请教育部给他们颁发自费留日学习证书:"我国保险事业年来日臻发达,惟以事属专门科学,每思推广营业,动觉人才不敷分布,兹会员等有鉴于此,拟资遣现任职员周式民、汤旦华偕赴日本留学……备具应缴各件函请本会转呈钧部(教育部)颁给留学证书。"②

教育部很快作出答复,同意在1936年公费留学名额中留两名专攻保险学。上海市保险业同业公会将此讯息和招考详情通告各会员公司:

据申报五月十四日刊载教育部通告廿五年留学公费生考试章程。业经公布,其名额共计一百九十人。自本年六月一日起报名,六月卅日截止,并定于本年七月二十一日起全国分南京、重庆、北平、上海、西安、武汉、广州及昆明等八区同时举行考试,其名额中列有留英保险学额二名,应考者除一般科目外,如为银行系,考货币银行学、中外金融市场、财产保险;如为统计系,考货币银行学、高等统计学、高等会计学;如为工商管理系,考货币银行学、工商组织及管理,财产保险学。应考者除得以主系毕业资格应考外,并得以辅系所习学科应考各该名额,但须有原校证明,其详章可迳向南京教育部总务司第一科或其他七考区之省市教育厅局函索。③

1936年11月,上海市保险业同业公会复致函中英庚款委员会,"请于此

---

① 《华安水火保险公司函上海市保险业同业公会(1935年5月)》,《赴日留学教育》,上海市档案馆藏保险档案,档号:S181-1-53。

② 《上海市保险业同业公会呈教育部(1935年5月)》,《赴日留学教育》,上海市档案馆藏保险档案,档号:S181-1-53。

③ 《上海市保险业同业公会致各会员公司(1935年5月24日)》,《赴日留学教育》,上海市档案馆藏保险档案,档号:S181-1-53。

次考选出洋学生中,酌定二名,使认习保险专科”:

窃惟近世世运日新,欧美保险事业日形发达,其经营管理咸月异而岁不同,本会同人以为近年海外留学生之学习保险专科者,虽闻有其人,而揆之我国目前情形,尚属不敷支配,就中按照保险业法规定,人身财产两项保险(之精算估计)俱属专门知识,并为当今要务之才。夫学以致用为归,在彼负笈海外者,学非所用,则归国以后,或思自效无由,而国内实地营业之保险公司,每叹才难,当有事之时,转觉同声鲜有。近读报载贵会考选出洋学生,悬额二十一名。……奉商拟请于此次考选名额内,酌定二名,按照保险业法规定,使于人身财产二项保险中,分别认习其中之一科。庶几于出洋学生及我国保险前途两有裨益。①

上海市保险业同业公会还致函中国保险学会,请“致缄中英庚款委员会,请拟录取出洋学生酌定二名使学习保险”:“本会近因中英庚款委员会有考选出洋学生之举,经去缄商榷,拟请于此次录取学生中,酌定二名使学习保险,并按照保险业法规定,人身财产两种保险各习一科,用特钞录原缄拟请贵会亦去缄赞同前由……贵会为研究学术机关,一言九鼎,定能影响斯应也。”②

中国保险学会一方面向政府吁求,一方面“鼓励留学生研习保险”:会员中出洋留学研习保险的有“留美之黄凯禄君研究社会保险,向景云君研究农业保险,孙浩然君研究寿险精算学,留英之丁廷桀君及留日之李莫强君研究财产保险”,这些人中“除李君早决定外,余均受本会之鼓励而始决定者也”。③

与此同时,保险同业还立足本土,寻求更快捷的人才培养方式,创设保险函授学校,以解人才匮乏的燃眉之急。华安合群公司举办人寿保险函授科,招

---

① 《上海市保险业同业公会致庚款委员会函(1935年11月19日)》,《赴日留学教育》,上海市档案馆藏保险档案,档号:S181-1-53。

② 《上海市保险业同业公会致保险学会函(1935年11月22日)》,《赴日留学教育》,上海市档案馆藏保险档案,档号:S181-1-53。

③ 《中国保险学会一年来工作报告》,《保险季刊》第1卷第1期(1936年9月)。

收专门人员,进行寿险培训,旨在“养成人寿保险营业人材”。其招生布告言,凡“曾在旧制中等以上学校毕业,或具同等学历者”,或“曾在商店学习满期文理通顺者”或“曾在教育实业政治法律或军营等各机关担任实在办事之职务满一年以上者”均可报名参加培训;培训内容包括人寿保险之原理、保寿之种类、招徕学、商业道德以及簿记学;每期期限为六个月,“学费讲义费概不收取”。培训“期满后试验及格者由本公司函授部给予毕业证书,其成绩优良者可至本总公司实习二个月至四个月,毕业后派在总公司或分公司为襄助员。其品学特优者并有即行派为外埠经理员之机会”①。中华人寿保险协进社在1933年即着手“开办一函授科,聘请中外寿险专家,担任教授,顷已着手编制讲义”②。未久,中华人寿保险协进社“附设之人寿保险学函授科,以灌输人寿保险学识,培养寿险专门人才,以服务保险界为宗旨,由专门学者③编著讲义,闻就学者甚众”④。

## 二、民众普及保险教育的拓展

对民众广泛宣传保险知识和观念,是保险界推进国民教育的又一项重要工作。

这一时期,为了广泛传播保险知识,提高民众的保险认知水平,中国保险学会曾“选定四川路青年会为演讲地点,举办保险学术演讲,聘请国内知名保险学者、专家马寅初、李权时等人,分期作公开的演讲”⑤,还充分利用报章对民众宣讲保险知识,借助电影、广告等形式启迪民众保险意识。

---

① 《中国华安合群保寿公司附设人寿保险函授科招生布告》,《申报》1924年1月1日。

② 《人寿保险函授科在筹办中》,《寿险季刊》第1卷第3期(1933年11月)。

③ 从刊登在当时的保险期刊上的广告中可以了解到陈思度、薛维藩、潘学安、杨士珍、胡咏骐、唐宝璜、陶声汉、张似旭、张德舆、郭佩弦等担任教员。参见《寿险界》第2卷第3期(1934年6月)。

④ 《保险年鉴·1935年·附篇》,第184页。

⑤ 《中国保险学会一年来工作报告》,《保险季刊》第1卷第1期(1936年9月)。

如果说当时国人对保险还存在较深隔膜,那么,当时国人对寿险则更多的是误解和抗拒。所以,寿险业的发展所遭到的来自民众认知的阻力比产险更大。保险界人士认真分析民众对保险业所持的态度,认为他们与科学保险认知之间,普遍存在较深的隔膜。要发展保险事业,就必须采取有效措施加大宣教的力度。

胡咏骐在谈及这一点时这样讲道:“今日推销寿险之最大困难,非在一般能力之不足或意志之不愿,乃在普通人士缺乏寿险利益之认识”,所以“宣传事宜应整个合作,其目的为‘宣扬寿险之真义’以及‘叙述投保华商公司之优点’”。具体任务为“(一)在申报或新闻报撰述寿险专刊,每月或每半个月一次。(二)向其他著名报章什志投登人寿保险之文字。(三)向社教工商机关作寿险之演讲。(四)向教育部及各大书局请愿在小学教科书内编入人寿保险之课程”。①

胡咏骐充分认识到“当前销售寿险之最大困难……乃在不明寿险之利益,以是欲求国内寿险业务之发展,应先宣扬寿险之功效,引起一般需要之心理,然后营业方得蒸蒸日上,不愁推行之困难”,但“惟宣导范围既广,教育收效之迂缓,所需之费用自多,故宜集合同业整个力量,以收众擎易举之效”。②

基于对普及保险教育的共识,在此时召开的上海同业公会寿险组会议上,“扩大宣导事工”被列为讨论的重点议题。会议总结了上一年的工作成绩:“本会寿险组自去年在申报举行联合宣导以来,已使国内一部分人士对于人寿保险之真谛得有相当认识,薄具成效,良用欣慰。惟以原定宣导经费年仅国币二千五百,似嫌为数颇微,实有汲深绠短、杯水车薪之慾。顾欧美日本人寿保险业之发达,得臻今日骎昌骎炽之盛者,一方固赖管理之得法以及销售之努

① 胡咏骐:《对寿险事工之刍议(档案上时间信息不明,应为20世纪30年代)》,上海市档案馆藏保险档案,档号:S181-1-56。

② 胡咏骐:《整顿寿险同业业务刍议(档案上时间信息不明,应为20世纪30年代)》,上海市档案馆藏保险档案,档号:S181-1-56。

力,惟最大之原因要皆赖于各该寿险公司能不惜巨资从事于宣导之一法,因此人寿保险之功能,得以深入彼邦人民心里,虽之穷乡僻壤,纵为妇人孺子均能普遍明了,而以投保寿险为身家保障之唯一需要。”①在此基础上,他们进而认识到“欲我国寿险事业急起直追,步欧美日本之前尘,欣欣以向荣者,舍扩大宣导事工,俾吾人明了其利益以外,似无其他更佳之方法”②。

鉴于“宣导事工,对本业之重要”,加之“惟兹事体大”,“须有专门负责督促执行之人员,方能逐步进行,不负所托”,而“缘本会现有职员固定之事务既繁,且非专为人寿保险同业而设,自难相与兼顾。纵能兼顾,亦难求其效力之充分发挥”,提出“聘请干事,专办人寿保险之宣导事工”。③

“干事之专办人寿保险之宣导事工”主要包括:

(1)以寿险界消息投送本外埠各大日报;

(2)著译寿险论文投登国内著名刊物;

(3)向本外埠各大中学及社教机关演讲人寿保险;

(4)编制图表统计择地公开展览;

(5)举办节俭保安运动;

(6)开办人寿保险函授学校,教育从业人员;

(7)请各大学以人寿保险列为必修课程;

(8)鼓励学术界研究并译著人寿保险书籍;

(9)举办人寿保险论文比赛;

(10)赴各大电台播音,演讲人寿保险。④

---

① 《寿险组扩大宣导事工之刍议(档案上时间信息不明,应为20世纪30年代)》,上海市档案馆藏保险档案,档号:S181-1-56。

② 《寿险组扩大宣导事工之刍议(档案上时间信息不明,应为20世纪30年代)》,上海市档案馆藏保险档案,档案号:S181-1-56。

③ 《寿险组扩大宣导事工之刍议(档案上时间信息不明,应为20世纪30年代)》,上海市档案馆藏保险档案,档号:S181-1-56。

④ 《寿险组扩大宣导事工之刍议(档案上时间信息不明,应为20世纪30年代)》,上海市档案馆藏保险档案,档号:S181-1-56。

大会还拟订了这一年的具体计划:"(一)在上海新闻报申报时事报大公报分登封面广告,每两个月一次,并于上报每月登广告三次。(二)在上海光明金城两电影院分登广告,于三、四、十、十一月行之。(三)在国内著名刊物如东方杂志、银行周刊、快乐家庭等分登广告。"①还有下一年的计划:"(一)在上海择最大之中英电台各一播送广告;(二)在京沪、沪杭甬两路重要地段竖立大广告,上海静安寺路一带住户较多,亦可照办;(三)装置人寿保险之游行影灯,赴各埠表演;(四)在本市最繁盛之区域装置人寿保险霓虹灯;(五)在天津、广州、南京、汉口、重庆各地日报订登广告。"②

1935年5月10日,国民政府颁布了《简易人寿保险法》,明令邮政储金汇业局投资250万元,开办简易人寿保险,先由上海、南京等地试办,再扩充到其他各地,"以有效之方法,保障平民生计,我政府重视保险事业,亦可见矣"。③抓住这一有利时机,上海邮政储金汇业局立即行动起来,全力扩大保险宣传,"为使全市市民明了国营简易人寿保险之意义,特定于本月18日,先在虹口区举行扩大宣传,该局备有标语、传单、章程及各项宣传品等,届时派事务员全班出发,挨户劝导,并宣称国营简易寿险之利益"。④ 1936年8月,邮政储金汇业局委托大华电影社摄制影片《血汗钱》,在金城大戏院公开放映,借以宣传人寿保险的好处,扩大保险业在社会上的影响。这一做法开创了借用电影这一新兴的娱乐形式进行保险宣传的先例。⑤

通过广告对民众进行保险宣传,是各保险公司非常重视也开展得比较成

---

① 《寿险组扩大宣导事工之刍议(档案上时间信息不明,应为20世纪30年代)》,上海市档案馆藏保险档案,档号:S181-1-56。

② 《寿险组扩大宣导事工之刍议(档案上时间信息不明,应为20世纪30年代)》,上海市档案馆藏保险档案,档号:S181-1-56。

③ 王效文:《五十年来之中国保险业》,载沈云龙等主编:《近代中国史料丛刊续编》第9辑第81种,(台湾)文海出版有限公司1974年版,第199页。

④ 《保险情报》,《太安丰保险界》第2卷第6期(1936年3月15日)。

⑤ 中国保险学会、《中国保险史》编审委员会编:《中国保险史》,中国金融出版社1998年版,第115页。

功的一种做法。翻阅这一时期的《申报》等报纸及《银行周报》等期刊,可以看到上面有很多宣扬各保险公司实力雄厚、办事敏捷、赔款迅速可靠的广告。有的还配以富有意境的图片,如太平保险公司开办之初,就以“太极图形”作为公司商标,取“生生不息”之意,并喊出了“太平保险,保险太平”的响亮口号,①令人印象深刻。在当时的上海报章上,还时常可以看到一些保户(单位或个人)在遇险获赔后,对投保公司的鸣谢。这种鸣谢广告应该是出自保险公司的安排,但它们在扩大保险公司社会声誉的同时,也势必对民众的保险观念产生积极的引导作用。

此外,为了广泛传播保险知识,提高民众的保险认知水平,设于上海的中国保险学会曾“选定四川路青年会为演讲地点,举办保险学术演讲,聘请国内知名保险学者、专家马寅初、李权时等人,分期作公开的演讲”,②收到了良好的效果。

## 三、对保险从业人员的教育

保险业的发展与保险从业人员的素质直接相关,“保险从业员为保险业之干部分子,其服务成绩之优劣,效能之高低,全视本人知识之深浅以为断。保险从业员之知识程度如能提高,对于整个保险事业之发展,自有莫大关系”③。以下摘录的这段文字是从寿险的角度对二者关系的揭示:

> 当寿险事业在中国还没普遍的时代,要保寿险的人与经营寿险业的公司,两者很少接近的机会,因为寿险公司承保一位被保险人,虽然经过严格的验体,但是对于这位素昧生平的人,担负着巨大的赔款责任,必须同时要明瞭其身世和品性,因此必须营业员从中媒介和

---

① 中国人民政治协商会议上海市委员会文史资料工作委员会编:《上海文史资料选辑》第60辑,上海人民出版社1988年版,第282页。

② 《中国保险学会一年来工作报告》,《保险季刊》第1卷第1期(1936年9月)。

③ 胡咏骐:《弁言》,载《上海市保险业同业公会1937年度报告册》,第2—3页。

证明,所以要保寿险的人,除了社会上很有地位大家都已闻名者外,倘然自己登门去请求保险,那末(么)公司当局,难以欢迎。同时一般人对于人寿保险,虽然很是需要,非经营业员去恳切解释,很少能够自己会悟的,或是已经知道寿险的重要,而不知投保何种保法为适宜,那末(么)亦非营业员去劝请或建议不可,所以寿险公司与被保险人间关系的开始,是产生在营业员身上。今日我国寿险业尚未臻于普遍发展,以及很多人需要保险而尚未得到保障的缘故,就是因为寿险营业人材(才)的缺乏,寿险营业员是高尚的职业,负着经济建设的使命,并且所得酬劳,亦很足够,当这失业怒潮澎湃的时候,寿险营业员是一条很广大而极有希望的路子,象(像)我就是乐于其业安于其业的一个。①

华安合群公司作为一家华资寿险公司,初建时就苦于在国内找不到合适的经营人才,不得不聘请外国人担任要职,英国人郁赐、第澈礼就是这样被聘到华安的,"以中国保险专门人才尚少,敦请郁赐、第澈礼二君主持一切"②。华安公司成立后,吕岳泉兼任营业部主任,对营业员招徕业务亲自辅导,并介绍自己的亲身经验,每年举行数次营业竞赛。③

许多公司都十分注重对保险营业员职业操守和业务技能的训练和教育。在宁绍公司创办的《人寿》杂志上就常常可见这方面的文章,下面的《寿险经理员九项箴言录》就从九个方面对寿险经理员的工作态度和工作方法进行教育和指引:"(一)志趣高尚——寿险经理员确实是一种优越的地位,他应当提高志趣而认识此种企业是为社会服务,他能担保人们的快乐幸福,他能保障灾害的侵临,经理员如能以此种思想而发展业务,一定能征得巨大的营业于永

① 陈子英:《我对于人寿保险的感想》,《人寿》第17号(1937年4月)。

② 《华安合群保寿公司创办初期请北洋政府为总统、国务院和各方赞助的函稿以及开幕词暨广告等件》,上海市档案馆藏保险档案,档号:Q336-1-11。

③ 阮秀堃、吕维屏:《中国首家保险公司创办人吕岳泉》,载上海市政协文史资料委员会编:《上海文史资料存稿汇编5·经济金融》,上海古籍出版社2001年版,第393页。

久";"(二)计划工作……";"(三)保持终身在职——寿险经理员应当保持他的地位,作为终身职业,并以全副智慧毅力征招营业";"(四)对于本业应有透彻的认识——寿险经理员如于本业有透切之学识,则其所说之言语,当然有力量而有证据,对于要保人既可引起深深之影象,并且在成与不成之间的情形以下,必定能够达到胜利";"(五)切勿作过度的谈话——经理员与要保人作过度之谈话,成事不足,败事有余,倘经理员表示出企望心愈迫,那末要保人的态度愈相离,若使这种急切的企望心,继续坚持下去,也许竟使要保人疑窦益甚,所以当谈话能结束时即结束,并请其在投保单上签字";"(六)辞令圆沽——寿险保单关于人生死亡大事,所以经理员应当用圆婉之辞令,好象征劝储蓄险者,该说这是一种投资,到期君一定健在而亲自享受其快乐,纵使征劝终身保险,亦应当说君或许长寿百年,君是一位聪明人,把保障以防御未来的事变,此后自可不必顾前虑后矣";"(七)多用科学的表格——招徕寿险时,不必单讲人寿保险的大意,须用科学的表格,而此种表格,须为每个要保人特别编制,如个人投保者,最好带至其家中……";"(八)认清目标,规定时间到达……";"(九)随时留心服务到底——招徕新要保人之来源,当向旧保户中求之,如遇赔款发生时,尤宜致力服务,倘经理员能如此进行,则将本人的证据,造成自身的地位"。①

因此,过去业界惯常的"以情谊敷衍,并藉花酒之酬酢,作业务之推广","既失服务之精神,复堕本业之信誉"的行为在宁绍较少发生,"公司开业伊始,即打破此项恶习,用个人之谈话、文字之宣传、公开之演讲娓娓解释、诚恳讨论,总使社会人士明了其需要而投保,作风高尚,别创一格",所以,宁绍公司"在同业之地位,一跃而成后来居上","社会之一般观察,恒以'企业心胜于营利心'之论调,以誉本公司之事业者"。②

宁绍公司主任胡咏莱为胡咏骐之弟,为"上海圣约翰大学高材生,曾任美

---

① 《寿险经理员九项箴言录》(节译威廉氏所说),《人寿》第4号(1934年1月10日)。
② 记者:《民国二十二年公司业务进行之鸟瞰》,《人寿》第5号(1934年4月10日)。

商友邦人寿保险公司营业经理,亘十年之久”①,他曾谆谆告诫寿险从业者:“寿险推销员的做事,不在受人的称颂,而在尽自己的义务”;“寿险推销员的立场与普通货物的推销员不同。因为普通货物的推销员,他的成绩不过是供人暂时之所需,且也不一定是生命之所需。但是寿险推销员则系专门供给世人生命之所需,在最紧要的关头,实际上能救全家的生命,所以寿险推销员的地位是高尚的”;“寿险推销员的功劳,不是一时可以显见的,所以一方面尽管受人的讨厌,只须记着人家终有一天会觉到我的好意,则我自然心安气泰,而另一方面遇到推销员劝告的人,也应想到他所抱的一片厚意,而给以相当的考虑”。②

宁绍公司对沪上有志投身保险的大学生则开班授课,进行相关的职业教育:

> 销售寿险之职业为专门之学识,如能致力精究,奋身以进,确与个人社会两受其益,最近沪上各大学学生,有志参加此种职业并已向本公司报名者颇不乏人,故总公司曾于六月二十四日先行开班研究,指导各学生进行步骤,他如汉口北平广州青岛等处,亦由本公司各分公司就地开班,征求各校学生参加云。③

宁绍公司的这一做法,收到了较显著的成效:

> 本公司营业方法,循教育之途径……以是加入本公司营业队伍服务者,须有大学以上或同等学力之人,并经严格之训练,详密之指导,方可准其问世,俾可尽家庭经济顾问之艺能,而达教育方法推广营业之鹄的。查本公司五年中造就之寿险营业人材,不下一百余人,今日散布于同业间服务者,亦颇不乏人。④

---

① 《同人讨论会》,《人寿》创刊号(1933年4月10日)。

② 胡咏莱:《服务寿险之真谛》,《人寿》第7号(1934年10月10日)。

③ 《举行寿险研究班》,《人寿》第10号(1935年7月10日)。

④ 胡咏骐:《本公司五年来业务报告》,《人寿》第17号(1937年4月10日)。

## 四、国民保险教育的特征与作用

如果说近代之初魏源等有识之士向国人引介西方的保险知识,所进行的保险启蒙①针对的是社会精英阶层的话,那么,20 世纪 30 年代保险界致力推动保险知识、观念的进一步传播,则是以更广大的民众为对象,所承担的任务也更为复杂和艰巨。如果说前者意在将国人陌生的保险新知引介到国内,那么,这一时期大张旗鼓的宣教则是为已经在中国生根发芽的保险业的进一步发展扫除障碍、廓清道路。与前者主要是一些有识之士个人的觉醒、个体的行动不同,后者是组织的行动,业界的行动。在这一过程中,上海市保险业同业公会、中国保险学会和中华人寿保险协进社等保险组织团体开展了大量工作,他们通过多种渠道争取政府方面以及教育界、出版界、知识界对保险教育的协同努力,形成多界联动的局面,共同促成了这一时期盛况空前的国民保险教育热潮。业界主导和多界联动是这一时期保险知识、观念传播所呈现的鲜明特征。

总体而言,20 世纪 30 年代国民保险教育所承载的保险知识和观念的传播,较之近代之初的保险启蒙,范围更广,社会影响也更大。但是二者各有其不同的意义。近代之初的保险思想传播功在启蒙,正是因为有识之士的著述,现代保险知识、观念才得以引介到中国这个古老的东方大国,保险这一新兴行业才得以在中国落户。而伴随着保险业在中国的成长、发育,对民众更大范围的保险教育因而被提出。20 世纪 30 年代的国民保险教育,其功则在使得保险知识、观念在民众中得到进一步的倡扬。这两股保险思想教育的潮流构成了近代中国保险知识、观念递嬗的重要阶梯,在中国近代保险史上有着重要的里程碑意义。

---

① 杨锦銮:《近代中国保险思想启蒙述论》,《湖北社会科学》2006 年第 10 期。

## 第三节　保险学术研究的发展

这一时期保险教育的开展除以上所论诸方面外,还体现在保险学术研究的繁荣发展上。由于近代民族保险业是以外商保险业为样板,通过模仿外商保险公司而建立起来的,华商保险业的章程、契约、保险单证等,均照搬外国保险公司的成规。对于保险原理、业务技术等方面,亦多半奉行拿来主义,很少研究改进。关于保险研究的学术书籍更是“如凤毛麟角”①,而要对国民进行保险知识的宣讲和保险专业人才的培养,必须有保险学术的发展与之匹配。在保险界有关人士的不懈努力下,这种局面在20世纪二三十年代逐渐得到改观。这主要体现在一批保险著作的出版、保险年鉴的编撰以及保险学术团体的建立及其活动上。

### 一、保险书刊的出版

1925年2月,商务印书馆出版了中国第一部保险著作——《保险学》,作者王效文。王效文是著名经济学家、保险理论研究先驱马寅初的学生,曾执教于吉林公立法校和浙江公立法校。后到上海,历任中国公学商科大学教授、南方大学教授、法政大学教授,教授银行、货币、保险、汇兑、经济思想等学科。《保险学》一书是王效文根据英美保险学书籍中的材料编纂而成。书成后,马寅初、吕岳泉分别为之作序。马寅初在序言中说:“吾国向无所谓保险学,有之,自本书始。”他感叹,“夫保险业所以盛行于欧西各国及东瀛三岛者,固曰由于社会情形之不同,要亦由于著述者之倡导。举一事也,而其理不明,则欲事之发达也难矣!国人固有步武西人而营保险业者矣,然本因社会不明保险之原理,三十年来仍未见有大效也。”他对《保险学》一书给予了高度评价:“条

① 李权时:《我国保险业不发达之原因》,《太安丰保险界》第2卷第20期(1936年10月15日)。

分缕析,尤重各种保险之利弊,保费之计算,与契约之订立","使国人知保险之性质与效用,不复以诈欺虚浮之业目之","此书之出,不仅学校得用之以教生徒,即各保险公司以及已保有险与未曾投保者皆将此为依归"。① 吕岳泉亦赞扬《保险学》一书"以中国人之目光,就中国人之习俗,施以考量,核其进退,发为是言,是必吻合吾国人心理无疑。此书杀青,并将备高级商业学校之用,则尽量灌输保险学识于国人,此其嚆矢矣",并言"人人能读是书,人人能了解保险真意"。②

《保险学》分寿险、水险、火险、法律四编,出版后在保险界引起极大反响。各大学商科纷纷采用它作为教材,1932 年 10 月和 1934 年 10 月两次修订再版。修订本中,作者除王效文外,又加入孔涤庵。内容上也有所变化,第四编法律部分内容融于前三编之中,另增总论于卷首,故全书仍为四编。初版中的一些不规范词语与名词术语在修订本中也得以一一订正。

此后,又有保险著作《火灾保险》《海商法论》《保险法释义》等,还有陈掖神的《保险业》、孔涤庵的《保险法》、王孝通的《保险法论》、魏文翰的《海上保险法要论》、张伯箴的《保险学 ABC》、管怀琮译的《保险学概论》、徐兆荪译的《人寿保险学》、须维周的《人寿保险销售术》、宁绍人寿保险公司的《人寿保险学讲义》等保险书籍相继问世。③

正如沈雷春在 1935 年《保险年鉴》序言中所论:"我国之保险事业,幼稚脆弱,已堪浩叹,而国内保险学术之荒芜,则尤足寒心。盖全国出版之保险书籍,至多不过十余种,合计各书不满百万言,平均每年出版不足一种……然此仅就一般出版物而言,如欲内容较为充实,于学术实际能兼容并蓄者,则更凤毛麟角矣。"④保险学术的不发展又会制约保险教育的发展,这正是那一时期

① 参见王效文编著:《保险学》,商务印书馆 1925 年版。

② 参见王效文编著:《保险学》,商务印书馆 1925 年版。

③ 《中国保险年鉴·1937 年·下编》,第 89 页。

④ 《保险年鉴·1935 年》,序。

民族保险业长期徘徊不前的原因之一。

1932 年 9 月,美国友邦人寿保险公司营业总监、保华保险公司董事长张似旭,有鉴于人寿保险作为一种经济互助事业已成为保障人民经济生活、维持社会安定和稳定投资的重要途径,在欧美各国家喻户晓、深入人心,而在中国真正了解的人则寥寥无几,因而发起组织中华人寿保险协进社。参加成立大会的保险公司及代表有泰山保险公司沈景星、华安合群保寿公司顾庆毅、美商友邦人寿保险公司薛维藩、四海保险公司杨士珍、宁绍人寿公司张寿民、先施人寿保险公司霍永枢、中国保险公司樊兆鼎等,大会推举张似旭为社长,总编辑为郭佩弦①,编辑陈克勤、欧阳婉、沈雷春等。中华人寿保险协进社成立后,即着手译著新书。几年之内,郭佩贤编译的《人寿保险招徕学》、郭佩贤和陈克勤合译的《人寿保险社会学》、张明昕编著的《人寿保险推广方法》、陈克勤编译的《人寿保险经济学》、沈雷春编写的《人寿保险学概论》等保险著作先后出版发行。②

20 世纪 30 年代的主要保险论著具体见表 5.2。

**表 5.2　20 世纪 30 年代年代出版的主要保险论著一览表**

| 书名 | 著译者 | 出版者 |
|---|---|---|
| 保险业 | 陈掖神 | 商务印书馆 |
| 保险学 | 王效文 | 商务印书馆 |
| 保险学 ABC | 张伯箴 | 世界书局 |
| 保险学概论 | 管怀琮 | 商务印书馆 |
| 保险从业须知 | 管怀琮 | 商务印书馆 |
| 火灾保险 | 王效文 | 商务印书馆 |
| 人寿保险学 | 徐兆荪 | 商务印书馆 |
| 人寿保险社会学 | 郭佩贤、陈克勤 | 中华人寿保险协进社 |
| 人寿保险招徕学 | 郭佩贤 | 中华人寿保险协进社 |

① 从担任的职务和撰文、著述情况看,此人与文中多次提到的"郭佩贤"应为同一人。

② 《保险年鉴·1935 年·附篇》,第 184 页。

续表

| 书名 | 著译者 | 出版者 |
|---|---|---|
| 人寿保险推广方法 | 张明昕 | 中华人寿保险协进社 |
| 人寿保险销售术 | 须维周 | 保险合作社 |
| 人寿保险学讲义 | 宁绍公司 | 宁绍公司 |
| 人寿保险经济学 | 陈克勤 | 商务印书馆 |
| 人寿保险学概论 | 沈雷春 | 保险年鉴社 |
| 寿险营业员成功必读 | 沈雷春 | 华安公司 |
| 寿险基金及其投资 | 周宸明 | 商务印书馆 |
| 考察日本简易寿险报告 | 张明昕 | 邮政汇业局 |
| 社会保险 | 祝世康 | 南京书店 |
| 社会保险要义 | 张法尧 | 华通书局 |
| 社会保险之理论与实际 | 吴麟耀 | 大东书局 |
| 劳动保险纲要 | 黄昌言 | 华通书局 |
| 保险法 | 孔涤庵 | 商务印书馆 |
| 保险法论 | 王孝通 | 会文堂书局 |
| 保险法释义 | 王效文 | 会文堂书局 |
| 海上保险法要论 | 魏文翰 | 会文堂书局 |
| 海商法 | 王孝通 | 商务印书馆 |
| 海商法论 | 王效文 | 会文堂书局 |

资料来源:《中国保险年鉴·1937年·下编》,第89—90页。

中华人寿保险协进社还编印了《寿险嘉言集》,收录了"当代闻人、社会领袖关于人寿保险事业之题词、墨宝,编印成册"①,广为发行,以扩大人寿保险在社会上的影响。在中华人寿保险协进社的倡导和影响下,当时学术理论界漠视保险研究的状况一度有所改变。

这一时期保险期刊也大量涌现,有中华人寿保险协进社出版发行的《寿险季刊》《寿险界》,太平保险公司主办的《太安丰保险界》、宁绍人寿保险公司主办的《人寿》等。其中,《人寿》由宁绍人寿保险公司于1933年4月10日正

① 《保险年鉴·1935年·附篇》,第185页。

式创刊,每3个月出版一次,时人说它是"我国保险界定期刊物之第一种"①。各大报章也竞相开辟保险专刊,如《申报》的《人寿专刊》、《新闻夜报》的《保险周刊》、《晨报》的《寿险特刊》、《时事新报》的《人寿特刊》、《大美晚报》的《寿险专刊》、《大光报》的《保险栏》、《新闻报》的《经济常识》、《中央日报》的《简易寿险专刊》等,《银行周报》、《商业周报》等经济期刊均登载有保险方面的理论文章和消息报道。对此,1937年的《中国保险年鉴》有这样的评述:

我国学者于保险学之兴趣甚少,出版界之发行保险书籍亦微,致造成社会漠视保险之心理,自中华人寿保险协进社以文字宣传为务,始见各杂志报章登载保险文字,一反过去之黯淡而引起社会人士之注意。截至最近,关于保险文字,就编者所知者,已达四百五十篇之多。此外书籍之添增,与夫保险年鉴、季刊、半月刊之发行,于学理上实务上,予以甚大之贡献。由于宣传之努力,而使保险事业地位增高,同时在时代不断地进展中,社会机关对于改善危险之意识亦日益具备,如卫生智识之灌输,工厂安全设备之注意,公安机关对于火险救助之加强,与夫街道之放阔,新建筑物之叠起,无线电管理之日臻严密,汽车禁声运动之实施,建筑材料之限制等等,均足以减轻危险之发生,而予保险业莫大之助力。故今日保险业之基础,已较前更为巩固矣。②

1937年7月,抗日战争全面爆发,时局为之突变,社会因之动荡,上述各团体如火如荼的活动被迫中断,保险学术研究亦陷入沉寂。

## 二、保险年鉴的编撰

中国保险业发轫于清光绪年间,至20世纪30年代已历半个世纪,民族保

---

① 《本公司五年来业务报告》,《人寿》第17号(1937年4月10日)。

② 《中国保险年鉴·1937年·上编》,第7—8页。

险公司已发展至30余家,其分支机构及代理处遍及沿海和内地各主要大城市,已形成一定的规模。但由于"我国商人习惯,对本身业务之真实情形,素不愿为外人道,而自身对数字统计,亦甚少注意,故欲明了此中实况,颇非易易"①,所以"我国凡百事业,均无正确之统计,其原因一为学术落后,史籍向无记载;一为幅员广阔,各自为政,彼此不相联系,致始终滞留于固有之水平线上,而无突围之望。良以一种事业之开展,必先根据史实,倘无精确之统计,以显示事业之真相,实无从获得进展之途径。保险业既为新兴事业,自亦不能例外"②,"我国保险公司历年之营业状况,至今犹缺乏精确之统计可资参考"③,所以当时的中国保险业发展滞缓,难以追步世界:"考美国保险事业之所以雄视世界,虽有赖于政府之辅助与人民知识水准较高之故,而其各项统计材料之准确完备,尤属主因。即最近新兴之日本……均以保险事业系集中国民经济、调济盈虚之必要事业,而从事于材料之搜集,可以想见矣"④,"欲保险事业之发达,而不以搜集材料编制统计为务,实等于缘木而求鱼耳"⑤。胡咏骐在上海市保险业同业公会1936年工作报告中就明确指出,保险统计的滞后已经严重制约保险业的发展:"保险事业在国内之历史,既尚肤浅,一般经验,自属短薄,以致于不知不觉间,难免有盲人瞎马、夜半临池之憾!惟商战无异兵战,我人营业,如欲驾乎洋商而上之,则须熟练保险业务之状况,取人之长,弃我之短,所谓知己知彼,则战无不胜,攻无不克,以是目前最重要之工作,厥惟编制各种统计及设计工作。"⑥

统计对保险事业关系重大,时人有专文论及,如,关可贵在《保险统计》中分四点述之。

---

① 沈雷春:《我国之保险业》,《实业部月刊》第2卷第5期(1937年5月)。
② 《保险年鉴·1935年》,第3页。
③ 《保险年鉴·1935年》,第3页。
④ 《保险年鉴·1935年》,第3页。
⑤ 《保险年鉴·1935年》,第4页。
⑥ 《中国保险年鉴·1936年》,第3—4页。

其一,“发展中国整个保险事业亟宜编制保险统计”:

我国幅员广阔,人口繁众,实为世界上发达工商业之无上市场……保险市场,前途广远,有待于开拓者正多……惟是对于我国现在全部人口,每年所出之保费,究有若干,保险在各地分配之实在数目如何,尚无准确统计,因此对于新地业务之拓展,缺乏事实根据以为推断,不啻陷于盲人瞎马,漫无把握之地!我国保险事业,向皆操诸洋商之手……关于华洋经营保险事业之状况奚若,华洋两方各占保险费之数目如何,亦皆缺乏准确统计……华商如欲与洋商颉颃,夺回我国保险市场,乌可不亟于编制保险统计,使知彼知己,以达最后胜利之地乎?他如如何规定划一保险实价,如何规定保险经纪人佣金,如何改善保险从业员之待遇,如何筹制我国死亡表,如何划一寿险医务之标准等等俱为发展我国整个保险事业之急务,而亦无一不须根据详细统计以为解决者也。①

其二,“改善保险公司业务亟宜编制保险统计”:

其(保险公司)唯一之成本只包括营业费与管理费,此种费用成数过高则成本太重,难以图利,若成数所定太低,则事业难得充分发展,故其成数宜不过高及不太低,方为适宜。欲求得一适宜之规定,势须平日对于营业状况、赔款数额及公司各种经济情形收汇分析,加以研究,然后方可决定改善对策。他如对于如何投资方能稳健获利等问题,亦需根据统计材料,以为解决之助。须知保险事业是组织伟大及科学化的一种新兴商业,内容复杂,事务纷繁,决非能以经营旧式商业之头脑,用笼统敷衍之手段,而可将其推进发展。②

其三,“适应社会需要亟宜编制保险统计”:

保险事业在欧美各国有深长之历史,及社会结构环境需要与宣

① 关可贵:《保险统计》,《保险季刊》第1卷第3期(1937年3月)。
② 关可贵:《保险统计》,《保险季刊》第1卷第3期(1937年3月)。

导工作等种种关系,而其因有清楚明晰之保险统计,使人民明了保险事业之实况,由是而引起其注意,与其更深刻之印象者,亦未始无多少关系。我国经营保险事业,既无长远历史,社会人士对保险二字,因乏充分了解,又无确切之统计。以坚其信念,而引起其更大之需要,诚属可惜之事。

方今社会,凡百工商事业,彼此皆息息相关,互为牵系。欲察工商事业之整个状况,须将各个工商实业之实在状况,互为参证,经过分析综合及连续研究之后,方能察出整个工商事业之实情。我国重要工商事业,如银行、交通、航业、出入口等皆注意编制统计,故为保险业本身计,为整个工商业需要计,编制保险统计,实属不宜从缓者也!①

其四,"辅助政府设施亟宜编制保险统计":

今者多种保险法规,经已公布施行,实业部不日亦将成立保险监理局,根据各种法规,以司管理施行之事。实业部为审慎免除隔膜起见,曾特派专员,向我保险公司调查实况,然后从事组织设立,苟保险同业早已有统计材料,自可尽量供给,不至临事周章,保险界将来对于各项应兴应革之事,有待于政府倡导提携者正多,设有统计材料,以作根据,各项问题,更可迎刃而解。②

关可贵对保险统计工作重要性的分析全面而透彻。此时,保险界已经洞明保险统计的重要和迫切,他们认为不如此则无以抗衡外商保险业,不如此则无以振兴民族保险业。于是,中华人寿保险协进社社长张似旭乃有编制保险年鉴之创举。1935 年的《保险年鉴》是中国有史以来第一部《保险年鉴》(1936 年以后改为《中国保险年鉴》)。它比较完备地汇辑了中外保险公司的业务纪实,辑录了中外保险专家的论著。作为中国第一部保险年鉴,1935 年

① 关可贵:《保险统计》,《保险季刊》第 1 卷第 3 期(1937 年 3 月)。
② 关可贵:《保险统计》,《保险季刊》第 1 卷第 3 期(1937 年 3 月)。

的《保险年鉴》“虽不能尽善尽美,然在幼稚脆弱之我国保险业中,尚属不可多得之参考资料。盖保险与国民之关系已日益深切,保险业概况之披露,实足以增进国民对于保险业之了解和信赖”①,成为保险业界的工作指南,也为保险学者的研究提供了宝贵的资料。

1935年的《保险年鉴》全书共分四篇,上篇为保险概论,中篇为世界各国保险业概况,下篇为中国保险业概况,附篇则刊有保险法规、保险契约、保险同业公会规章和保险公司章程等内容。在沈雷春的主持和不断努力下,《中国保险年鉴》自1935年至1938年,先后出版四册。1938年因抗日战争的原因,各保险公司或迁移到大后方,或撤销其战区的分支机构,或消极观望,举止不定,处于混乱状态之中。主持其事者面临重重困难,仍致力于搜集资料,最终完成了使命,并将其于1939年付印。与前三本相比,1938年的年鉴在资料和内容方面则有不及之处,正如编者在自序中所言:“此次年鉴之编制,无疑的远较往年为弱,推原其故,由于各地同业之动荡不安,因而难能获得其统计数字,固为主因,而交通之阻梗,亦足使搜集工作感觉至大之困难”。②

《中国保险年鉴》是前所未有、规模宏大的系统史籍。它具有翔实丰富的资料,概括了中(外)③保险业的全貌,不仅在当时被誉为保险界的向导、被保险人的顾问和研究保险学者的津梁,而且为后人留下了一份弥足珍贵的研究史料。《中国保险年鉴》的编制和连续出版,是这次保险学术研究的热潮中尤其值得一提的事件。

## 三、保险学术团体的建立及其活动

保险界同人还大力提倡并共谋创办保险学术团体,研究保险学术理论,宣

---

① 《保险年鉴·1935年》,第2页。

② 参见《中国保险年鉴·1939年》。

③ 《保险年鉴·1935年》包括中国保险业和外国保险业两部分之概况,以后的保险年鉴则不包括外国保险业的资料,所以名为《中国保险年鉴》。

传普及保险知识,振兴民族保险事业。中国第一个保险学术团体——中国保险学会于1935年8月3日在上海宣告成立。出席成立大会的代表30余人,大会公推宋汉章为主席,同时选出宋汉章、丁雪农、胡咏骐、王效文、张素民、罗北辰、张明昕、朱如堂、项馨吾、吕岳泉、徐可升、经乾堃、顾庆毅、董汉槎、刘聪强等15人为中国保险学会第一届理事。8月7日举行第一届理事会首届常会,互选宋汉章、张明昕、丁雪农、胡咏骐、刘聪强等5人为常务委员,并公推宋汉章为理事长,王效文为名誉秘书,项馨吾为名誉会计。经会员临时大会通过的《中国保险学会会章》共7章23条。总纲开宗明义提出以"研究保险学理、促进保险事业"为宗旨。章程规定会务包括:(1)研究保险学理;(2)调查保险实务;(3)编制保险统计;(4)拟订保险条款;(5)训练保险人才;(6)举行保险讲演;(7)发行保险书报;(8)创设保险图书馆;(9)组织各种保险研究会。①

成立之初,中国保险学会即组织出版委员会筹备出版保险刊物,由保险专家张明昕主持其事。1936年9月,中国保险学会召开第一届年会,年会讨论通过10项提案,如敦促立法院制订社会保险法案,建议政府聘请寿险专家等。同期,学会主办的理论刊物——《保险季刊》创刊,蔡元培为之题写刊名,宋汉章撰写创刊词。学会还经常派人到有关大学作保险学术演讲,传播保险学理论与实践知识②,聘请国内知名保险学者、专家作公开演讲,并呈请教育部通令各书局在出版的小学教科书中增加保险的内容,借以倡导保险知识,使保险思想得以在民众中逐步普及。③ 有关内容前文已述。

中国保险学会开展的一系列工作,对于保险知识的宣传乃至民众保险观念的改变起到了不可忽视的作用。

---

① 《中国保险学会之创立》,《保险季刊》第1卷第1期(1936年9月)。

② 《胡总经理应各大学演讲人寿保险之职业》,《人寿》第10号(1935年7月10日)。

③ 《中国保险学会一年来工作报告》,《保险季刊》第1卷第1期(1936年9月)。

# 第六章　传统与现代之间：福建、广东的“火险联保”和“人寿小保险”

相互保险是合作保险形式的统称。近代中国的相互保险，在财产保险方面有“火险联保”，在寿险方面则有“人寿小保险”。“火险联保”在清末民初的广州颇为引人注目，而“人寿小保险”则以民国时期的闽粤最为兴盛。本章将对清末民初广州“火险联保”和民国时期闽粤“人寿小保险”的兴衰作一考察，并在此基础上结合中外关系、传统和现代等问题，对近代的相互保险及其历史演进作些探讨。

## 第一节　清末民初广州的“火险联保”

作为外资保险进驻中国的第一站，广州最早受到保险知识、观念的浸染。在外商保险公司的影响下，近代广州保险业的发展一度在全国居于领先地位。20世纪初开始，广州地区兴起了一种别具特色的保险组织形式——“火险联保”，众多“火险联保”公司竞相设立，在20世纪二三十年代勃然兴盛，为世人所瞩目。

### 一、“火险联保”在广州的兴起

“火险联保”的出现，与清末民初广州社会特殊的保险需求及华洋保险公司在广州的经营状况密切相关,可以说是特定历史条件下的产物。历史上广州开埠较早,商贸繁盛程度远盛他处。五口通商后,广州的贸易中心地位虽然受到冲击并且很快被上海取代,但仍是重要的外贸口岸,广州的西关更是住户云集、商铺林立。当时广州的建筑物多为砖木结构,非常简陋,且彼此相连,每逢风高物燥的秋冬季节,极易发生火灾。特别是年近岁末,家家祀神,稍有不慎,就会引发火灾。20 世纪初,广州"马路未辟"①,街道狭窄,一旦发生火警,虽有救火设施亦难于施救,往往一家失火而殃及邻户甚至整条街巷②,造成极为严重的损失。

其时,西方国家经济生活中颇为盛行的保险业已经传至中国若干年,这一来自外洋的新鲜事物经由广州进入中国,逐渐为国人所接受。而就广州的具体情形而言,许多大小商户亟待解决的燃眉之急就是投买火灾保险,求得财物安全的一份保障。受制于经济条件,他们尤其需要的是秋冬季节的火灾保险,而非全年。但是,当时中国的保险市场由外商所操控,外商保险公司凭借其雄厚的实力,在条约特权的庇护下,对华商投保者一方面限制极严,动辄以房屋建筑结构欠佳、救火通道不畅等种种理由拒保;一方面肆意抬高保费,"每千元保费达五六十元,外加经纪佣金若干"③。广州商民付出如此高昂的保费代价,得到的保障却甚为有限。如外商火险条款规定,遇所保动产如货物、家具等着火燃烧时,必须等候"燕梳公司"④派人到达现场后,始准搬迁,否则公司不负赔偿之责。为了能向保险公司领取赔偿,保户在火灾发生时只好眼睁睁

① 薛巩初:《广东保险情形纪略》,《太安丰保险界》第 2 卷第 8 期(1936 年 4 月 15 日)。

② 1915 年广州发生"乙卯大水",十三行街一家商民避水搬上二楼不慎失火,殃及附近火油公司、火柴店铺,引起油箱爆炸,烧毁店铺 2000 多间。参见方忠英:《近现代广州的外资保险业(上)》,《广东史志》1999 年第 3 期。

③ 薛巩初:《广东保险情形纪略》,《太安丰保险界》第 2 卷第 8 期(1936 年 4 月 15 日)。

④ "燕梳"即英文"insurance"的音译,"燕梳公司"即保险公司。

地看着自己的财物化为灰烬。[①] 外商保险公司还恣意曲解保险条款,在意外发生时蛮横拒赔[②],或者在遇到巨灾损失时,撤除招牌,一走了之。[③] 而华人因保险赔偿问题与外商保险公司发生诉讼时,地方官吏往往偏袒外商。这一切久已引起粤地商民的普遍不满,因此各行业遂有自行发起组织联保火险之议。[④]

面对此种情况,广州华商虽也尝试自办保险,但无奈多数规模较小,管理经验匮乏,承保能力殊为有限,尤其是对于米厂、酒厂、火柴厂等火患较大的商户,不敢轻易承保。面对这一情况,广州广大商户就迫切需要一种能满足他们现实需求的保险形式,“火险联保”应运而生。

## 二、“火险联保”在广州的繁盛

1905 年,广州市酒米行业商人率先谋求行业自保和互救,创立了“火险联保”。起初的保险标的只限于店内货物、家私,因店铺房屋多系向房产所有者(房东)承租而来,故无法代为投保。至所保货物、家私亦不收保费,只订明以人力互相支援,如遇行业商户店铺火警或受波及,其余酒米店铺应一律派人出

---

① 杜沛端:《洋商扼杀华商早期保险业》,载中国人民政治协商会议广州市委员会文史资料委员会编:《广州的洋行与租界》(《广州文史资料》第 44 辑),广东人民出版社 1992 年版,第 160 页。

② 广州东堤的“广舞台”大戏院是清末邓亚善、李世桂等人集资创建,建筑新巧,台能转动,耗资颇巨,座位 2000 多个,规模为当时各戏院之冠。外商边尔佛素火险燕梳公司多次派人游说煽动,戏院遂购买了 3 万元火险。不久,戏院被火焚毁,只余招牌“广舞台”三字。承保商到现场查勘时强词夺理,说邓亚善购买的保险是保“广舞台”三字,现三字未烧毁,不予赔偿。参见方忠英:《近现代广州的外资保险业(上)》,《广东史志》1999 年第 3 期。

③ 清末民初,政府方面对保险公司未有相应的管理,外商保险公司无须向政府缴存资本保证金,擅自逃匿是很容易的事。杜沛端在《洋商扼杀华商早期保险业》中也有此方面的回忆资料。(参见中国人民政治协商会议广州市委员会文史资料委员会编:《广州的洋行与租界》(《广州文史资料》第 44 辑),广东人民出版社 1992 年版,第 160 页。)

④ 杜沛端:《洋商扼杀华商早期保险业》,载中国人民政治协商会议广州市委员会文史资料委员会编:《广州的洋行与租界》(《广州文史资料》第 44 辑),广东人民出版社 1992 年版,第 160 页。

动救援,不派人施救者重则罚款。[1] 后来,保险标的范围不断扩大,除了店内的货物、家具外,还包括自置铺屋,并收取一定保费作为赔偿基金。[2]

1908年,广州沙基兴隆街、十三行联兴猪油面粉商杜桂初及西关茶楼酒馆酱料杂货商曾少皋等,群起效法,相继设立了长安火险公司、和乐联保火险公司以及远乐火险公司,三家公司仅联合三数个行业,规模可想而知。次年,三家公司合并改组为冠球联保火险公司[3],这是近代广州颇有影响的一家火险联保公司。冠球联保火险公司声称"专保殷实商店",由于保险费率较之外商公司、华商的营利性保险公司为低,投保者又是股东,广大保户认为加入此种联保组织比加入某些保险公司更加可靠,不必担心倒闭破产问题,因此未保者争相入股,已在外商公司投保者亦转而参加。

1912年,广州西关源昌街发生大火,联保公司因赔款过巨纷纷解散。不久之后,商人复集资重设,数目反超从前。1913年6月,联保火险研究公会议决:每1000元为一股,每股至少收会底银25元,现时的股底不及25元者,按季递加至25元,作为联保赔偿基金。如遇火警,各铺户仍须一律出动,互相支援。倘联保铺屋不幸被焚,即由其他联保店铺按值分摊赔偿;如不分摊,则以其联保基金充抵,取消其联保权利。[4] 但按原保费数额缴足的,则作重新入股论。由于联保保费低廉,入股者众,至1923年增至40余家,"民国十三年商团之役,所焚屋宇,依照保险定制,本不能赔偿,而该公会等竟能给赔半数。当时

① 杜沛端:《洋商扼杀华商早期保险业》,载中国人民政治协商会议广州市委员会文史资料委员会编:《广州的洋行与租界》(《广州文史资料》第44辑),广东人民出版社1992年版,第160页。

② 参见广州市地方志编纂委员会编:《广州市志》卷九(下),广州出版社1999年版,第432页。

③ 参见广州市地方志编纂委员会编:《广州市志》卷九(下),广州出版社1999年版,第432页。

④ 杜沛端:《洋商扼杀华商早期保险业》,载中国人民政治协商会议广州市委员会文史资料委员会编:《广州的洋行与租界》(《广州文史资料》第44辑),广东人民出版社1992年版,第160页。

所付会费,且较营业公司为廉,故投保者趋之若骛”①。

其他行业见联保业务大有可为,也先后组织多家联保公司,广州“火险联保”因此发展迅猛。1929 年,广州组织了全省商业联保公会。1929—1931 年间,在火险联保公会登记的有 26 家联保公司,具体名录见表 6.1。

**表 6.1　1929—1931 年广州市联保火险公会一览表**

| 特许证登记号 | 公会名称 | 所在地 | 创办人姓名 | 司理人姓名 | 签准发证日期 |
| --- | --- | --- | --- | --- | --- |
| 财字 11 | 东亚联保火险公会 | 广州同文路 29 号 | 何日新等 | 胡筱岩 | 1929 年 2 月 25 日 |
| 财字 12 | 环球联保火险公会 | 广州状元坊 66 号 | 谢芾南等 | 区善初 | 1929 年 2 月 26 日 |
| 财字 13 | 集益联保火险公会 | 广州新豆栏上街 16 号 | 简月明等 | 林玉衡 | 1929 年 2 月 27 日 |
| 财字 14 | 同益联保火险公会 | 广州新豆栏上街 16 号 | 简月明等 | 梁兆山 | 1929 年 2 月 27 日 |
| 财字 15 | 广东联保火险公会 | 广州旧豆栏 21 号 | 瞿存厚等 | 邹华甫 | 1929 年 3 月 7 日 |
| 财字 16 | 永平联保火险公会 | 广州十八甫 44 号 3 楼 | 李森等 | 林玉衡 | 1929 年 3 月 7 日 |
| 财字 17 | 合益联保火险公会 | 广州一德路 416 号 | 林河宇等 | 林河<br>陆晴生 | 1929 年 3 月 9 日 |
| 财字 18 | 溥源联保火险公会 | 广州怀远驿 12 号 | 苏立夫等 | 苏亮云 | 1929 年 3 月 9 日 |
| 财字 19 | 万益联保火险公会 | 广州第七甫 23 号 | 简霭云等 | 叶笑彭 | 1929 年 3 月 11 日 |
| 财字 20 | 普安联保火险公会 | 广州杨仁南 5 号之左 | 谭益之等 | 温舜琴 | 1929 年 3 月 10 日 |
| 财字 21 | 天福联保火险公会 | 广州杨仁新街 10 号 | 罗介眉等 | 梁桂谱 | 1929 年 3 月 13 日 |
| 财字 22 | 永泉联保火险公会 | 广州福德路 63 号 | 黄金泉等 | 袁璞山 | 1929 年 3 月 14 日 |

① 薛巩初:《广东保险情形纪略》,《太安丰保险界》第 2 卷第 8 期(1936 年 4 月 15 日)。

续表

| 特许证登记号 | 公会名称 | 所在地 | 创办人姓名 | 司理人姓名 | 签准发证日期 |
|---|---|---|---|---|---|
| 财字 23 | 利群联保火险公会 | 广州杨仁东 10 号 | 黄鼎如等 | 陈联 | 1929 年 3 月 18 日 |
| 财字 24 | 广平联保火险公会 | 广州太平桥 4 号 2 楼 | 方穗生等 | 潘文谷 | 1929 年 3 月 20 日 |
| 财字 25 | 利商联保火险公会 | 广州杨仁中 17 号 | 符泽生等 | 巫景芬 | 1929 年 3 月 20 日 |
| 财字 26 | 西亚联保火险公会 | 广州怀远驿 10 号 | 何乾汉等 | 何乾汉 | 1929 年 3 月 22 日 |
| 财字 27 | 南华联保火险公会 | 广州状元坊 105 号 | 李仁寰等 | 甘爵卿 | 1929 年 3 月 27 日 |
| 财字 28 | 永益联保火险公会 | 广州太平路 116 号 | 周介眉等 | 梁跃南<br>郑跃西 | 1929 年 3 月 30 日 |
| 财字 29 | 同安联保火险公会 | 广州一德路 340 号 | 邹华甫等 | 李植蕃 | 1929 年 3 月 28 日 |
| 财字 30 | 溢东联保火险公会 | 广州十七甫 74 号 | 徐宽民等 | 卢玉波 | 1929 年 4 月 10 日 |
| 财字 31 | 万安联保火险公会 | 广州状元坊 51 号 | 邹华甫等 | 冼碧云<br>潘芹生 | 1929 年 4 月 13 日 |
| 财字 32 | 冠球联保火险公会 | 广州第七甫 61 号 | 曾少皋等 | 曾少皋 | 1929 年 4 月 17 日 |
| 财字 33 | 全球联保火险公会 | 广州第七甫 61 号 | 曾少皋等 | 曾少皋 | 1929 年 4 月 17 日 |
| 财字 34 | 冠华联保火险公会 | 广州杨仁南 5 号 | 蔡寿朋等 | 刘蓓荪 | 1929 年 4 月 30 日 |
| 财字 37 | 共安联保火险公会 | 广州宴公街 48 号 | 黄秀舫等 | 陈咏南 | 1929 年 7 月 18 日 |
| 财字 89 | 公平联保火险公会 | 广州惠爱西路 117 号 | 周乐之等 | 周乐之 | 1929 年 12 月 23 日 |

资料来源:广东省地方志编纂委员会编:《广东省志・金融志》,广东人民出版社 1999 年版,第 247 页。

若从保险公司的几个基本要件和环节,如资本金、股东、保费缴纳及赔款赔付等来考量"火险联保",则可看出它有着与一般保险公司明显的不同之处:从资金来看,火险联保公司没有固定的资本金,运作资金由参加者凑集,资本总额以招收股本多少而定;从股东来看,联保公司的会员即为股东,即被保险人也是保险人;从保费和赔付来看,参保者无须按年缴付保险费,出险赔付由保户按股共同分摊。

所以,清末民初广州众多的“火险联保”公司虽冠以“公司”之名,但其实只是众多同业商户集结在一起的互助组织,与近代公司的运作之间还存在较大的距离,追根溯源还是中国传统社会民间集资互助“会”的变种①。与一般商业保险以利润追求为第一要义和终极目标不同,清末民初广州的“火险联保”具有集腋成裘、相互援济的突出特点,因而具有某些“慈善”的性质,这一性质特征从下面的培英联保火险公会章程中就能得到体现:“受保各店户,倘有别故或仗务,或风灾地震,或雷火焚烧,或地裂兵燹贼乱,或炸弹暗杀,或械斗以致遭焚者,保险通例,概不赔偿。惟本公会系兼慈善性质,如受保各店户,偶遭此害者,全间烧去,按照保本以五成赔偿;如未及一成,酌量补些少修葺费而已,倘过一成之外,仍以一成赔二成之例,复五折照伸。”②

这些“火险联保”公司以“集合广州市殷商富户、自卫团体,通力互助,联保火险”③为宗旨,本质在于以集体之力与不可期的火患灾祸作斗争,通过行业的自助互助谋求自保互保。

为了更有效地相互施救,联保公司还组建救火会组织,购置小型机动救火机等救火设施。1919 年,广州市各“火烛燕梳”(火灾保险)公司组织救火会,来保护各投保火险的店户。这样,“火险联保”在当时实际上发挥了民办消防组织的职能,成为城市消防体系中不可或缺的一部分。这种体现行业互助的保险组织并非广州所独有,天津、北京等地也先后出现过。1907 年天津鞋店

---

① 广州老一辈人说,近代广州民间素有“供会”的传统,做法是“会众”按月缴纳一定的“会份股金”,遇事(如生老病死、受伤)则可从“会”取得补助或无息借款。会有大小,设有“会头”,均算自愿参加。清末广东有些“会”,如为筹集丧事经费而设立的“长生会”发展得很大,一旦资金不济,就引发纠纷或诉讼。晚清广东知县杜凤治的日记中就有大量关于长生会纠纷的记载。

② 《培英联保火险有限公会章程》,《广州市政公报》第 154 号(1924 年 10 月 11 日)。

③ 《培英联保火险有限公会章程》,《广州市政公报》第 154 号(1924 年 10 月 11 日)。

业组织的"裕善防险会"①以及1909年北京典当业为预防火灾及意外而成立的"当行火险会"②,其实就都是这种渗透着行业共济意识的保险联合组织,它们与中世纪行帮的火灾相互保障有着较明显的承袭关系③,是传统行业互助组织的沿袭和在新的历史条件下变异的产物。

## 三、"火险联保"在广州的沉寂

随着"火险联保"在广州的繁兴,联保公司难免鱼龙混杂,其本身诸多"弊混"不断暴露,内部管理不善的问题日益突出,如"滥收会款,或以之饱个人私囊,藉供挥霍,或以之假名置业,从事投机"之事多有发生④。本来,"火险联保"主要是广州商民为抵制外商保险而设立的,这时,外国保险公司趁机对火险联保公司进行打击报复,一面重资雇用各地代理、经纪,增其回佣,许以厚利,以示笼络,同时大减保费,以广招徕;一面诋毁中伤华商保险公司,并采取高压手段,勾结当局,由广州市政厅财政局以联保火险事业"办理未善,防有流弊"为词,拟请将行业联保火险公司全部解散。⑤

1921年,广州市政厅通过市财政局的取缔火险联保公司提案,规定各火险联保公司须缴存保证金,并由财政、公安二局照案执行。1922年颁布的《广

---

① 1907年1月,由联兴斋、荣升恒、宝兴和、恒吉昌、同升和、同吉升等15家鞋店,由徐懋岩牵头,设立裕善防险会,并报天津商务总会立案批准。(参见中国保险学会、《中国保险史》编审委员会编:《中国保险史》,中国金融出版社1998年版,第54页。)

② 1909年,北京在思豫堂成立"当行火险会",每年规定有12家典当铺轮流值月班,承保对象为当铺质押品。保费不必按月交纳,只按8厘行息存放于各会员处。遇有某会员典当铺失火,则由会员按保额摊赔。(参见中国保险学会、《中国保险史》编审委员会编:《中国保险史》,中国金融出版社1998年版,第54页。)

③ 吴越:《火灾联保公司的兴衰缘由》,《上海保险》1997年第11期。

④ 杜沛端:《洋商扼杀华商早期保险业》,载中国人民政治协商会议广州市委员会文史资料委员会编:《广州的洋行与租界》(《广州文史资料》第44辑),广东人民出版社1992年版,第162页。

⑤ 杜沛端:《洋商扼杀华商早期保险业》,载中国人民政治协商会议广州市委员会文史资料委员会编:《广州的洋行与租界》(《广州文史资料》第44辑),广东人民出版社1992年版,第162页。

州市取缔经营火烛保险事业公司暂行规则》规定:“凡经营火烛保险事业之公司,须向市政厅财政局注册,方准营业”,“凡经营火烛保险事业之公司于不履行赔偿义务时,除将所缴存之保证金赔抵投保者外,仍追究该公司”。[①] 同年,《广州市取缔投买火烛保险规则》规定:“凡在市内投买火烛保险者所投买之金额,不得超过被保险财产之价值。凡在市内投买火烛保险者,须将保险金额实数及保险业者之商号用木质或铁质版书明,钉挂门首。”[②]

1923 年 12 月,鉴于冠球、全球联保“滥收会款”“以饱私囊”或“假置业之名从事投机”,致使“会款亏空情弊百出”,广州市财政局奉市政厅命令取缔冠球、全球等联保火险公司:“查市内各联保火险公司,以冠球全球会股为最滥,弊混亦最甚。冠球公司自第一期起,至第一三九期止,收会份八千零三十九股,计共收二十万零零九百七十五元。全球公司自第一期起,至第一零五期止,共收会份三千五百一拾七股,计共收银八万七千九百二十五元……滥收会款,或以之饱个人私囊,藉供挥霍;或以之假名置业,从事投机;致政府饬令将会款提储指定银行,暨缴纳保金各办法,概未能遵照办,足为会款亏空情弊百出之确据。……职局此次照案再缔市内联保火险公司,原为保护市民财产起见,一再变更办法,已属格外通融,乃该公司等竟玩视功令,概置弗恤,自非将其营业制止,无以杜弊混而护民财。”[③]

冠球联保公司是广州素负盛名的一家火险联保公司,至此也问题频现,沦为“弊混最甚”的一家,这昭示着火险联保行业已经危机四伏。国民政府为保护市民财产和维护社会安定起见,不得不对之严加管理。

1924 年 6 月,《广州市财政局布告取缔广州市联保火险保险公会暂行规

① 《广州市取缔经营火烛保险事业公司暂行规则》,载周华孚、颜鹏飞主编:《中国保险法规暨章程大全(1865—1953)》,上海人民出版社 1992 年版,第 77 页。

② 《广州市取缔投买火烛保险规则》,载周华孚、颜鹏飞主编:《中国保险法规暨章程大全(1865—1953)》,上海人民出版社 1992 年版,第 78 页。

③ 《指令财政局据呈报取缔本市冠球等联保火险公司办法仰如议办理由》,《广州市政公报》第 110 号(1923 年 12 月)。

则十条》公布,其中规定:“凡联保火烛险之公会,于停业前,须呈请市财政局核准,并派员查确,经依法清算,并无未行之义务,即得所缴存之保证金发还”①,但其中“不许联保火险滥称公司”遭到各行商董的强烈抗议,后双方达成妥协——联保公司改称联保公会,市政府准其继续存在,但需缴交保证金。保证金较少的联保公会信用渐低,相继停止营业。

20世纪30年代开始,国民政府广州市公安局已设置有消防科和消防队。随着广州城市建设的加快、马路的开辟,交通变得顺畅起来,日间若有火警发生,救火车一般能迅速赶到;简陋的木屋店铺也有部分改造成为钢筋水泥建筑,竣工后的建筑则易被中外保险公司接受承保;粤汉铁路的建成通车和轮船招商局兴革后增开珠江航线,使得上海各大银行、保险公司纷至沓来,在广州开设分支机构,而银行大都附设保险公司并代理保险业务,②“火险联保”难与之竞争,因而渐趋式微,无可挽回地走向了衰落。1930年6月,因东亚联保火险公会结束保险业务一年后仍未按规定将清理办法报告官署,国民政府广东省政府发出训令通缉该公会创办人叶启明等15人,各店铺遂对火险公会失去信心。“火险联保”从此江河日下,一蹶不振。本来火险联保公会原章程规定,每遇火灾赔款,按股分摊,限期缴交,但不少店铺不予理会,听任公会从其预缴的会底银中扣抵,以便退出联保。这样一来,联保公会基金逐渐减少以至枯竭。1935年,股底最大、办理最久之冠球、全球联保公会,亦不得不自行清盘结束。③

抗战全面爆发后,广州很快陷入敌手。广州沦陷期间,各火灾联保公司均难以为继。集益联保公会自日军入侵广州后即停止营业,变底清盘,赔偿基金

---

① 《广州市财政局布告取缔广州市联保火险保险公会暂行规则十条》,载周华孚、颜鹏飞主编:《中国保险法规暨章程大全(1865—1953)》,上海人民出版社1992年版,第82页。

② 吴越:《火灾联保公司的兴衰缘由》,《上海保险》1997年第11期。

③ 杜沛端:《洋商扼杀华商早期保险业》,载中国人民政治协商会议广州市委员会文史资料委员会编:《广州的洋行与租界》(《广州文史资料》第44辑),广东人民出版社1992年版,第164页。

按股摊还,逾期未领的55万元,于1944年8月移交方便医院。[①] 鉴于联保方法不合时宜,抗战结束后政府未准复业。兴盛一时的“火险联保”在广州逐渐销声匿迹,这也是一种社会的自然淘汰。

## 四、对广州“火险联保”的认识和评价

“火险联保”以其独特的经营方式在20世纪初期为广州众多中小商户提供了切合他们需要的财产保障,其繁荣发展不仅使原本受拒于外商保险公司的商户能得到一份财产安全的保障,而且使众多华商公司得以从外商保险业对广州财产保险的垄断中分得一杯羹,客观上有利于广州地区保险业乃至中国民族保险业的发展。

但是,“火险联保”毕竟是当时中国尚欠发达的保险市场的产物,还只能算是一种比较原始的行业火灾互救组织,与现代的火灾保险存在着颇大的距离,二者不可相比。由于没有经过严格的保险核算,不是建立在科学的保险学理基础之上,更谈不上有效的行业管理,“火险联保”公司具有一系列与生俱来的严重缺陷,尚无法纳入现代保险体系的范畴。随着其赖以存在的客观历史条件发生变化,“火险联保”的原始性、落后性愈来愈暴露,愈来愈不合时宜,最终被淘汰出局。这就是历史新陈代谢的逻辑。

清末民初广州“火险联保”的兴盛反映出广州乃至中国民间社会强劲的保险需求以及现代保险理念尚未为广大民众接纳的社会现实。“火险联保”就成为特定时期特定区域迎合民众保险需求的特定保险形式,成为现代意义的财产保险被这些地区广泛接纳前的过渡形态。

从某种意义上可以说,“火险联保”是广州地区广大商民的现实需要呼唤出来的、具有鲜明本土色彩的火灾保险形式,是西方现代保险制度传入中国后广州民间社会的一种自觉应对。这一保险形式不失为粤地商民的一种创造,

---

① 广州市地方志编纂委员会编:《广州市志》卷九(下),广州出版社1999年版,第433页。

这种创造既有对旧时行会互助共济传统的继承,又有对现代保险理念的吸纳。

清末民初广州“火险联保”的短暂兴衰史为日后民族保险业的发展提供了甚为宝贵的经验教训。

## 第二节　民国时期闽粤的“人寿小保险”

民国时期,福建、广东等地盛行一种颇为特别的保险形式——“人寿小保险”。在包括寿险在内的现代保险业已经大举进驻中国的民国时期,这种有着浓郁中国传统特色的小保险却依然能在闽粤大地大行其道,一度显示出其旺盛的生命力,甚至敢与众多业界实力巨商比试高下。在盛行了二三十年后,这种“人寿小保险”又急遽地走向衰落直至消亡,成为历史的匆匆过客。作为特定历史时期的保险存在,“人寿小保险”以其承接传统与现代、勾连中国与西方的鲜明特点在中国保险史上占有一席之地。

### 一、“人寿小保险”在闽粤的兴盛

民国时期的“人寿小保险”由民间的“百子会”“父母轩”等演变而来,其渊源可上溯至古代手工业行会组织的类似保险性质的互助团体,如“寿缘会”“长寿会”,又如宗族祠堂组织的“宗亲福利会”等。入会者平时按月交纳一笔资费,建立基金,若遇会员本人或亲属身故,则可获得殡葬和抚恤金。“安家防老为人生之最要问题,自古以来,莫不如斯。故吾人在少壮之时,应未雨绸缪,以作将来自身及家人生活维持之准备。惟天有不测风云,人之生命亦犹是也,设一旦发生不测,则一切安家防老之计划,均归失败,社会人士发觉是弊,乃有雏形之人寿保险办法之出现,即结合多数人,每人摊缴的款,集成基金,以作夭亡安葬,及其家庭维持之费用,此即所谓友谊会及殡葬会社之组织。”①这

① 张诚:《调查福建小额人寿保险之情形及其失败原因》,《简易人寿保险》第 1 卷第 1 期(1936 年)。

类民间经济互助组织,以“养生送终”为旨趣,与低下的生产力水平相适应,其间已蕴含着朴素的保险思想元素。

进入近代,现代保险业理念从西方传入中国。其后,中国的民族保险业也随之兴起。到了民国时期,在寿险业方面,已有华安、宁绍、康年、泰山、先施、永安、友邦等华洋大公司在上海等地拓展业务。这些公司对投保者均有验体要求,且每月缴纳的保费数目不菲,故保户一般只限于资财较裕的人士。在此情况下,另一种为适应广大市民“济急缓困”之需而开设的“人寿小保险”,就在华洋寿险业的夹缝中顺势而生,并迅速开拓出一片属于自己的天地。

“人寿小保险”之主要特色就在于其“小”:“由投保人按月纳资于保险业者,遇投保人病故或受损害时,每名赔偿款项在三百元以内者,为小保险营业。”①民国时期,“小额的人寿保险在我国的福建,很是发达”②。在广东也是繁盛一时,其强劲势头甚至令保险界巨商遭遇阻滞,引起了经济界尤其是保险界的关注。

近代的“人寿小保险”“始创于福州”:“民国六年,福星人寿小保险公司之诞生,实为小保险事业之嚆矢”③。鉴于“寿险之纳费过巨,非一般人力所能及”,福星公司乃以“月纳一元之方法,不用医生验体,规定十个月内出险,只还原本,十个月外出险,赔五十元,逐渐增加,至一百五十个月为满,偿还二百元”④。这种小保险因纳费低廉、手续简便广受欢迎,业务因之蒸蒸日上。福星公司全盛时每月经收保费约万元,保费积存金达六十万元。许多商人察觉到其间利之所在,于是竞相仿效。“华南储蓄银行”本是福州一家本土的商业银行,亦创设“保寿部”来兜售“人寿小保险”。一些公益性互助组织,如行帮

---

①　王正莘编:《中国之储蓄银行史》,载沈云龙等主编:《近代中国史料丛刊三编》第44辑第436种,(台湾)文海出版社有限公司1988年版,第494页。

②　沈云龙等主编:《近代中国史料丛刊三编》第42辑第418种,(台湾)文海出版社有限公司1988年版,第447页。

③　《中国保险年鉴·1937年·上编》,第11页。

④　沈雷春:《中国金融年鉴》,1939年1月22日,第A130页。

之“百寿会”“百龄团”等则干脆变身小保险,冠以“××百寿储蓄会”“××长寿会”等名号。福建的“人寿小保险”如雨后春笋般滋长起来。

据1937年《中国保险年鉴》统计,至1933年6月底,福建省内先后设立的“人寿小保险”公司有福星人寿小保险公司、华南银行储蓄百寿会、寿源百寿会、仁寿堂长寿轩、福田保寿保险、同康百寿会、有利保险公司、大年保寿公司、大中保寿储蓄公司、福康保寿公司、长康百寿会、怡康保寿储蓄公司、乾康慈善百寿会、福华百寿会、南昌保寿储蓄公司、福昌保寿公司、福明保寿储蓄公司、永安保寿储蓄公司、健安保寿公司、益昌保寿公司、南山保寿公司、福同保寿公司、昇平保寿公司、公平保寿储蓄公司、大有保寿储蓄公司等25家①,此外,尚有福南、利群、福昌、木帮预章、同业、彬年、颐俦、乐和、恭颐、奭颐等小保险公司10家。签订的参保合约达20多万份,参保储户数超过6万。而同期国内华商寿险总量却未及福州寿险的一半。②

民国时期的广东也出现了“人寿小保险”。晚清时期,广东民间已普遍存在长生会等组织。据同治年间广东知县杜凤治的日记记载:同治年间,在南海、番禺、东莞、顺德、香山、新会等县皆有长生会,其办法为“每一人每一次收银六分,共收一百八十次以后不收,及此家有人死,往取丧葬之赀,会中给银二十两”③。每次收银6分,180次则收1080分。照清代衡制,实为10.8两,而在死后可取丧葬之资20两,明显远远高出所纳之银。民国时期广东的人寿会即由此类民间组织递变而来。关于人寿会的缘起,东莞《济川善堂人寿会弁言》有论:“古人云:死生亦大矣,天道循环,在所不免。惟最可悯者,贫民耳。夫贫民环景之恶劣,人所共知,仰不足以事父母,俯不足以蓄妻子。一旦疾病纠缠,束手待毙。语云:未知生,焉知死。身后之事,更何以堪。言念及此,故

① 《中国保险年鉴·1937年·上编》,第11—12页。

② 许建平:《福州“小保险”揭秘(上)》,《上海保险》2005年第5期。

③ 杜凤治:《望凫行馆宦粤日记》,载广东省立中山图书馆、中山大学图书馆编:《清代稿钞本》第13册,广东人民出版社2007年版,第353页。

人寿会所当急谋组织也。”①其具体手续为，“凡本乡及各乡男女贫富在十六岁以上者，皆可入此会为会员。限收四百份，每份于初入会时先缴一次过基本金陆毫，自后每年中如遇本会会员身故者，则每份缴会费银二毫。由第一次供至二百五十次为第一期，报故者得以收回银陆十元，由二百五十一次供至三百次为第二期，报故者得以收回银七十元，由三百零一次供至三百五十次为第三期，报故者得以收回银八十元，由三百五十一次供至四百次为第四期，报故者得以收回银九十元，如供满四百次为第五期，不用报故者得以收回银一百元，该身故会员之亲属领银时须依期数领回，以为丧费之用”②，观其性质即“为小规模之人寿保险”③，供会方式与前面杜风治提及的长生会颇为接近。由于入会方便，收费低廉，给付保险金之数额大体能适应贫苦民众身后丧葬之需，“以是贫民多利赖之，一会动辄招收认会者多至数十百万户，流行社会已极普遍”④。鼎盛时期，广州曾有人寿会30余家，并设有研究协调人寿会有关事宜的行业组织——人寿会联合会⑤。

除福建、广东之外，当时的天津、北平、上海等地也都出现过此类“人寿小保险”。如，天津方面，“有利华及宏济人寿小保险公司，而利华公司曾在北平及上海开设分公司”⑥，极盛时“天津市乃有不及一年而呈请设办寿缘会者四十起之多”⑦。上述地方的“人寿小保险”公司数量众多，势头劲健，有敢与业

---

① 《济川善堂人寿会弁言》，广东省档案馆藏财政厅档案，档号：4-2-120。济川善堂人寿会开办年份不详，此档时间标为1931—1949年。

② 《济川善堂人寿会简章》，广东省档案馆藏财政厅档案，档号：4-2-120。济川善堂人寿会开办年份不详，此档时间标为1931—1949年。

③ 《梁参事冰弦提议拟请饬下主管机关设法取缔人寿会案（附提议书）》（1937年4月），广东省档案馆档案，档号：10-4-730。

④ 《梁参事冰弦提议拟请饬下主管机关设法取缔人寿会案（附提议书）》（1937年4月），广东省档案馆档案，档号：10-4-730。

⑤ 中国保险学会、《中国保险史》编审委员会编：《中国保险史》，中国金融出版社1998年版，第84页。

⑥ 《中国保险年鉴·1937年·上编》，第12页。

⑦ 丁佶：《寿缘会——一种病态的人寿保险》，《寿险界》第2卷第3期（1934年6月）。

界巨商抗衡之势。由于业务繁盛,广东、福建等地还出现了协调行业内部事宜的同业组织和专门的监管机构。银行、商帮等也竞相争抢“人寿小保险”业务,这在福建表现得至为突出。

民国时期“人寿小保险”何以会呈现如此繁盛的景象?究其主要原因,当有如下几方面。

首先,与“人寿小保险”的营业特点相关。“人寿小保险”月缴保费较低,无须检验身体,投保手续简便,年龄限制也相对较为灵活宽松①,符合一般市民的承受能力和需要。而这一时期的业界巨商,“保额多定最少一千元,且不售保单五十五岁或六十岁以上之人,公司销售致力于中上阶级”②,这就令当时生活困顿的低收入群体望而却步。但这一群体对生活上“养生防老”“送亡恤孤”之保障的需求,较之中高收入群体,实更形迫切。而当时的国民政府也远没有能力建立起一套社会保险制度体系,来覆盖对他们的基本保障。所以,在寿险大公司事实上将他们排斥在受保对象之外时,是“人寿小保险”公司及时为之提供了几乎是量身定做的保障。对于他们而言,“人寿小保险”不啻是避风良港,因而成为他们趋之若鹜寻求庇护的所在。

其次,与普通民众对保险的认识水平也有一定关系。“人寿保险之来斯邦,虽已历数十年”③,但中国民众“凡提到死字,便会引起一种可怕的憧憬,由

---

① 多数规定入会者年龄须在四十岁以上(丁佶:《寿缘会——一种病态的人寿保险》,《寿险界》第2卷第3期[1934年6月]),济川善堂人寿会则规定十六岁以上(《济川善堂人寿会》,广东省档案馆藏财政厅档案,档号:4-2-120),国民政府福建省政府建设厅颁布的《小保寿公司或百寿会投保章程准则》规定,“凡年在十二岁以上五十五岁以下,无论男女,身体健康者,均可投保,但不得混报年龄”(王正莘:《中国之储蓄银行史》,载沈云龙等主编:《近代中国史料丛刊三编》第44辑第436种,(台湾)文海出版社有限公司1988年版,第501页),“凡年在五十六岁至六十岁及年在八岁至十一岁者亦得投保”,但赔偿额与十二岁至五十五岁有所不同(王正莘:《中国之储蓄银行史》,载沈云龙等主编:《近代中国史料丛刊三编》第44辑第436种,(台湾)文海出版社有限公司1988年版,第503页)。

② 丁佶:《寿缘会——一种病态的人寿保险》,《寿险界》第2卷第3期(1934年6月)。

③ 顾君长:《国人何以大多未能利用人寿保险之我见》,《太安丰保险界》第6卷第1期(1940年1月1日)。

于这种不测事情的忌讳或否定，以致人寿保险未能获得一般人的接纳”①。民国初期，迷信旧俗虽然受到了一定的冲击，但科学知识尚未普及，迷信观念依然炽盛，加上保险知识宣教的滞后，以致20世纪二三十年代不少国民依旧“以投保寿险为不吉祥”②，“揣测人寿保险必富于投机或赌博性”③，或为“敷衍情谊的工具”④，或根本上就是一种欺骗行为：“又有若干人士之成见，乃起于在保险费尚未缴足三年者，分文不能退回，遂坚认保险公司志在骗财而已”⑤。根植于封建旧俗的迷信观念和对人寿保险业深深的隔膜，成为制约现代保险意识生成的屏障，严重制约着民众对现代人寿保险制度的认同和接纳。而“人寿小保险”由古已有之的民间经济互助组织演变而来，渗透其间的朴素的互助性对普通民众有着惯性的吸引，而不太会令他们产生观念上的反感乃至抵触；主要为解决民众“生养死葬”之需的“人寿小保险”与中国“注重开丧成殓，出殡安葬”⑥的旧俗颇相契合，因而易于为民众所接受。

再次，与“人寿小保险”的传统经营方式亦不无关系。近代“人寿小保险”多借助传统的互助组织如“合会”为依托，开展业务。作为一种民间互助组织，合会在中国由来已久，其主旨在自助、互助，所以在一定程度上能起到慈善助益、通融资金兼储蓄的作用。清末民初，时局纷扰，商贸繁盛的福建等地，各界痛感“伙友”月得数金之资，如何养生无亏、送死无憾，目睹同道中寒素之人，辛劳一生，待仙逝之日，求告无门，身葬居然都成问题，皆恻然而心悯，“而义不忍坐视，为良善之法，以济同业之人”。“父母轩”即为商帮为老之将至的

---

① 上海市社会局编：《上海之商业》，载沈云龙等主编：《近代中国史料丛刊三编》第42辑第418种，（台湾）文海出版社有限公司1988年版，第461页。

② 王晓籁：《人寿保险在工商界的贡献》，《人寿》第2号（1933年7月10日）。

③ 顾君长：《国人何以大多未能利用人寿保险之我见》，《太安丰保险界》第6卷第1期（1940年1月1日）。

④ 王晓籁：《人寿保险在工商界的贡献》，《人寿》第2号（1933年7月10日）。

⑤ 顾君长：《国人何以大多未能利用人寿保险之我见》，《太安丰保险界》第6卷第1期（1940年1月1日）。

⑥ 丁信：《寿缘会——一种病态的人寿保险》，《寿险界》第2卷第3期（1934年6月）。

职员,或其父母,或其所赡养的长辈所设。入会者月纳数资,期满健在者可领取一笔数目不小的钱款,谓之收"喜轩",届时会社则会制奉上一匹五尺红布,取意吉祥,作为贺寿之礼。若纳资后身故,则按规定可支领一笔应付丧葬事务的钱款。其做法与用意,与近代人寿保险相似,甚至可以说,就是简易寿险在中国的本土化。① 正是这种鲜明的本土化特色,使得"人寿小保险"颇受时人追捧,业务因之大为发展。

最后,福建、广东地处沿海,商贸繁盛。随着经济的发展,这些地方产生了近代较早的产业工人,他们和城市中的商店职员、小企业主、商贩、体力劳动者等都急需方便简捷的小保险为之提供生活保障。另外,福建等地商帮林立,许多小保险就是凭借商帮的威势,成为地方商帮的垄断性行为,而这也是大保险公司一时难以逾越的壁垒。② 更何况本地商帮深谙社会民情、风化习俗,因而业务开展更能切合民众的实际要求,往往容易做大。

但是,"人寿小保险"繁盛景象的背后存在诸多问题,由于其"非依科学方法",业内的无序竞争愈演愈烈,其内部诸多隐患亦不断堆积并愈来愈显现。风行一时的"人寿小保险"盛极而衰,终至从历史舞台黯然退场。

## 二、闽粤"人寿小保险"的衰落

早在晚清时期,广东的人寿会就纠纷不断。晚清广东知县杜凤治的日记中就有大量关于长生会纠纷的记载,如"同治十年初四日,神安司钟咏来见,为老人会滋事,挟仇聚至数千人"③,"同治十年八月十二日,神安司长生会事,系刘某纠众人之钱,应付不出,引起三四千人闹事,土匪乘机抢劫"④,"同治十

① 参见许建平:《福州"小保险"揭秘(上)》,《上海保险》2005 年第 5 期。

② 参见许建平:《福州"小保险"揭秘(上)》,《上海保险》2005 年第 5 期。

③ 杜凤治:《望凫行馆宦粤日记》,载广东省立中山图书馆、中山大学图书馆编:《清代稿钞本》第 13 册,广东人民出版社 2007 年版,第 340 页。

④ 杜凤治:《望凫行馆宦粤日记》,载广东省立中山图书馆、中山大学图书馆编:《清代稿钞本》第 13 册,广东人民出版社 2007 年版,第 353 页。

年九月二十六日,神安司巡检钟咏询禀见,言长生会等事,勒令会首按股归还”①,“同治十一年三月二十六日,绅士黄嘉端干预长生会事”②等。

到20世纪20年代,广东的人寿会弊端不断凸显,问题越来越令人忧虑,“频年均有倒挞,贻累贫民,动逾数万”③。面对这种情况,国民政府不得不予以取缔,饬令一些经营不善的人寿会停业,把会金退还。但实际上,经营不善的人寿会并无能力足额或高比例退还会金。1924年,国民政府广州市公安局认为简单化的做法不仅不能保护贫民利益,反而使他们遭受更大损害,因而要求国民政府改变办法,对人寿会予以“救济”,允许其在一定时间内继续运作,并给予一些帮助。这从时任国民政府广州市市长孙科向时任国民政府广东省省长廖仲恺的呈文中可以看到:

查各人寿会,原章确有未善之处,若官厅徒知取缔,而绝不思一平允方法以救济之,似仍未足以杜倒挞之害,而所谓维持贫民,即亦适得其反。……至于官厅取缔办法,若因各会办理不善,虽可勒令停业,将会派回认会之人,而查核各会,现有基金产业,类皆为数有限,以之分配派还,计每份得回之款,最多不过数元,少者不过数角。窃恐一经实行,难免一路痛哭,贫民何辜,忍令至此。……职局既负监督之责,欲免贫民受累,当保各会安全。欲期各会安全,应予根本救济……据报广州人寿会一间,又于本月二十三日倒挞,其永安人寿会一间,亦几牵动垂倒。似此若非从速维持,窃恐愈倒愈多,前仆后继,虽欲取缔,亦无能为。④

① 杜凤治:《望凫行馆宦粤日记》,载广东省立中山图书馆、中山大学图书馆编:《清代稿钞本》第13册,广东人民出版社2007年版,第422页。

② 杜凤治:《望凫行馆宦粤日记》,载广东省立中山图书馆、中山大学图书馆编:《清代稿钞本》第14册,广东人民出版社2007年版,第64页。

③ 《呈省长据公安局呈复人寿会碍难遵办情形由(1924年1月2日)》,《广州市政公报》第111号。

④ 《呈省长据公安局呈复人寿会碍难遵办情形由(1924年1月2日)》,《广州市政公报》第111号。

作为人寿会的主管机关,当时的国民政府广东省公安局也曾采取过一些措施,如对死亡会员按会章规定“八折支发寿金”,规定各人寿会经费开支限额和员工薪金“减照八折支给”,“俾稍缩小开支”。1931 年 7 月,国民政府广东省公安局发布的一则布告就提到了这种做法:据广州市人寿会社研究公会主席委员黄玩民呈报,当时的“羊城人寿会于民十八年冬以赔累过多,势成破产”,广州市人寿会社研究公会呈准其“将该会保产屋业两间批销由公会所属八家变价维持”,但“自接办后,会友死亡更甚,变价之款早已交罄,由公会垫借二千余元,由各家垫借四百余元,仍属不敷”,加上近期“霍乱症流行,会友报故增倍,入不敷支,以前接办该会时,同业尚有八家,现在倒闭停业者将半,各自顾不遑,实无余力救济”。面对这一窘境,公会“请援照维持同济人寿会办法”,“将羊城公记人寿会以后身故会友寿金八成给发”,这样“于投会人虽略减少利益”,“但为互相维系,以免倒闭,贻累贫民起见”,“尚属可行,应予照准,俾资救济”。①

面对愈来愈多的人寿会收不敷支、难以维系,1934 年 3 月,国民政府广东省会公安局局长何荦援照同济、羊城等人寿会的做法,发布布告要求万年、两广两人寿会“八折支发寿金”。为了“缩小开支”,还饬令两会“所有办事人薪金”“嗣后一律减照八折支给”:

> 案查前据广州市人寿会社研究公会以万年、两广两人寿会因收不敷支,亏折巨万,须时变会产方能支给寿金,长此不变,恐难支持,拟援照同济、升平、羊城、广生等会办法八折支发寿金,以资救济,等情具呈到局,当经批行各该管分局查明该万年、两广两会确系收不敷支等情,具复前来。查该两人寿会既属收不敷支,若非予以救济,必难持久,该公会所请援照同济升平羊城广生四会办法,嗣后凡会员报故,拟照原章八折核给寿金,于投会人虽略减少利益,然因予照办,俾

① 《广州市关于执行取缔人寿会提案训令及对上述问题办理的报告》,广州市档案馆档案,档号:10-4-730。

资维持,惟在未核准八折支给以前,该会如欠会员寿金,仍应十足发给,以明界限。至该两会所有办事人薪金,并限嗣后一律减照八折支给,俾稍缩小开支,用资持久。①

但终因结欠应付保险金太多,上述诸般措施均不能有效解决问题。

1934年,广州市人寿会社研究公会主席委员姚惠民向国民政府广东省公安局“呈恳羊城公记人寿会因收不敷支,请赐示定办法,俾支危局”。7月,国民政府广东省公安局作出批示,“查核所陈各节,虽属实在情形,但各会对于该会从前既善意维持于前,现在自不能卸责于后,应责成各会勉力其难,照旧共同负责继续维持,免任倒闭,至称该会常因迟给寿金,发生纠纷一节,俟行长寿分局随时妥为劝谕调处可也。”②但因为人寿会先天的问题太多,积重难返,此时已不可能找到根治之法。“人寿小保险”行业的颓势已是无可挽回。

1935年5月,国民政府广东省公安局再次批准,羊城公记人寿会每月收入款项,除新报死亡者每份给五元,其余照份数,用于平均偿还已故会员的旧欠保险金。③ 一些按规定年限尚未缴足保险费的会员,明知人寿会已无力给付保险金,想停缴保费又怕丧失会员资格,只得勉强续费。

鉴于各人寿会及小保险公司经营中出现的愈来愈严重的问题,国民政府广州市政府遂决定“取缔”“人寿小保险”:“广州市内各人寿会及各保险公司,近来对于做会及购保者,寻瑕索瘢,稍有借口,辄扣成发付”,“类多以调查未得明确,为藉端宕延,务令主事者,久候难堪,然后嗾旁人从中说法,教以减收成数”。其实,“主事者,既待该款以为丧葬,或复业之资”,“自不耐忍候,遂堕狡计,任令中饱,无敢申诉”,这样被侵蚀寿金“至半数者”,“情同诈骗”。因

① 《广州市关于执行取缔人寿会提案训令及对上述问题办理的报告》,广州市档案馆档案,档号:10-4-730。

② 《广州市关于执行取缔人寿会提案训令及对上述问题办理的报告》,广州市档案馆档案,档号:10-4-730。

③ 《广州市关于执行取缔人寿会提案训令及对上述问题办理的报告》,广州市档案馆档案,档号:10-4-730。

此,“责令各人寿会及保险公司,嗣后有人报到,立须派员调查,不准延搁,否则作为自误误人。无论如何,均须给足会款及保项,倘有特别情形,准事主报请警区存案,由殷实铺店具保请款,以免被其延诱欺骗云”。①

1937年7月,鉴于“人寿会社之组织根本错误,不合经济原理”,“任何严密的取缔亦属无济于事”,国民政府广州市政府训令社会局不准接受增设、已设立且尚存在的人寿会饬令其结束:

> 查人寿会原属保险事业之一种,其在广州市设立泛人寿会社,前于二十四年二月间曾奉钧会令饬办理,旋经职厅详细审查,认定此种人寿会社之组织根本错误,不合经济原理,微论予以任何严密之取缔亦属无济于事,经先后于同年五月八日及十六日呈复察核,拟采消极整理办法,对于此种人寿会社一律禁止增设,其已设立而尚存在者饬令结束,发交善堂商会会同妥拟清理结束。……各人寿会社账目责令自行整理,如不能自行整理,由局会同市商会律师公会会计师公会派员清理。②

经过如此整顿,陷入困顿的“人寿小保险”行业更是一派“奄奄之象”③。国民政府广东省财政厅、广州市社会局的调查资料表明:至1937年,广东省内高要县设有城内33社社丁联合长生互助会、城西24社坊民互助长生会、桃溪长生人寿会3家,东莞县第九区济川乡济川善堂人寿会1家。④ 广州市仅存万年、羊城公记、升平、广生人寿会4家,且均属负债经营,濒临破产边缘。⑤

---

① 《市府取缔人寿保险公司》,《广州市政公报》第300号(1928年8月)。

② 《广州市政府训令取缔人寿会办法(1937年7月)》,广州市档案馆档案,档号:10-4-827。

③ 《广东省财政厅呈复省政府关于本厅整理人寿会社经过情形请察核由(1937年6月24日)》,广东省档案馆藏财政厅档案,档号:4-2-120。

④ 广东省地方志编纂委员会编:《广东省志·金融志》,广东人民出版社1999年版,第235页。

⑤ 中国保险学会、《中国保险史》编审委员会编:《中国保险史》,中国金融出版社1998年版,第84—85页。

昔日的繁盛景象已无法重现,广东人寿会无可挽回地走向了没落。

福建人寿小保险业经营中的问题也日益暴露,国民政府福建省建设厅为此专门设立小保险监理处,对小保险业进行指导、接管和合并工作,“福建省政府以小保险业情形不稳,遂发布停止新招命令,以便着手整理,乃各公司仍有私招保户之事实……二十四年四月简易人寿保险法公布,对于此项小保险业应归取缔之列,惟因该小保险办理已十余年,一旦限令结束,保户受亏更大,由建设厅订定办法,对于无可维持之公司,暂归监理处整理,其可维持者由各公司自行负责清理,仍归监理处监督,一面禁止招收新户,及严禁设立新公司,免与法令抵触,均经实行办理矣”①。各公司相继加紧收缩清理,“人寿小保险”在福建已接近尾声。

福建小保险业“自民国六年冬间迄民国二十四年止,约有十七八年之历史,公司共有三十家,保户几近十万,而其结果趋于失败”②。关于福建“人寿小保险”盛极而衰的原因,时人有此分析:

甲、无预定之死亡率。查保险费系由死亡率及利息推算而得,各公司所定满期给付保额,超出所纳保费者四分之一,多者数倍于保费,并未厘订预定死亡率,亦未按科学方法计算,致公司支出,毫无标准,盈亏难计,虽收款可以生息,设遇死亡率过高,即无法维持,其失败固意中事也。

乙、无规定责任准备金。查责任准备金为寿险必备之条件,各公司大半未有设置,致给付保额时,临时张罗,亦其失败之一因。

丙、投资不得法。查保险业收存之现金,贵在活动,即投资于生利方面,亦应择其易于脱手者经营,查阅福建各小保险公司资产表内

① 张诚:《调查福建小额人寿保险之情形及其失败原因》,《简易人寿保险》第1卷第1期(1936年)。

② 张诚:《调查福建小额人寿保险之情形及其失败原因》,《简易人寿保险》第1卷第1期(1936年)。

投资于不动产约占负债之半数,万一遇有临时急需,其数超过所存现金者,变卖不动产自感为难,对外信用日坠,至为明显。①

其实,这一分析也适用于解释整个小保险行业的衰落。1937年,国民政府广州市政府训令社会局取缔人寿会的文件也强调“此种人寿会社之组织根本错误”在于“不合经济原理”②。现代保险业的经营是建立在概率论和大数法则的基础上③,有其严密的内在运行机理。具体说来,就是根据大数法则,对保险事故可能发生的概率进行估计;对事件发生所造成的损失进行预测;保险人或保险机构以此确定保险费率;投保人交纳保险费或以其他方式建立保险基金;一旦约定的保险金赔付的条件成立,被保险人或受益人就可以获得一定的经济补偿。④ 比照上述“人寿小保险”,则不难看到,他们并没有依循保险业的内在规律,“办法多属简陋”⑤。前引有关福建“人寿小保险”失败的数点原因,即可归结为经营上“非依据科学方法”⑥。这正是“人寿小保险”行业的致命缺陷,也是“人寿小保险”衰落的重要原因。

业内无序的竞争,也严重干扰着“人寿小保险”业务的正常开展。“人寿小保险”一开始是以互助共济为宗旨,后来随着越来越多的“人寿小保险”公司开办起来,难免鱼龙混杂,互助的宗旨也因此发生变化,逐步演变为以营利为主,其中不乏蓄意设局行骗的“棍骗”⑦。许多商人为利所趋,纷纷投资于“人寿小保险”,但他们并没有依照人寿保险死亡率来确定科学的保险费率,也

---

① 张诚:《调查福建小额人寿保险之情形及其失败原因》,《简易人寿保险》第1卷第1期(1936年)。

② 《广州市政府训令取缔人寿会办法(1937年7月)》,广州市档案馆档案,档号:10-4-827。

③ 许谨良主编:《保险学原理》,上海财经大学出版社2005年版,第9页。

④ 董昭江:《现代保险企业管理》,人民出版社2003年版,第20页。

⑤ 张诚:《调查福建小额人寿保险之情形及其失败原因》,《简易人寿保险》第1卷第1期(1936年)。

⑥ 张诚:《调查福建小额人寿保险之情形及其失败原因》,《简易人寿保险》第1卷第1期(1936年)。

⑦ 剑豪:《人寿会史略(二)》,《广州民国日报》1925年7月14日。

没有相应的责任准备金，“查其组织，乃十余人集合资本，设立会规，凡欲投保者……月供三毫，如入后，过二月之期，无论何时身故，得领寿金五十元，如过五年后，则每年加增十元，至十年则给百元，廿年则给二百元为止。闻最初创设之会社，其资本约半千而已”①。按照他们的这种“预算之法，实有亏而无益”，但其初“人民生活程度较低，类多安居乐业，故死亡之数亦因之较少。是以其始开设之数家，获益甚丰”②，继之而起者众多，“一会倡始于前，各会接踵于后，只知目前盲从，绝鲜详细研究，迨至亏折难支，图穷匕见，遂不得不迫而倒挞”③。

实际上，小保险的经营一开始就比较混乱，缺乏统一的约束，各公司“所订章程率皆斗奇争巧，或受保三个月出险即有给偿，或投保之翌日不测，则给赔款，应纳期数有至四十期而止，有至六十期而止，甚而仅纳三十期，即可享八十元之利益，纳四十期者有一百二十元之赔款”④。为了争揽客户，各公司更是挖空心思，各出奇招。如，有的公司为简化手续，减少开支，规定甲种每月交保费一元，乙种每月交费五角，一户得认交二名或减认半名；有的则采取“抽签赠彩之法”⑤，起初中签者只限于免付下月保费，嗣后因竞争激烈，赠彩便标新立异，不但有甲彩乙彩等的区别，甚至有以赠送日用品或其他实物为号召者；有的则盲目抬高招徕佣金，“最初每户给予四角或至一元，嗣因招徕不易，每户佣金有增至三元或四元，益以介绍时尚有酬应各费，平均招得一户约耗五十元之多”⑥，“致开支浩大，不能支持，于是斯业中潜，不堪收拾”⑦。

---

① 剑豪：《人寿会史略（一）》，《广州民国日报》1925年7月13日。

② 剑豪：《人寿会史略（一）》，《广州民国日报》1925年7月13日。

③ 《呈省长据公安局呈复人寿会碍难遵办情形由（1924年1月2日）》，《广州市政公报》第111号。

④ 张诚：《调查福建小额人寿保险之情形及其失败原因》，《简易人寿保险》第1卷第1期（1936年）。

⑤ 张诚：《调查福建小额人寿保险之情形及其失败原因》，《简易人寿保险》第1卷第1期（1936年）。

⑥ 张诚：《调查福建小额人寿保险之情形及其失败原因》，《简易人寿保险》第1卷第1期（1936年）。

⑦ 《中国保险年鉴·1937年·上编》，第11页。

20世纪30年代,天津发生的寿缘会欺骗案,轰动一时。[①] 同业间愈演愈烈的恶性竞争非但不能帮助自身走出困境,反而造成恶劣的社会影响,使民众对人寿会产生信任危机,伤及人寿会行业声誉。如,当时就有人认为“各会社以日收各会仔之会款,而为赔款之用,苟或死亡过多,则必宣告失败,此等公司实‘草鞋公司’也”[②]。尤其是遇到社会大环境不佳,“死亡既众”,则“其预算即告失败也”,“各人寿会亦从此一败涂地”[③],不能自拔。

“人寿小保险”在经营上有着明显的地域限制,一般规模较小,这就使得参会人数有限,难以切实分担风险,保障作用比较有限,在与实力巨商的竞争中终究不是他们的对手,因而难免被淘汰。

保险的基本职能就是集合大量损失风险单位来减少这种风险和不确定性,而这是建立在大数法则的基础之上。运用大数法则,在保险实务上,就是要尽可能多地获得同类损失风险。风险单位数量愈大,实际损失的结果就会愈接近从无限风险单位数量得出的预期损失可能的结果。[④] 但是,民国时期的“人寿小保险”的显著特点就是规模小且“单位”多,存在着明显的地域限制,承保范围多限于某一地区某一城市,这就背离了大数法则,从而造成其抵御风险能力的有限性。所以往往一个地域性的突发事件就可能使小保险行业伤筋动骨,大受影响。如,1929年广州3月“霍乱症流行”,5月又复流行脑膜炎,两次疫情使会员死亡甚众,由于大量给付保险金而“入不敷支”,广州的人寿会社“倒闭停业者将半”[⑤],因而元气大伤,一蹶不振。[⑥] 如果是全国性承

① 《昨日续审福安寿险公司诈财案》,《申报》1930年2月14日;丁佶:《寿缘会——一种病态的人寿保险》,《寿险界》第2卷第3期(1934年6月)。

② 剑豪:《人寿会史略(一)》,《广州民国日报》1925年7月13日。

③ 剑豪:《人寿会史略(一)》,《广州民国日报》1925年7月13日。

④ 参见许谨良:《保险学原理》,上海财经大学出版社2005年版,第9—10页。

⑤ 《广州市关于执行取缔人寿会提案训令及对上述问题办理的报告》,广州市档案馆档案,档号:10-4-730。

⑥ 中国保险学会、《中国保险史》编审委员会编:《中国保险史》,中国金融出版社1998年版,第84—85页。

保,广州一地的疫情就不致于令整个行业陷入困顿。而业界寿险大公司在此方面显然优越于“人寿小保险”。

所以,“人寿小保险”的小规模在带来其经营更多灵便性的同时,也决定了其行业生命的无比脆弱。“人寿小保险”与生俱来的行业缺陷是导致其“必难持久”①的根本所在。

具体到广州,人寿会的衰落还有其他原因。一是1929年时疫流行,会员死亡较多,人寿会因给付保险金而元气大伤;二是20世纪30年代后,广州各人寿会社“年来报到死亡者多,而新入会者甚少,以至营业日衰,岌岌不可终日”。据万年、羊城公记、升平、广升等人寿会5年(1932—1936年)统计,死亡19858人,入会2797人,死亡人数大大超过新入会人数;三是收取保险费与给付保险金比例失衡,保费明显偏低;四是人寿会的基金被长期借用且未归还。1923年至1924年间,国民政府财政部通过广州市政厅两次暂借广州市各人寿会基金54500元充作军饷,长时间不见归还,使人寿会运用基金存款生息、弥补亏损的门路也被堵死。②

关于当时政府提借保险公司保证金的做法在广州其实是惯见不怪。1923年6月,国民政府广州市政厅以“军用紧急、接济饷糈”为由,将升平等17家人寿会社缴存的保证金各提借3000元,翌年9月又提借升平人寿会3000元、广生人寿会500元。③ 1923年7月28日,市政厅致函各保险公司解释“提借保险公司保证金”是为军事需要,“自与强行提取者不同”,但“各公司均以营业困难为词,联同抵拒”。市政厅劝谕那些保险公司勿怀疑虑,踊跃输将,及

① 《广州市关于执行取缔人寿会提案训令及对上述问题办理的报告》,广州市档案馆档案,档号:10-4-730。

② 中国保险学会、《中国保险史》编审委员会编:《中国保险史》,中国金融出版社1998年版,第84—85页;参见广东省地方志编纂委员会编:《广东省志·金融志》,广东人民出版社1999年版,第235页。两书除个别字句外,所作分析几乎完全相同。按成书时间看,很可能是后者借鉴前者。

③ 邝景略主编:《晚清民国时期广州保险业的兴衰(1801—1949)》,广州保险学会1994年版,第139页。

早核定额度，限期从所存保证金项内拨借保证金给其作军事之用。[1] 1923 年 8 月 21 日的《广州民国日报》以《市厅劝谕保险公司借款》为题，就此事作了报道。[2]

“人寿小保险”行业全面衰落后，民众对既合乎保险学理，又有“人寿小保险”之便的寿险业务产生了更强烈的需求。1935 年 4 月，国民政府颁布《简易人寿保险法》，应是因应了这一时代需求的产物。《简易人寿保险法》规定，凡在五十元至五百元以下之人寿保险，属于简易人寿保险范围；“简易人寿保险为国营事业，属交通部主管”[3]，业务由邮政储金汇业局办理，“其他保险业者不得经营之”。此后，各地的“人寿小保险”依法清理，次第停办，“小保险益趋消灭，而在今日中国之保险中，无复地位之可言矣”[4]，国营简易寿险遂取代了民营“人寿小保险”。

## 三、对闽粤“人寿小保险”的认识

民国时期“人寿小保险”的兴盛，反映了普遍贫困的民众对生前身后基本保障的强烈需求。在现代寿险制度业已传入中国的近代，“人寿小保险”以其自身特点适应了广大民众的保险需求，因而获得了较大的发展，直至 1935 年《简易人寿保险法》颁布实施。在这一特定的历史时期内，“人寿小保险”的存在和发展，客观上弥补了国人自办寿险之不足，推动了民族保险业的发展，在防止国内保费流失方面也起到了一定的作用。

但是，“人寿小保险”毕竟不属于现代保险范畴，它更多的是中国传统寿会的遗存，或者说是民间原有互助组织在近代的衍生，是传统小保险向现代保

---

① 《笺函各保险公司勿信谣言克日拨借证金以官产作抵由》，《广州市政公报》第 89 号。

② 《市厅劝谕保险公司借款》，《广州民国日报》1923 年 8 月 21 日。

③ 周华孚、颜鹏飞主编：《中国保险法规暨章程大全（1865—1953）》，上海人民出版社 1992 年版，第 151 页。

④ 沈雷春：《中国金融年鉴》，1939 年 1 月 22 日，第 A130 页。

险过渡的中间形态。随着时代大潮的奔涌向前,这一粗糙的、尚未褪去其原初状态的小保险终究被历史无情地抛弃。

近代“人寿小保险”虽由古代民间互助组织演变而来,但与古代民间互助组织又有着较明显的区别,其中互助、公益色彩①逐渐褪去,营利性、商业性逐渐取而代之。而这就成为其变身现代人寿保险制度的基础和某种表征。

## 第三节　“相互保险”在近代中国的最初雏形

细察“火险联保”和“人寿小保险”的各个环节,可以看出,它们已经具备“相互保险”②的一系列特征,已经是“相互保险”在近代中国的早初实践和早期形态。

清末民初广州的“火险联保”和民国时期在闽粤盛行的“人寿小保险”具备了“相互保险”的一系列基本特征。

第一,非营利性凸显互助本质。

清末民初“火险联保”即不以营利为目的。虽名为“公司”,但实为众多同业商户集结在一起的互助组织。与一般商业保险以利润追求为第一要义不同,清末民初广州的“火险联保”具有集腋成裘、相互援济的突出特点,甚至带有某些“慈善”的性质。这一性质特征从培英联保火险公司章程当中就能得

① “多数寿缘会规定于会员所缴之入会费及每次会员死亡生存会员所摊之赙金上,按数附加二成,此两种二成附加,依章程上规定,系以供开办经费、会员证书等费及每月会中各种办事经常费用或临时费用之需。如各项收入有盈余时,章程上多定将其扩充慈善基金或为举办公益事业之用。于此可见名义上寿缘会系一种公益机关而非以营利为目的。”(丁佶:《寿缘会——一种病态的人寿保险》,《寿险界》第2卷第3期[1934年6月]。)

② 相互保险是指由一些对同一危险有某种保障要求的人所组成的组织,以互相帮助为目的,实行“共享收益,共摊风险”。集团成员交纳保费形成基金,发生灾害损失时用这笔基金来弥补灾害损失。相互保险公司是保险业特有的组织形态,它没有股东,投保人根据公司章程的规定向公司交纳保险费后成为法人的组成人员(会员),公司根据合同约定进行赔付,从事相互保险活动。公司会员是保险人和被保险人的统一体。当保险合同终止时,会员与公司的保险关系随之消失。

到较好的体现:“受保各店户,倘有别故或仗务,或风灾地震,或雷火焚烧,或地裂兵燹贼乱,或炸弹暗杀,或械斗以致遭焚者,保险通例,概不赔偿。惟本公会系兼慈善性质,如受保各店户,偶遭此害者,全间烧去,按照保本以五成赔偿;如未及一成,酌量补些少修葺费而已,倘过一成之外,仍以一成赔二成之例,复五折照伸。”①这些“火险联保”公司以“集合广州市殷商富户、自卫团体,通力互助,联保火险”②为宗旨,本质在于以集体之力与不可期的火患灾祸作斗争,通过行业的自助互助谋求自保互保。

闽粤“人寿小保险”也一样具有互助共济的特征,“民国十三年商团之役,所焚屋宇,依照保险定制,本不能赔偿,而该公会等竟能给赔半数”③。

第二,费率低廉,保障切合民众需求。

相较于商业公司而言,清末民初广州“火险联保”普遍保费低廉,尤其是对于那些火灾高发行业的商户来说,非常具有吸引力,故投保者趋之若鹜,以致在短短十多年里,公司数目激增,至1923年达40余家,一时盛况空前。

民国时期闽粤“人寿小保险”月缴保费低,无须验体,投保手续简便,年龄限制也相对宽松,符合一般市民的承受能力和需求层次。而这一时期的业界巨商,“保额多定最少一千元,且不售保单五十五岁或六十岁以上之人”④,这就使那些生活困顿的低收入者望而却步。而这一群体对于“养生防老”“送亡恤孤”之需求,较之中高收入群体实更形迫切。所以,在商业的寿险大公司事实上将他们排斥在外时,是“人寿小保险”公司及时为之提供“生养死葬”的基本保障,不啻是他们的避风良港。

因为公司会员也是股东,即被保险人同时是保险人,投保人与保险人利益的一致使得公司经营费用较低,核灾定损准确度较高,可以用相对较低的成本

① 《培英联保火险有限公会章程》,《广州市政公报》第154号(1924年10月11日)。
② 《培英联保火险有限公会章程》,《广州市政公报》第154号(1924年10月11日)。
③ 薛巩初:《广东保险情形纪略》,《太安丰保险界》第2卷第8期(1936年4月15日)。
④ 丁佶:《寿缘会——一种病态的人寿保险》,《寿险界》第2卷第3期(1934年6月)。

为会员提供保险保障,尤其是商业保险难以覆盖的高风险领域和低收入人群。更重要的是,由于没有短期商业利润的目标指向,公司可发展有利于被保险人长期利益的险种,可以更好地保护被保险人的利益。这正是相互保险公司的核心所在。

第三,规模较小,有着鲜明的地域色彩。

清末民初广州的“火险联保”是为广大商户提供火险保障的保险互助组织,其多限于某个或某几个行业,因而规模较小。

而福建、广东地处沿海,商贸繁盛。经济的发展催生了较早的一批产业工人,他们和城市中的商店职员、小企业主、商贩、体力劳动者等都急需便捷的小保险为之提供最基本的保障。福建等地商帮林立,许多小保险就是凭借商帮的威势,成为地方商帮的垄断性行为,而这也是大的商业公司一时难以跨越的壁垒。“人寿小保险”就是凭借自身的地域优势,适时开拓出一片属于自己的天地。

在具有以上显著特点的同时,“火险联保”和“人寿小保险”也带有与生俱来的缺陷。

第一,不是建立在科学原理之上,还比较简陋和粗糙。

1937 年,国民政府广州市政府训令社会局取缔人寿会时也强调“此种人寿会社之组织根本错误”在于“不合经济原理”①“办法多属简陋”②。对于福建“人寿小保险”的经营,时人即认识到其“非依据科学方法”:“无预定之死亡率。查保险费系由死亡率及利息推算而得,各公司所定满期给付保额,超出所纳保费者四分之一,多者数倍于保费,并未厘订预定死亡率,亦未按科学方法计算,致公司支出,毫无标准,盈亏难计,虽收款可以生息,设遇死亡率过高,即

① 《广州市政府训令取缔人寿会办法(1937 年 7 月)》,广州市档案馆档案,档号:10-4-827。

② 张诚:《调查福建小额人寿保险之情形及其失败原因》,《简易人寿保险》第 1 卷第 1 期(1936 年)。

无法维持,其失败固意中事也。……无规定责任准备金。查责任准备金为寿险必备之条件,各公司大半未有设置,致给付保额时,临时张罗。"①

第二,规模的限制致其抗风险能力有限。

"人寿小保险"在经营上有着明显的地域限制,一般规模较小,这就使得参会人数有限,难以切实分担风险,保障作用自然有限,在与实力巨商的竞争中终究不是他们的对手。

保险的基本职能就是集合大量损失风险单位来减少风险和不确定性,而这是建立在大数法则的基础之上。但是,"火险联保"和"人寿小保险"的规模都比较小,其承保范围多限于某一地区某一城市,甚至是某一行业或数个小行业,这就不符合大数法则,导致其抵御风险能力有限。所以,往往一个地域性的突发事件就可能使其行业伤筋动骨,大受影响。如,1929 年 3 月广州"霍乱症流行",5 月又复流行脑膜炎,两次疫情使会员死亡甚众。广州的人寿会社由于大量给付保险金而"入不敷支","倒闭停业者将半",因而元气大伤,一蹶不振。而在这方面,业界大公司的优势就非常明显。所以,"火险联保"和"人寿小保险"业的小规模在带来更多灵便性的同时,也决定了其行业生命的无比脆弱,"必难持久"。

作为特定时期特定区域顺应民众保险需求的特定保险形式,"火险联保"和"人寿小保险"中既有对中国民间社会传统的互助共济那一套做法的承袭,也有对西方新兴的保险理念的一定吸纳,是二者在当时历史条件下相融合而出现的一种保险形式。

当然,从严格意义上讲,"火险联保"和"人寿小保险"还不是现代意义上的相互保险。但从本质观之,则可纳入相互保险的范畴无疑,或者说是相互保险在近代中国的早期形态,是相互保险在近代的雏形。

在近代,伴随着西学东渐,西方许多事物及理念相继传到中国,而其中一

① 张诚:《调查福建小额人寿保险之情形及其失败原因》,《简易人寿保险》第 1 卷第 1 期(1936 年)。

些貌似“舶来”的事物,往往有一个与中国本土事物相结合的过程,有的甚至就是由中国旧有的东西改头换面而来,在内容或形式上从西方借鉴了一些后,成为一种不中不西、不伦不类的畸形形态,民国时期闽粤颇为盛行的“人寿小保险”就存在这种情况。① 这种畸形形态在实践中必然会滋生出这样或那样的问题。所以,无论是闽粤的“人寿小保险”还是广州的“火险联保”,虽然繁盛一时,但终属昙花一现。

实际上,在20世纪二三十年代,虽然西方现代的保险理念和制度早已传入中国,现代保险机构也大量建立起来,但中国民间社会旧有的互助会依然有着强固的基础,因而能够广泛存在。前面提到的民国时期广东省香山县西区安澜街长生社就是一例。据广州孙中山大元帅府纪念馆所藏广东香山《西区安澜街长生社会簿》记载,该长生社成立于1915年12月,1926年12月换簿②,因此可以断定长生会在1926年仍然存在。很显然,此长生社就是中国民间过去较为普遍的“长生会”“长寿会”之一种,属于中国民间社会广泛存在的急难相济的互助组织。

由此可见,跟近代许多其他行业一样,在相当长的一段时间内,保险业内中西并存、新旧共生现象依然十分明显。近代中国保险业虽然由国外传来,但传到中国后也还存在着一个与中国国情相调适的过程,民国时期闽粤盛行的“人寿小保险”和清末民初广州的“火险联保”就是这种调适的产物。

正是在不断的华洋交争、磨合乃至交融中,现代保险业才真正在中国落地生根,抽枝发芽,蔚为大观。传统的中国社会也是伴随着这一过程缓慢地步入近代的,而刚跨入近代门槛的中国社会依然保留着许多传统的东西。

① 丁佶在《寿缘会——一种病态的人寿保险》(《寿险界》第2卷第3期)中称“寿缘会”为“病态”的人寿保险。笔者以为这种“病态”实源于其“畸形”。

② 《西区安澜街长生社会簿(1926年12月)》,广东香山。孙中山大元帅府纪念馆藏原件照片。

# 第七章　发展与不发展：民族保险业在近代的历史宿命

## 第一节　发展程度和水平的评估

### 一、"幼稚"和"迟缓"

从1875年保险招商局的创建到1937年全民族抗战爆发，虽然民族保险业取得了最初的发展，但由于这一时期中国社会动荡，百业萧条，社会生产力遭受巨大破坏，人民生活普遍贫困，处于这样的社会环境之下，近代民族保险业发展步履蹒跚，充满曲折和艰辛，发展程度亦甚为有限。

在近代，许多人都用"幼稚"（或"萌芽"）和"迟缓"（或"迟滞"）来概括和描述民族保险业的发展，如"我国保险事业，发轫于清光绪年间，论时间不为不久，而其进步之迟缓及幼稚，则为不容讳饰之事实"①，"中国的保险事业，仍在幼稚时代"②，马寅初在20世纪30年代的一次演讲中也讲到"保险事业在欧美各国很发达，在中国尚在萌芽的时代"③，《太安丰保险界》在发刊词中

① 沈雷春：《中国金融年鉴》，1939年1月22日，第A139页。
② 张德舆、邓贤：《中国保险事业》，《寿险季刊》第1卷第1期（1933年4月）。
③ 马寅初：《人寿保险之涵义与价值》，《人寿》创刊号（1933年4月10日）。

说,“保险之在吾国,为一新兴事业,虽已有三十余年之历史,然仍进步迟滞,未臻发达”①。类似的论述还有很多,“幼稚”和“迟缓”已成为时人对近代民族保险业发展程度评估的共同认识。这一概括大体反映了近代中国民族保险业发展的整体水平,但这还只是一个粗略的阶段性的描述,而要对保险业发展程度作出相对准确的评估,则需要用保险深度和保险密度这两个常用的指标来度量。

## 二、保险深度浅,保险密度小

保险深度和保险密度是衡量一国保险业发达程度的两个重要指标。保险深度是指保费收入占国民生产总值(GDP)的比例,它反映的是一个国家或地区的保险产业的发育程度及其在其国民经济中所处的地位。保险密度是按人口平均计算的保险费收入,即人均保费,它反映的是一个国家或地区保险的普及程度和保险业的发展水平。

从这两个指标来看,根据赵兰亮的估算,20 世纪 30 年代全国年均保费收入约 5000 万元,以当时 4 亿人口来计算,保险密度仅为 0. 125 元;1936 年中国国民生产总值为 257. 98 亿元,以全国保费收入 5000 万计算,保险深度仅为 0. 19%。② 但是,还须注意的是,这是对中国保险业的整体估算,其中还包括外商在华保险业,而外商所占的份额甚大,胡咏骐在 1937 年讲道:“查今日国内全年所出保费……惟约有四千万元,其中国人自营公司所收之保费仅约十分之一,即四百万元。换言之,其余三千六百万元之保费,悉为洋商公司取之以去。”③若剔除其中外商所占的十分之九的份额,则民族保险业的弱势又更进一层,在前面估算的保险密度和深度的基础上还要大打折扣,大概为其十分

① 郭佩弦:《本刊之使命》,《太安丰保险界》第 1 卷第 1 期(1935 年 10 月 10 日)。

② 赵兰亮:《近代上海保险市场研究(1843—1937)》,复旦大学出版社 2003 年版,第 271 页。

③ 胡咏骐:《上海市保险业同业公会之组织及其使命》,《太安丰保险界》第 3 卷第 20 期(1937 年 10 月 15 日)。

之一。

民国时期也有人对近代中国保险业的发展水平作过大体估计,并将之与美、日等国进行了比较。如,1934 年,张似旭讲到寿险时说:“中国寿险事业,向无正确的统计。约略推算,全国有效保险额为一万二千五百万元。以我国人口四万万五千万计,平均每人有寿险二角八分!比之蕞尔之日本,大我四百三十五倍,兴言及此,能不痛愧!即此一点,中国已非其敌,遑论其他。”①这里讲的虽然只是寿险,但从中还是能看出保险业的总体水平。“根据 1936 年的统计:美国各寿险公司的总保额有 1600 万万元,即平均每个国民有 1600 元的寿险,日本各寿险公司的总保额有 45 万万元,每个国民也有 100 元的寿险,我国各寿险公司总保额约仅 2 万万元,每个国民只有 5 角钱不到的寿险;再就被保险人人数而论,美国一百人中有 63 人保有寿险,日本 30 人中就有人一人保险,我国则一万人中只有一人,这种相差的巨远,正不知如何比例?我们二万万元的总保额中,外商公司又占了泰半,华商各同业所承保的还不到六千万元,这个可怜的数目,——算是三十几年累积下来的果实,——尚抵不过美国或日本一家大公司一二个月的生意”②。这个比较虽然只是针对寿险,并非当时中国与美、日保险业的整体实力对比,但从中我们还是能看出近代中国保险业跟世界发达国家保险业的巨大差距。

由于近代中国保险业没有确切的数据统计,甚至国民生产总值、人口数量等也都没有科学精确的统计数字,有关近代中国保险业的保险深度和保险密度实难精确计算出来,目前各说也都只能大致估算。但无论按照哪一种估算,都可以看出近代民族保险业整体之孱弱。

近代中国民族保险业发展滞缓的原因何在呢?

---

① 张似旭:《人寿保险与国家经济的发展》,《寿险界》第 2 卷第 2 期(1934 年 4 月)。
② 《寿险事业在我国的回忆与瞻望》,《人寿》第 21 号(1938 年 10 月 10 日)。

## 第二节　发展滞缓的原因

近代民族保险业发展之迟滞成因复杂,有经济落后和社会动荡导致的保险需求有限的原因,也有外资保险业的强力挤压、国民政府未能充分发挥扶植和保护作用的原因,还与民族保险业自身技术落后和从业人员素质不高等诸多原因密切相关。下面将从两方面对此作一分析。

### 一、恶劣的生存环境的制约

#### (一)工业的不发达和经济的整体落后

保险是商品经济发展到一定程度而出现的。保险是经济的上层建筑,而工业是经济的基础。在半殖民地半封建的近代中国,民族工业发展缓慢而且畸形。"中国整个经济不发达,人民生活程度很低,所以保险事业也不发达"①。一般而言,人们是有了余钱才会产生保险需求。在近代,"因为大多数人民没有隔日之粮,自然谈不到保险"②,近代中国投买保险的主要是中等收入的社会人群,寿险尤其如此,"欧美各国人寿保险之金额,固有一人多至百万元以上者,然亦有小至数百元者,而我国则一般人寿之金额皆以一千元为最小之数额,五百元之保额金额,事实上已不多见,故所有要保之人,均属于一般有产阶级,而无产之人,不但为一般经理员所不喜,且亦不知人寿保险之利益。"③收入很高和很低的人群都不会有投保的积极性④,收入高的富裕群体生活安定、衣食无忧,而低收入的人群首先面临的是如何解决生计问题。

---

① 张素民:《保险与经济》,《太安丰保险界》第2卷第21期(1936年11月1日)。

② 张素民:《保险与经济》,《太安丰保险界》第2卷第21期(1936年11月1日)。

③ 王效文:《小量人寿保险之试验》,《寿险季刊》第1卷第4期(1934年1月)。

④ 杜恂诚:《近代中国的商业性社会保障——以华安合群保寿公司为中心的考察》,《历史研究》2004年第5期。

这从下面三张保户职业分类统计图能看出大致:从图 7.1 可以看出,1934 年、1936 年宁绍人寿保险公司被保险人中,按职业来分,商人最多,其次分别是学界、政界、医生、技工、工人、家务以及律师等。从图 7.2 可以看出,1935 年、1936 年永安、先施、华安人寿保险保户中,人数最多的也是商界,其次是教育界和军政界。图 7.3 所反映的也是基本相同的情况。

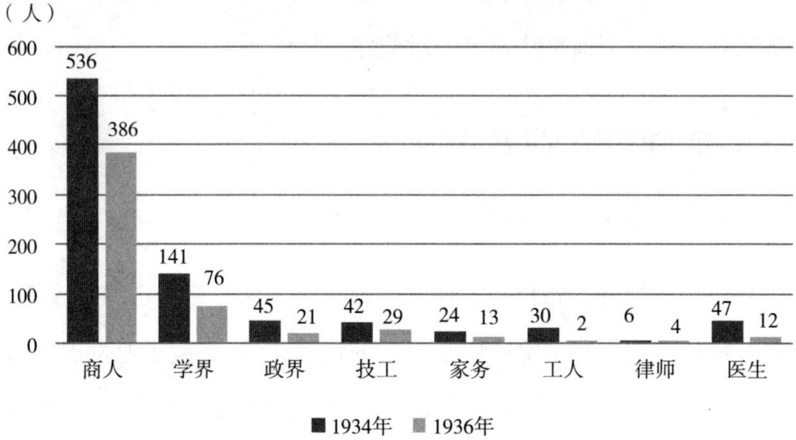


**图 7.1 宁绍人寿保险公司被保险人职业分布图**

资料来源:《人寿》第 10 号,第 11 页;《人寿》第 17 号,第 21 页。

旧中国战乱频仍,灾荒连年,人民过着缺衣少食的生活,根本没有余力购买保险,寻求日常生活的保障。他们最实际的保障需要是解决养生送终的"人寿小保险"。现代的保险业在近代中国尤其是农村地区很难拥有市场。实际上,近代中国保险业主要是在上海、香港、广州、天津、汉口等沿海沿江的通商口岸城市发展,以后才逐渐扩至内陆市镇,广大农村地区几乎与保险无缘,农民对保险既无从了解,亦无须了解:"人民居住于乡村中……他们的亲属朋友,依户比邻,聚族而居,急难相济,守望相助,如有什么意外发生,亦克尽其抚孤济弱的责任。"①与乡村这种"熟人社会"②全然不同,城市"同居合处的

① 幸之:《人寿保险的形成及其历史》,《寿险季刊》第 1 卷第 2 期(1933 年 7 月)。

② 费孝通:《乡土中国》,江苏文艺出版社 2007 年版,第 9 页。

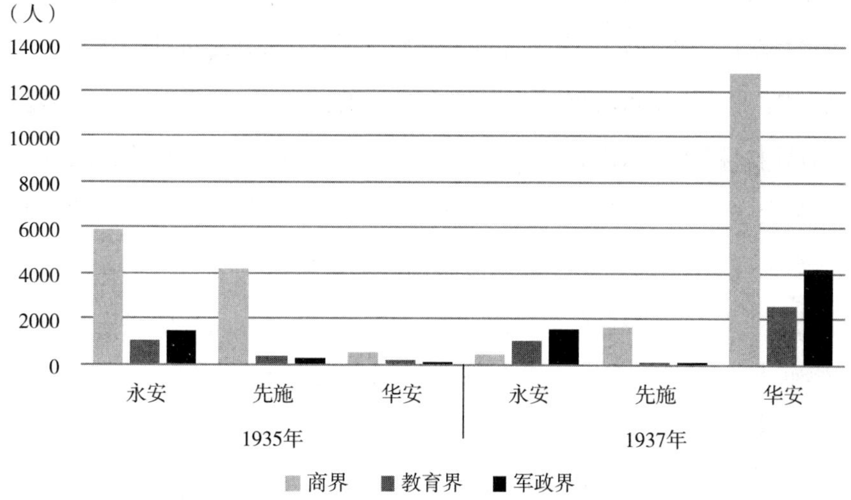


**图 7.2　永安、先施、华安人寿保险保户职业分布图**

资料来源:《保险年鉴·1935 年》,第 247 页。

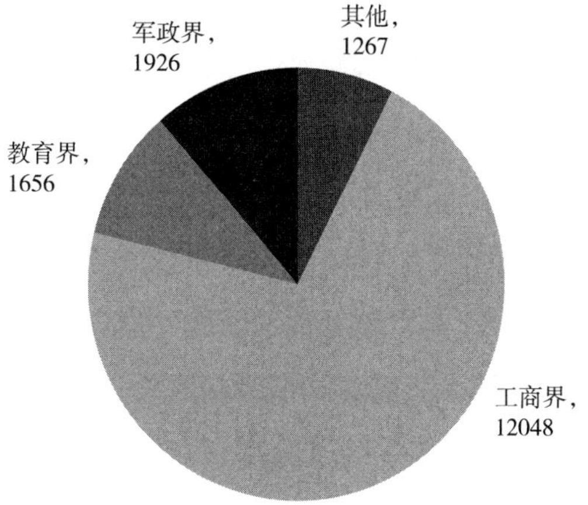


**图 7.3　人寿保险被保人统计图**

资料来源:沈云龙等主编:《近代中国史料丛刊三编》第 42 辑第 418 种,(台湾)文海出版社有限公司 1988 年版,第 458 页。据文中所述,本统计"根据 1935 年保险年鉴之所载,而加以整理"(同上书,第 463 页)。

同伴,都是不相熟识的异客,缺少合作互助的精神。不管他们的负担如何,自身要担负供给依赖他人的责任,不仅这样,就是将来一切不幸的遭遇,也要事先筹划准备,以资预防"①。

保险业的发展是建立在经济发展基础之上的,只有经济发展达到了一定程度,保险业才能获得发展,"在工商业发达的国家,保险事业亦必兴盛。中国有各种特殊的情形,阻止工商业的发达,对于保险事业有直接及间接的影响,正如交通运输的不便、时局的不安定、人民普遍的穷困、久不能解决的经济问题等等;在在使人民不愿采取人寿保险一类的长期契约"②。国家的整体发展对保险业来说是大利好,以寿险而言,"国家进步与人寿保险发展的理由颇多,例如:国家安定,民众经济日渐苏裕,一般购买力增强,因此对于身家保障的人寿保险,当然乐于购置;其次为民众教育的次第普及,所以身家的经济支配,日渐进于科学化的思想,因此对于经济互助制度的人寿保险,许多人已明了其利益而欣然投保;再则蒙政府的提倡,如国民政府教育部核准将保险教材列入小学教科书之内……又如邮政储金汇业局之兼办简易寿险,使人寿保险之利益,深入社会群众之心理"③。所以时人有论,"中国的经济永无进步则已,若有进步,则一切保险事业,当跟着进步"④。

近代保险业的不发达与中国传统的小农社会格局亦有着颇深的内在关联。作为现代工业文明的产物,保险业的产生和发展必然与传统的农业文明相抵牾。近代中国依然沿袭几千年一贯的男耕女织的小农社会格局。在这种社会格局下,以农立国、自足无求的经济状况、大家族聚居的社会组织形态和根深蒂固的迷信观念等,成为现代保险意识滋长难以逾越的障碍。

中国"向以五代同堂为佳话,父子兄弟,乃至近支族侄,大都聚合一处,互相维护,于是人寿保险需要的急迫,就无从感到"⑤。几千年来的农业社会、宗

① 幸之:《人寿保险的形成及其历史》,《寿险季刊》第1卷第2期(1933年7月)。

② 张德舆、邓贤:《中国保险事业》,《寿险季刊》第1卷第1期(1933年4月)。

③ 胡咏骐:《国家进步与人寿保险》,《人寿》第18号(1937年7月10日)。

④ 张素民:《保险与经济》,《太安丰保险界》第2卷第21期(1936年11月1日)。

⑤ 沈云龙等主编:《近代中国史料丛刊三编》第42辑第418种,(台湾)文海出版社有限公司1988年版,第461页。

法关系、家族血缘关系，数世同堂，幼有所养，老有所依，人们意识不到投保寿险的必要，对于人寿保险漠然视之："中国旧家庭制度的传统思想，注重团体负责与彼此依赖，所以使人不感觉到寿险的需要。这种个人间彼此依赖的弊端，不单影响保险事业，团体生活的发展亦受其打击"①，"在旧时家族制度之下，一个人，婴儿、失业、老年、疾病、灾难，各种生活上的危险，差不多都有家族为之保障"②。传统的大家庭组织多以三代四代不分之户聚族而居，不分家析产，实行各尽所能、各取所需的家族共产制。"按照家族共产互助精神，弟死兄在，兄有抚养婶侄之义务；兄死弟在，弟亦有抚养嫂侄之义务，在此情形之下，试问该兄弟二人又何必为其妻子着想而投保寿险乎？"③家族制度中的祀田、义庄的设置就具备了对族人的养老、恤孤的基本功能，这就压制了人们对现代保险的需求。对于这一点，外国学者也看得清楚："中国的家庭制度减低了购买人身保险的需求"④。

不仅如此，"家族制度之影响火险者，亦甚明显"："大抵集族而居者，其房屋恒多相连，而缺少防火墙，其尚未分产者虽可由公款内支出火灾保险费，其已分产者，则此笔保险费即不易分派"，则"此种集族而居之家宅，其火险单必至十九签订不成"。⑤ 传统家族制度的强固存在，严重制约着现代保险业在乡村社会的拓展。

所以，时人有论，"保险业务之发达，恒与其国之文明成正比，斯文明发达之国，保险亦甚发达"⑥，"世界文化最盛之国，即保险事业最盛之邦"，"保险

---

① 张德舆、邓贤：《中国保险事业》，《寿险季刊》第1卷第1期（1933年4月）。

② 彭文应：《生活的保障》，《寿险界》第2卷第2期（1934年4月）。

③ 李权时：《我国保险业不发达之原因》，《太安丰保险界》第2卷第20期（1936年10月15日）。

④ G.C.Allen & A.G.Donnithorne, *Western Enterprise in Far Eastern Economic Development*, Routledge, 1954, p.122.

⑤ 李权时：《我国保险业不发达之原因》，《太安丰保险界》第2卷第20期（1936年10月15日）。

⑥ 市隐：《保险业与金融界之关系》，《钱业月报》第7卷第5期（1927年5月）。

事业乃为一国文化之尺度”。[①] 世界范围内的国与国之间是这样,一国之内的不同地区亦是如此。从1935年全国主要人寿公司被保人籍贯的统计中,我们可以较清楚地看到经济发展与保险之间的这种对应关系。下面的1935年人寿保险被保人籍贯统计表(表7.1)显示,全国主要人寿公司的被保人中,广东籍的最多,达55.2%,超过一半;江浙两省居其次,占30.8%。这与这些地区较早接受西方文化的影响,思想较为开化、能够接受保险这一新事物,经济较为发达、有能力购买保险密切相关。

**表7.1 1935年人寿保险被保人籍贯统计表**

| 省份 | 人数(人) | 所占百分比(%) |
| --- | --- | --- |
| 江苏 | 2926 | 17.3 |
| 浙江 | 2279 | 13.5 |
| 广东 | 9333 | 55.2 |
| 河北 | 351 | 2.1 |
| 福建 | 432 | 2.6 |
| 湖北 | 297 | 1.8 |
| 湖南 | 235 | 1.4 |
| 山东 | 261 | 1.5 |
| 其他 | 783 | 4.6 |

资料来源:沈云龙等主编:《近代中国史料丛刊三编》第42辑第418种,(台湾)文海出版社有限公司1988年版,第458页。

### (二)强大的外资保险业对民族保险业的挤压

我国保险事业发轫于清光绪年间,论时间不为不久,而“其进步之迟缓及幼稚,则为不容讳饰之事实”,“推厥原因,盖以洋商保险公司,到处林立,攫取

① 《上海市保险业同业公会提倡学校增设保险课程编印教材与教育部和有关当局的来往文书》,上海市档案馆藏保险档案,档号:S181-1-54。

吾国保费,把持保险市场,而买办阶级更为虎作伥,以至造成不健全之现象”。[①] 外商保险公司倚仗不平等条约和治外法权,操纵中国的保险市场,使得中国民族保险业在商家数量、资本总额和保费等方面均明显落后,因而丧失与其公平竞争的基本条件。“中国公司受保区域,不过国内通商各埠。外国公司其分公司遍于全球,且在中国内地营业自由,有权利而无义务,如保单收条印花税之类,概不担任,华商公司则有捐税债券,重重缴纳,不胜需索输将之苦。”[②]众多外国保险公司委托洋行设立保险代理处,这些洋行不仅资本雄厚,而且存在时间长,熟悉中国商情,因而能凭借其优势占据相当一部分保险市场。

1939年《中国金融年鉴》对民族保险公司有一统计,跟外国在华保险业相比,民族保险业所处的不利地位显而易见:

> 三十八家保险公司之资本……达五百万元者,计仅中央信托局保险部一家;达三百万元者,表面上虽有太平保险公司及中一信托公司二家,惟中一公司之资本三百万元,仅系一部分用于保险事业,故实际上仅可以一部分视之。达二百五十万元者,有中国保险公司一家;达二百万元者,有永安人寿、四海通两家。在一百五十万元左右者,有永安水火、上海联保水火两家。一百二十万元者,有先施保险置业一家。资本一百万元者,有中国天一、安平、香安、泰山、联泰等五家。五十万元至七十万元者共凡十四家,其余十家,资本均在二十万元至四十万元之间。[③]

这与“外商保险公司资本之雄厚,动辄超过千万元者,诚不可同日而语”。民族保险业资力之薄弱,使其“在对抗外商之竞争途径上,处于不利地位”。[④]

① 沈雷春:《中国金融年鉴》,1939年1月22日,第A139页。
② 《华商保险业呈请救济》,《申报》1928年8月18日。
③ 沈雷春:《中国金融年鉴》,1939年1月22日,第A136页。
④ 沈雷春:《中国金融年鉴》,1939年1月22日,第A136页。

在恶劣的经济社会条件下,近代中国民族保险业还要遭受外商保险的强力挤压,处于如此的“内忧”“外患”之中,其发展壮大又谈何容易。

### (三)民众保险认知的缺乏

民国时期,迷信旧俗虽然受到了一定的冲击,但由于科学知识尚未普及,传统观念仍旧根深蒂固,以致20世纪二三十年代不少国民仍“以谈及死亡之事为不祥”①。在这种观念的支配下,人寿保险在当时的中国得不到应有的认识,人寿保险业被看成一种“投机之营业”,寿险业务员亦多遭误解。这与欧美国家当时的情形迥然不同。在当时的欧美,人寿保险业务员被视为“家庭经济顾问”“理财顾问”而备受尊重,而“中国的普遍观念,看轻一切中间人或推销员”②,保险经理员因而也得不到社会起码的尊重。在当时的许多人看来,保险业务员劝人投保完全是“欺骗”行为。

其实,寿险“具有人类的各种善根性,如鼓励节约,孝顺父母,爱护妻子儿女,保障老幼孤寡,提高道德,显示责任心等等,原是我们民族的天性”③,它所具有的保障身家的美意“恰合我们东方古国素有的风度”,“但是数十年来何以仍未能崭露头角,引起人们充分的需要,这并不是他们不需要保险,实在因为没有认识清楚,以致一般人提起人寿保险,引为希罕,就是智识分子,也都一知半解,将信将疑的……过去招揽寿险的人,多缺乏教育的工作,很多营业是为着情谊而成交的,这样得来的生意,难免中途要停保,因之保户对于寿险的信仰,就发生了动摇”④。

所以,科学常识在近代中国尚未普及是近代保险业不能发展起来的又一原因。而科学常识的普及有赖于教育的发展和科学的昌明。

---

① 中华人寿保险协进社编:《人寿保险专刊》第3期,《申报》1933年3月12日。
② 张素民:《保险与经济》,《太安丰保险界》第2卷第21期(1936年11月1日)。
③ 《寿险事业在我国的回忆与瞻望》,《人寿》第21号(1938年10月10日)。
④ 《寿险事业在我国的回忆与瞻望》,《人寿》第21号(1938年10月10日)。

## （四）经济和社会的动荡

近代中国战事频仍，加上灾荒连年，社会处于持续不断的震荡之中。“夫举世汹汹，地无宁土，保险业亦不能脱离此风雨飘摇之境地”①。保险公司的经营是以稳定的社会、经济背景作为预期基础的，战乱一起，供求双方都漫无头绪。②“人民水深火热，社会元气凋丧，工商既无复苏机会，保险事业在势绝无发展可能”③。杜恂诚先生在对华安合群保寿有限公司的经营得失作细致研究后认为，“商业性社会保障的实行需要较为稳定的经济和社会条件。利率、汇率、物价的相对稳定对经营长期险种的寿险公司而言都是非常重要的条件，而保险公司投资渠道的畅通、优质投资品种的众多和经营空间的宽广，同样不可或缺。如果这些条件不具备，那么寿险公司的经营就会非常困难，实际上它连自己的生存都难以保障”④。商业性社会保障的推广，还“有赖于人们收入水平的提高，特别是中间阶层人数的增加。如果人们的收入预期非常消极，且不稳定，就不会产生购买长期寿险产品的需求”⑤。民国时期时局的剧烈动荡和通货的恶性膨胀，使得经济上缺乏一个安稳的基本面，人们对未来自然不会有乐观的预期，对保险也难以产生良好的保障预期。

---

① 伯衡：《保险界五年周纪念刍言》，《太安丰保险界》第 6 卷第 20 期（1940 年 10 月 15 日）。

② 杜恂诚：《近代中国的商业性社会保障——以华安合群保寿公司为中心的考察》，《历史研究》2004 年第 5 期。

③ 沈云龙等主编：《近代中国史料丛刊三编》第 47 辑第 468 种，（台湾）文海出版社有限公司 1988 年版，第 93 页。

④ 杜恂诚：《近代中国的商业性社会保障——以华安合群保寿公司为中心的考察》，《历史研究》2004 年第 5 期。

⑤ 杜恂诚：《近代中国的商业性社会保障——以华安合群保寿公司为中心的考察》，《历史研究》2004 年第 5 期。

### (五)政府未能充分地予以扶植和保护

关于政府在近代民族保险业发展中的作为,本书已在第三章作专门论述。总体而言,政府角色扮演表现为扶植和约束并存,这也是民族保险业发展所必需。但是,由于近代中国社会的特殊性,囿于不平等条约的存在以及本身固有的一系列弊病,当时的政府并不能给予民族企业足够的保护,甚至中外一体对待都没有办法做到。许多时候,他们反而给予外商更多的优惠,这就使得中国民族企业在与外商的竞争中处于更加不利的地位。前述保险界争取减轻印花税率和要求将保险费和保险理赔金加入免税行列,就仅仅是为了得到一个和洋商同等的待遇:中国保险事业,“还在萌芽时代,政府自应尽力扶助它滋长,更不应当课以重税。可是在事实上,中外公司的待遇,极不平等,中国公司要多负一重缴纳印花税的责任,将来实行缴收营业税,责任更重,势必置华商公司于不利地位,更难与洋商公司竞争”①。还有,要求免征人寿保险所得税问题,也是基于同样的担心:“今所得税虽有实行开征之确期,而外侨已有不愿遵行之表示,如果未能中外一体照例征收,将必重蹈畸轻畸重之弊。华商公司既已筋疲力尽于外商之竞争,今复课以外商公司所无之税赋,势必妨害国人自营寿险事业之发展。”②所以,20 世纪 30 年代就有保险人这样说,国民政府“对于保险事业,缺乏有效的监督。直到现在……任公司自身寻找他们的幸运,同时让保户自己用他的判断力。这固然是因为保险事业为中国公司所占的部分甚少,大多数皆落在不受司法权辖治的外人手中。这种放任态度,以为可使华人公司,不受政府规定法律的束缚,可以自找幸运,这种误谬的见解,可以拿几家公司倒闭的事实来证明。最近南京立法院成立,政府已规定保险法律。……总之,除了立法院对于保险稍加注意外,政府仍没有什么积极的监督

① 郭佩贤:《寿险事业的征税问题》,《银行周报》第 18 卷第 45 期(1934 年 11 月 20 日)。
② 丁雪农:《所得税与遗产税下之寿险问题》,《保险季刊》第 1 卷第 1 期(1936 年 9 月)。

表示。”①在保险教育问题上，面对保险界的一再请求，国民政府也没有表现出应有的积极主动的姿态，更多地是在敷衍和应付。

反观当时的欧美，政府对保险业以“最大的决心予以倡导和扶持”，这正是当时欧美国家保险业繁兴的重要原因：

欧美各国的保险业所以获致今日的繁兴，是政府与人民通力合作的成果，我们要想赶上人家，如果还是象（像）过去那样听凭保险业自身去艰苦经营，自生自灭，纵然有所进步，如与此世界各国相较则终为落后。政府对于此项事业，应以最大的决心予以倡导和扶持，使它能发展而成为一种社会建设的伟大力量。②

日本也一样，在提倡发展保险业时，日本政府提出的口号是“世界三大保险国，日本亦必居其一”③，可见政府方面对于保险业的高度重视，已经是将保险业提到了立国之本的地步。而近代中国的民族保险事业“尚在草革时代”，“揆厥原因，一半由于政府当局倡导不力”（另一半是“由保险同业宣传之无方”）。④

以上所论为制约近代民族保险业发展的客观外部环境。

## 二、行业自身素质水平的局限

若就主观原因而论，还与保险公司本身经营管理不善、保险从业人员素质普遍不高相关。

1934 年 3 月，四海保险公司李百全在一篇题为《寿险营业今后应有的努力》文中提到，“近有某公司，发行微数寿险。为推广生意起见，将寿险金额减低，利率增高；保法为五年、十年、十五年、二十年四种储蓄保险，按月缴费；并便利投资

---

① 张德舆、邓贤：《中国保险事业》，《寿险季刊》第 1 卷第 1 期（1933 年 4 月）。

② 沈云龙等主编：《近代中国史料丛刊三编》第 47 辑第 468 种，（台湾）文海出版社有限公司 1988 年版，第 98 页。

③ 《本刊周年纪念感言》，《太安丰保险界》第 2 卷第 19 期（1936 年 10 月 1 日）。

④ 《本刊周年纪念感言》，《太安丰保险界》第 2 卷第 19 期（1936 年 10 月 1 日）。

人起见,在五百元以内的保险投保时,免验身体。居然不数月之间,已经收到保费六七千元"①,这种盲目压低保费的做法虽然暂时可能会吸引到较平时为多的投保者,导致投保人数短期内明显增多,但由于这种公司资本额的有限、保险基金的不足,"一旦遇有大量灾害发生,如何赔偿?而对于日后大众未受灾害之投保人,安全期满时之应得利益,又将如何清偿"②,最后多以破产解散来收场。而且这种不正当竞争也会扰乱行业秩序,影响到其他公司的正常经营。所以,这种靠压低保费争抢客源的做法于己于他均属有百害而无一益。

保险从业人员素质水平不高、淡漠的服务意识也制约着近代民族保险业的进一步发展。

保险从业人员包括经纪人、精算员、公证人、招徕员等从事保险业的人员。以经纪人为例,经纪人也称经理员,在保险人和被保险人中间而存在,旧时被称为"保险掮客",其主要作用是介绍保险业务,在保险合同订约双方之间斡旋,促成保险合同成立。合同成立后,作为保险人的保险公司则会根据保险费的一定比例付与经纪人一定的佣金作为酬劳。中外保险公司的业务,基本上都是由经理员或经纪人招揽而来,投保人主动上门投买保险的为数极少。经纪人在保险业务开展中地位举足轻重。

作为"被保险人保障身家财产之顾问",经理员及经纪人"对于投保者,须能为其设计及解释一切疑难问题","除充分明瞭保险内容之外,仍须常识丰富,了解保单条文,机敏耐劳,谦恭正直","若徒事应酬拉拢,模棱敷衍而勉成交易者,其方法之落伍,固足令人齿冷,抑且整个保险事业之信誉与前途,将亦为其破坏不少也"。过多的"酒肉外交"和其他应酬活动③,虽可能对维持和

① 李百全:《寿险营业今后应有的努力》,《寿险界》第2卷第1期(1934年3月)。

② 李百全:《寿险营业今后应有的努力》,《寿险界》第2卷第1期(1934年3月)。

③ 据太平公司王伯衡的回忆,"太平公司的高级职员,几乎每日每餐都是在酒肉应酬中度过,对保户要应酬,对中外同业要应酬,对代理人要应酬,甚至对股东银行掌握保险事务的人员也要应酬。"(王伯衡:《太平保险公司的兴衰》,载许家骏等编:《周作民与金城银行》,中国文史出版社1993年版,第171页。)

拓展业务暂时有利,但大量钱财和精力被无谓地消耗,势必影响到公司未来的持续发展。所以,胡咏骐讲到,保险经理员及经纪人的知识水平若能提高,则“保险事业亦得易为推进矣”。①

与旧式商业不同,保险业是现代的金融服务业。这就要求保险经纪人必须具备必要的知识水平,还要有充分的服务意识,“旧式商业,纯以图谋一己利益为前提,现代商业,则力求服务顾客,使其满意为归依。保险原为社会事业,对于被保险人方面,更宜发挥其服务功能,况国人对于保险内容,认识尚浅,同业应设法与社会人士多行接触,随时解释宣传,对于合理之赔款,迅速履行,对于保户疑问,谦诚作答,尽力服务,诚如是,则国人对于华商保险事业,皆能发生信仰,乐于推行之矣。”②这种服务意识尤其表现在保单签订后的适时跟进上。而这一跟进、回访更关系到到期保单的续保,关系到保险契约的持续效力的维持,对保险公司业务来说,其重要性与新签保单无异。但是,许多保险公司并不太愿意去作这些跟进,认为是浪费时间,从而造成大量保险契约的失效。像美国等保险业发达国家,普遍设有保持契约效力部,专门从事失效契约之防止与补救的工作。③

近代之初,中国保险法律尚不完善,当时的政府对保险经纪人的资格没有相应的法规规定,以致经纪人从业队伍良莠不齐、鱼龙混杂。加之业内缺乏必要的组织约束,各保险公司时常上演以高额佣金为诱饵的经纪人争夺战,“佣金制度,过去在中国风行,其用意在鼓励经纪人揽取业务,惟此项经纪人流品不齐,所取之佣金,有多至所收保费百分之五十至七十者”④,到 1936 年 4 月竟高达 88%,令人瞠目结舌。具体可参见表 7.2。

---

① 胡咏骐:《弁言》,载《上海市保险业同业公会 1937 年度报告册》,第 3 页。

② 胡咏骐:《弁言》,载《上海市保险业同业公会 1937 年度报告册》,第 4 页。

③ 《对于美国寿险失效率降低之观感》,《太安丰保险界》第 2 卷 22 期(1936 年 11 月 15 日)。

④ 陈郁:《对于今后吾国保险事业之意见》,《金融月刊》第 2 卷第 4、5 期(1943 年 7 月)。

表 7.2　1908—1935 年上海火险营业折扣一览表

| 时期 | 折扣 |
|---|---|
| 1908 年 1 月—1913 年 6 月 | 5%,间有 25% |
| 1913 年 7 月—1915 年 11 月 | 20% |
| 1916 年 12 月—1917 年 5 月 | 25% |
| 1924 年 | 30%—50%,9 月改为 75% |
| 1925 年 | 75% |
| 1926 年 | 75% |
| 1927 年 | 77.5% |
| 1928 年 | 80% |
| 1929 年—1930 年 | 82% |
| 1931 年 | 84% |
| 1932 年 | 85% |
| 1933 年 | 86% |
| 1934 年 | 87% |
| 1935 年—1936 年 4 月 | 88% |

资料来源:王仁全:《洋商保险业之在华情形》,《保险月刊》第 2 卷第 3 期(1940 年 3 月)。
(备注:这里所说的“折扣”,其实是指佣金占所收保费的比例。)

在这种激烈的竞争中,许多经纪人“只知交易成功,不顾一切利害”①,“其所代收的保费,例得按月汇交,无须即时交付,三数月一交者,已属司空见惯,积习相沿,流弊百出,小则拖欠,大则逃账,亏损公司之事,已数见不鲜。万一承保财产出险,或者保户提出退费要求,则公司尤为吃亏,此皆滥用经纪人之结果”②。这种对经纪人不作资格限制的滥用,“引起社会人士对于保险业之反感,中国保险业之不能发达,此为主因”③。

其他从业人员情况也大致如此。造成这种情况的原因在于,近代智识阶层受传统的“学而优则仕”择业观的影响,很少有人避仕而就工商业和金融保

① 陈郁:《对于今后吾国保险事业之意见》,《金融月刊》第 2 卷第 4、5 期(1943 年 7 月)。
② 郭佩弦:《火险经纪人登记之回顾与前瞻》,《保险季刊》第 1 卷第 1 期(1936 年 9 月)。
③ 陈郁:《对于今后吾国保险事业之意见》,《金融月刊》第 2 卷第 4、5 期(1943 年 7 月)。

险业,这与英美等国经营保险业者大多为第一流人才形成鲜明对比:“英美之经营保险业者,大多为国内第一流人才,如美国挽近满任大总统于卸任后,大多被选为保险公司之董事,或董事长。美国社会上第一流人才能如是委身保险事业,又何怪其保险业之发达耶?返观我国,国内第一流人才,过去群趋仕途,至近十年来始有避仕就工商者,迨至近数年来,始有由金融家而兼营保险业者。所望此后国内第一流人才,多多放弃升官发财之思想,群趋科学界、实业界、金融界及保险界,诚能如是,则我国此后保险业之飞黄腾达,不待著龟矣。”①

其时,中国保险从业人员素质不高的问题已为人所注意。1936 年,美国纽约寿险公司经理员爱斯姆玛女士在考察上海、北平和天津的保险业后,认为“中国之保险经理员确具保险知识,而富充分销售经验者百人中仅数人而已”,她认为这是“(当时的)政府对于经理员之资格,并无明文规定,任何人均可作经理员,绝无限制”所致。②

保险业是一个专业性很强的行业,对从业人员的专业素质要求较高,而“我国古时学者既不谈自然科学,又讳言言利之经济学,更不谈经济学之一部的保险学。近二十年来,虽风气稍变,但学者对于保险学研究之兴趣,迄未发达,出版界之发行保险学著作者亦如凤毛麟角”③。为招揽和培养保险人才,各保险团体和一些大保险公司采用招考大中学毕业生、办理保险函授班和训练班等方式,虽取得了一些成绩,但远远不能满足保险业发展的需要。招考大中学生较多者为太平保险公司,这家公司自创办至 1941 年底,先后对分配来的 100 余名大中学生予以训练,后来这些人都成为总分公司的业务骨干。其他保险公司大都未能这样培养人才。优秀经理员的缺乏因此成为制约当时保

---

① 李权时:《我国保险业不发达之原因》,《太安丰保险界》第 2 卷第 20 期(1936 年 10 月 15 日)。

② 汤珩:《中国寿险事业概况》,《太安丰保险界》第 2 卷第 20 期(1936 年 10 月 15 日)。

③ 李权时:《我国保险业不发达之原因》,《太安丰保险界》第 2 卷第 20 期(1936 年 10 月 15 日)。

险业发展的又一不可忽视的因素:“培植可靠的经理员,也是必要的。假使保险的意义,和对于人群伟大的贡献,能使经理员充分陈述出来,使被保者因需要的迫切,而生诚意,那末,保险事业可以建筑在更稳固的基础上了。”①

综上所述,恶劣的外部环境,加上行业本身素质水平的局限,使得民族保险业在近代虽然迈出了艰难的第一步,开始了其最初的发展,但发展严重迟滞,始终难以成长壮大。

## 第三节　发展的严重不均衡

保险业在近代中国的发展,呈现极不均衡的状态。不仅地域发展严重失衡,而且华洋保险业发展也极不均衡。

### 一、地域上的极不均衡:兼论沪、穗的地位

#### (一)地域的极不均衡

近代民族保险业的发展,一开始就集中分布在上海、香港、广州、天津等沿海城市和地区,尤其是上海和香港,“以我国保险公司之分布,则群集于上海及香港二处,盖上海为东西交通之枢纽,太平洋西岸之第一大商埠,工商繁盛,交通便利,为中国经济之核心;同时香港亦为东西洋交通之孔道,各国来往货物必经于此,故国内外保险业俱集中其地。查我国先后设立之保险公司,共计五十三家(人寿小保险公司如福州廿七家,天津二家,北平一家,均未计入),其中设于上海者为廿三家,在香港者为十家,两共三十三家,占总数百分之八十七弱,此外设于天津广州等各商埠者,合计仅占百分之十三而已”②。内地

① 沈云龙等主编:《近代中国史料丛刊三编》第42辑第418种,(台湾)文海出版社有限公司1988年版,第462页。

② 沈雷春:《中国金融年鉴》,1939年1月22日,第A134页。

或边远地区则明显滞后,水火险仅“在几个通商口岸开展起来。……但在小的城镇和乡村,情况就大为不同”,其原因在于“在那些地方建筑质量低劣,缺少供水和消防设施,使得业务的风险很高,因而业务量少。例如,1876 年,一家俄国茶厂就特地将公司从乡下搬到汉口,理由是当时只有城市的财产才能投保火险,而与租界很远的地方的财产不能被保险”①,人寿保险更是如此,“人寿保险在中国的推行,大都是在商埠城市。至于居住在内地乡镇的人们,对于人寿的名称,还不认识的,尚不知凡几”②,“中国的保险事业,多半在通商口岸及内地各城市,或在靠沿海城市的区域经营。有数华人公司,尝试在云南、四川等内地,设经理处,但是他们所得的效果,亦不甚乐观”③。

上海、香港、广州、天津等城市或地区之所以在保险业发展中先行一步,主要是因为鸦片战争后中外经济文化往来较其他地区更加频密、更加直接,包括西方保险知识在内的西方文化较早在此传播,资本主义生产方式也率先在这些地方产生,这些地区“得风气之先”进而“开风气之先”,成为近代保险业的领跑者。

据统计,自 1885—1935 年这 50 年中,由华商创办的 51 家保险公司多分布于沿海地区,其中上海最多,有 29 家;香港次之,占 11 家;广州第三,有 3 家;天津、杭州各两家;福州 1 家。沿江地区汉口、重庆各一,另外北平有一家。如表 7. 3 所示。

**表 7. 3　1935 年华商保险公司地域分布统计表**

| 地点 | 设立数(个) | 停业数(个) | 现存数(个) |
|---|---|---|---|
| 上海 | 29 | 5 | 24 |
| 天津 | 2 | 2 | 0 |

① G.C.Allen & A.G.Donnithorne, *Western Enterprise in Far Eastern Economic Development*, Routledge, 1954, p.121.

② 李百全:《寿险营业今后应有之努力》,《寿险界》第 2 卷第 1 期(1934 年 3 月)。

③ 张德舆、邓贤:《中国保险事业》,《寿险季刊》第 1 卷第 1 期(1933 年 4 月)。

续表

| 地点 | 设立数(个) | 停业数(个) | 现存数(个) |
|---|---|---|---|
| 北平 | 1 | 0 | 1 |
| 杭州 | 2 | 2 | 0 |
| 重庆 | 1 | 0 | 1 |
| 汉口 | 1 | 1 | 0 |
| 广州 | 3 | 1 | 2 |
| 福州 | 1 | 1 | 0 |
| 香港 | 11 | 1 | 10 |
| 新加坡 | 2 | 0 | 2 |

资料来源:沈云龙等主编:《近代中国史料丛刊续编》第9辑第81种,(台湾)文海出版社有限公司1974年影印版,第198页。
(备注:这里的统计是以总公司所在地为准)

1935年以后,这一格局基本不变。就外商保险业而言,依照1935年的统计,总公司在上海者占6家,在香港者亦为6家。中国民族保险业的这种空间分布特点,与近代中国工业的空间分布基本一致①。

### (二)上海是近代保险业的中心

上海以其优越的地理位置、繁荣的工商业及民众相对开放的观念,成为民族保险业发展的重镇,并进而成为近代中国保险业乃至金融业的中心:

> 上海地处长江下游之海口,沿岸上溯,数千里平原之富庶农产,有河道运输,易畅其流,即运河各地亦能通航,又为北洋南洋各口岸之海运中枢。及与铁路,有沪宁沪杭两路,并可衔接津浦铁路,水陆交通均称便利。自通商以还,各国轮船往来经此,上海遂跃成东亚第一口岸。华中各省之产物,以丝茶两项为大宗,居出口货之首位,其他杂粮、皮毛、鸡蛋、猪鬃等,亦有大量之供给,为国外所需求。外人

① 关于近代中国工业布局的详细研究,可参见谢放:《抗战前中国城市工业布局的初步考察》,《中国经济史研究》1998年第3期。

在上海开辟租界,凡输入洋货与输出土产,大部均就此以为集散。故上海贸易日繁,甲于全国,各地为马首是瞻,因以成为吾国金融中心。①

作为重要港口,上海与国内外市场联系广泛,百物屯转,万商云集,对内何以使货畅其流,裨益民生,对外如何开拓市场,挽救入超,实居全国领导地位,其得失荣枯,所关至大。②

而且,当时的上海社会治安环境相对良好:"内地动乱不宁,那里的工厂经常遭到骚扰。这就形成了工业集中于上海的趋势。许多本应迁出或开设在原料产地的工厂也都在沪设厂。虽然运费成本有所增加,但在上海特别是在租界内,可在一定程度上免受干扰。"③

所以,20 世纪 30 年代在朱斯煌主编的《民国经济史》中,罗北辰回顾了民国以来我国保险业的发展历程,并认为"上海一向是保险业的中心,本文所说到的同业,也偏重于上海一市,这固然不能算是整个中国的保险业全貌,但以目前的上海来代表全国,相差并不甚远"④。笔者以为所言极是。

### (三)广州是中国保险业的发源地

与上海作为近代中国保险业的中心不同,广州在近代中国保险发展史上也占有独特而重要的地位。广州是外商保险业进入中国的第一站,继而又成为外商保险业进入中国内地的"桥头堡"。在近代,广州保险业发展较之中国

---

① 中国通商银行编:《五十年来之中国经济(1896—1947)》,载沈云龙等主编:《近代中国史料丛刊续编》第 9 辑第 81 种,(台湾)文海出版社有限公司 1974 年影印版,第 30 页。

② 参见沈云龙等主编:《近代中国史料丛刊三编》第 42 辑第 418 种,(台湾)文海出版社有限公司 1988 年版。

③ 徐雪筠等译编、张仲礼校订:《上海近代社会经济发展概况(1882—1931)·〈海关十年报告〉译编》,上海社会科学院出版社 1985 年版,第 278 页。

④ 沈云龙等主编:《近代中国史料丛刊三编》第 47 辑第 468 种,(台湾)文海出版社有限公司 1988 年版,第 98 页。

其他地区为早,是“我们保险事业发源地”①。

广州的行业联保的“相互保险”一度甚为发达,联保公司(公会)数量达40家以上,颇有滥设之嫌。对此,当时的广州市政府相继颁布一系列法规进行监督管理,对保险市场的经营秩序、经营行为严加监督,维护了被保险人的利益,也有利于广州市保险业的健康发展。北洋政府时期,特别是袁世凯政府垮台后,历届政府当中各派尔虞我诈、划地而治,因而地方往往独自拥有一套发展经济的办法。就对保险业的监督而言,当时的广州市政府是其中成效较为显著的一个。②

在近代,广州保险业尤其是寿险的发展有着一系列颇为优越的条件,比如利率低、粤地民众从人寿会中增加了对保险的了解、华侨多(华侨对寿险比较了解)等条件都为其他地方所不及:

> 粤省寿险,颇有发展可能,盖因全省利率极低,平均安全存款仅得周息二厘,则余资之存入银号与银行,究不若投保人寿,今世界各国寿险发达之主要原因,正与此理相符,且粤省之人寿事业,早得人寿会之宣传,多半已明了其重要,归国华侨,于外洋亦早有寿险之常识,以故近年中外公司之在粤经营寿险者,成绩均有可观,且投保者类皆出于诚意,非如京沪之由于情面而来者可比,故续缴保费之成绩,亦非他地所能及。盖其人民宗族观念极深,为后人未雨绸缪计,皆愿投保人寿。③

## 二、华洋的极不均衡

近代中国保险业发展的不平衡还表现在华洋的极不均衡上。

据统计,1936年,我国境内的洋商保险公司共150家,以英、美、日三国居

① 薛巩初:《广东保险情形纪略》,《太安丰保险界》第2卷第8期(1936年4月15日)。
② 王晚英:《北洋政府时期的民族保险业》,苏州大学2004年硕士论文。
③ 薛巩初:《广东保险情形纪略(二)》,《太安丰保险界》第2卷第9期(1936年5月1日)。

多,其余则为德、法、荷兰、澳大利亚和加拿大等国。这些商家的资本总额一般都高于华商。据1934年的调查统计,加拿大永明人寿保险公司全部资产达6亿元之多,其在华有效保额1.3亿元。美国友邦人寿保险公司在华资产亦有600万元左右,有效保费达5,119万余元。①

1937年,国民政府实业部派属员陈郁对上海保险市场进行调查,陈郁在调查报告中详细列举了中国境内华洋保险公司的数量、业务类别及保费规模等对比情况。

从数量看,当时中国境内外商保险公司150家,中国保险公司49家,华洋比例大概为1∶3。②

从所营业务类别来看,人身险外商8家,华商18家(其中13家为专营人身险,另5家为兼营);火险业170家中,华商仅24家,外商146家;水险业外商25家,华商21家,实际经营者9家。其余的比如汽车保险,华商16家,实际经营者7家;信用保险,华商4家,实际经营者1家;兵盗保险,华商8家,实际经营者颇少。而锅炉保险、船壳保险、牲畜保险等均系外商。③

从保费规模看,全国各种保险,每年保费总额约3000万元,外商占60%,华商占40%,而在此40%中,又有70%转向外商再保,实际每年华商所得不过400万元,其利益又几为7.5∶1。④

而华商投资"以公司新设,自置房屋,即占总额百分之三十二强,而外商投资,则择利而趋,藉不平等条约为护符,为所欲为,无不如志,其对吾国人民福利,曾不屑以一瞬,以故外商保险公司愈众,我国外溢之权利亦愈伙,华商保险业者,所受之压迫愈甚,社会所蒙朘削之苦亦愈烈"⑤。

由此观之,近代中国保险市场中之华洋对比何止霄壤!

---

① 张似旭:《外商在华经营保险事业之概况》,《寿险季刊》第1卷第4期(1934年1月)。
② 陈郁:《对于今后吾国保险业之意见》,《金融月刊》第2卷第4、5期(1943年7月)。
③ 陈郁:《对于今后吾国保险业之意见》,《金融月刊》第2卷第4、5期(1943年7月)。
④ 陈郁:《对于今后吾国保险业之意见》,《金融月刊》第2卷第4、5期(1943年7月)。
⑤ 陈郁:《对于今后吾国保险业之意见》,《金融月刊》第2卷第4、5期(1943年7月)。

正是这种巨大的差距,使得民族保险业又不得不倚赖于外商,在外商保险业的羽翼下谋求有限的发展。而这构成了近代中国保险业发展的一大“特质”:

我国保险经数十年之努力,虽不能与外商公司相颉颃,然已树立相当基础,对于挽回利权,保持国力,实具伟大功能。惟我华商公司,因感于资力之薄弱,为谋减轻责任与平均危险起见,不得不与洋商公司常订有分保契约,致事实上仍与外商保险行有密切关系,使每年巨额营业,仍间接与外人共享,此为今日我国保险业之特质一。①

近代民族保险业发展中交织的华洋关系与银行业“已能收回主人翁之地位”不同,亦有异于信托业的“无外资竞争”,在金融业三大支柱行业中具有某种特殊性:

我国保险公司之资本总额,共计达三千六百六十五万元。同时信托公司之资本额,不及三千万元,而银行业之资本总额则达三万五千万元左右。保险业之资力,较之银行固相差十倍,然较之信托公司则稍胜一筹。惟保险业之遭受外商压迫,较之信托公司之无外资竞争,及银行业之已能收回主人翁之地位者,其处境则困难多矣。②

这既是近代保险业发展的一大格局,也使得民族保险业发展一直面临极其恶劣的现实环境。

① 《中国保险年鉴·1937年·上编》,第5页。

② 沈雷春:《中国金融年鉴》,1939年1月22日,第A136页。

# 结　　语

从对中国民族保险业在近代发展历程的探析中,我们不难看到:民族保险业从最初的对外商保险业的模仿到力图挣脱控制、发愿图志,从和外商保险业无所不在的竞争求生到某种程度的合作共存乃至寻求国情下的应对,从作为后起者的追赶到20世纪30年代所形成的某种超越之势……遗憾的是,日本发动大规模侵华战争改变了近代中国民族保险业的发展趋势。这一进程随着战争的到来而被无情地打断。回溯近代民族保险业发展的历史过程,不禁为其命运多舛而唏嘘不已。

由于外商保险业对近代中国保险市场的操纵,以及当时恶劣的经济、社会环境,民族保险业在“外患”“内忧”的夹缝中艰难求生,发展严重迟滞。近代民族保险业的发展迟滞再次印证了汪敬虞先生关于中国近代经济史“发展与不发展”中心线索的精辟概括。帝国主义的侵略和封建主义的束缚严重制约着近代民族保险业的发展。正如汪敬虞先生所言,“在近代中国,不取消帝国主义的侵略和封建主义的束缚,要求独立实现中国资本主义的发展,实现中国的产业化,只能是一个幻想”①。但是,近代民族保险业在对外商从模仿到力图挣脱控制的过程中,所表现出的坚韧自立、发奋图强的精神,正是中华民族

① 汪敬虞主编:《中国近代经济史(1895—1927)》上册,人民出版社2000年版,第103页。

自尊自强、顽强不屈的民族性格和民族精神的生动写照和完美诠释。近代民族保险业发展的历史过程正浓缩了中国无数民族企业在近代的成长道路。

在近代,中国民族保险业如何才能获致发展、追赶外商?笔者以为,除了行业自身必备的条件和诸多努力之外,至少有如下方面属不可缺少:

## 一、西方的启示

近代民族保险业是在外商保险业的刺激下,在模仿中艰难起步的。来自外洋的保险思想对国人的启蒙成为民族保险业产生的思想前提,外国保险公司以自身经营的一套规则和丰厚的利润回报刺激着中国民族保险业的产生,影响着后来的保险法规制定。

近代的中国已经在许多方面明显落后于西方。当时的中国要振兴,要发展民族工商业,必须模仿、借鉴西方。但是,在借鉴模仿西方的同时,还要谋求自强之道,走自主发展道路。模仿、借鉴只是手段,独立、自强才是目的。一味排斥的做法固然不利于民族工商业的发展,完全照搬、盲目移植也不可能通向最终的成功。无数历史实践已经充分证明,我们的取胜之道应该是以开放的胸襟学习外国,同时立足于中国实际,将二者有机地结合起来,探索一条自主发展的道路。

在近代,民族保险业的发展一直伴随着与外洋保险业的复杂关系。如何正确处理华洋关系,对包括保险业在内的近代民族企业的发展至关重要。

## 二、民众的观念

保险本身具有不同于其他服务业的特殊性,它所销售的产品是保险契约,是一种无形商品。它所能提供的是对被保险人或受益人未来生产、生活的保障,即使购买了保险商品,也不能立即获得效用,这就使得人们对保险的需求往往比较消极。这种特殊性就决定了通过宣导、教育提高民众的保险认知具有非同寻常的意义。

在近代这个特定的时代，新兴的保险业发展尤其倚赖于民众和社会观念的改变，倚赖于民众对保险的接纳和认同，归根到底有赖于整个社会教育、科学乃至文明的发展。

近代以来的不同历史时期，中国的有识之士和社会各界为此付出了大量艰辛的努力，并取得了一定的成效。但是，观念的转变是一个长期而艰巨的任务，决非一朝一夕可以完成。

## 三、政府的作用

民族保险业的发展离不开政府的扶植、保护以及管理。在近代，由于受不平等条约的羁绊，当时的晚清政府及国民政府并不能自如地行使全部主权；再者，很多情况下当时的政府也无法做到高效、廉洁。这就使得政府在民族保险业发展中并不能有效地发挥其应有的作用，而是自觉不自觉地为民族保险业的发展设置了重重障碍。近代民族保险业的发展一方面伴随着与外商保险业的激烈竞争和相互合作，另一方面则伴随着与当时政府的博弈。

从近代民族保险业的发展中可以看到，虽然摆脱外商保险业的控制并追赶外商保险业对于近代民族保险业来说是一个遥不可及的梦，但是，从近代保险先驱和爱国实业家们一步步切实的努力和民族保险业艰难的成长中，我们依稀看到了希望——一个寄托着民族复兴信念的希望。

# 附　　录

## 一、《上海市保险业同业公会呈实业部函（1935 年 9 月 11 日）》附粘：日本文部省发行高等小学读本卷二（女子用）

第十课　保险

人类于何时有祸患，殊难逆料，如以巨大资本所建筑之房屋，一旦因火灾而化为灰烬者，有之；又如身体壮健者，于一夜中变为黄泉路上之客，使妻子流离失所者，亦有之；如船主因船舶遇难而破产，商人因丧失运送途中之货物而致蒙受重大损害等，关于灾害之悲惨情事殊实不少。

由此观之，我人之生活实应谓为多危险而堪虞者也。于是我人不能不策划补填由灾害所生损害之方法，籍以解除此不安者，则保险是也。譬如一人之致命伤的大损害，苟由多数人分担之，则每人之负担均极轻微，而不足虑也。故多数人在同一目标之下组织一种团体，其中人员如受损害时，则全体协力而救济之者，为保险之趣旨，此即基于所谓救人救己之互相扶助之美满精神者也。

保险事业系经营者（即被保险人）与欲保险者（即被保险人）预先订定契约，保险人征收一定之款项作为保险费，苟于契约期中发生保险事故时，则应将所约定之保额支付于被保险人或保户等而组成者也。

现今日本所施行之保险虽有种种,惟主要者则为火灾保险、运输保险、海上保险、人寿保险等。

火灾保险　乃因房屋或物品等遭火灾烧毁时而以填补其损害之保险。

运输保险　乃关于陆上及湖川港湾等运输货物之保险。即运输中之货物如患火灾、水难、盗难等时而以补偿其损害者也。

海上保险　则特别以海上事故为限,即对于船舶及其货物补填其损害者也。

人寿保险　有终身保险、生存保险及养老保险之三种。被保险人死亡时,支付保额者为终身保险;被保险人达到一定年龄时支付保额者,则为生存保险(吾国称储蓄保险),如教育保险、结婚保险、征兵保险等属之;养老保险系混合终身保险与生存保险者,即被保险人若达到一定年龄或中途死亡时,皆能领取保额者也。

此等之保险事业概由保险公司办理之。惟政府则经营简易人寿保险及健康保险。

简易人寿保险系以小额契约为限,由全国之邮政局办理之,其手续均极简便。健康保险为对于工厂及矿山工作人员之特别保险,苟其人员等遇有疾病、负伤、分娩、死亡等之际,则施以治疗或给与津贴者也。

依保险而补填损害之事,不仅自己获得安心无忧,甚至对他人亦能增加交易上之信用。故在今日如斯繁赜之社会中,各种交易可谓皆以保险为背景者也。

(上海市档案馆藏保险档案,《上海市保险业同业公会提倡学校增设保险课程编印教材与教育部和有关当局的来往文书》,档号:S181-1-54。)

## 二、1931年7月,华安合群保寿公司创办初期请北洋政府赞助函

呈请　大总统赞助扶持由

为实业前途,关系匪细,呈请赞助扶持事。窃以立国之道,财力为先,财力不充,鲜有能树立其国者。今世列国之强者,毋论矣。即诸小国之勉能自立、幸免灭亡者,亦莫不亟亟谋所以巩固财政之道。有若海陆军需、若行政经费,固属需款浩繁,即至采矿筑路以及振兴实业、开办富源种种,需资亦巨而且要。夫一国必有一国天然之富源,而其人民亦必各有其资力,足以开辟之。则其国之财源,始不致有涸竭之虑。若有富源而不知开拓,有资财而不知居积,则利分而不生,财散而不聚,国家终必陷于困穷之域,其不被外国所侵略者几希。近读命令,通饬全国振兴商业,言之谆挚,大旨于国基奠定之后,亟谋富庶之方,仰见大总统厚我民生,增殖国本之至意,而董等殚精竭虑,于民国成立之初,刱建此公司之本旨,亦得以稍稍表见,敢贡大概,谨为我大总统陈之。夫一国财力,重在储蓄,而储蓄之道,以保寿为著。盖保寿储蓄一端,不特能使个人及其家室得所赡恃,且群策群力,合一国之众,而成一极大之金融枢纽,又足以供国家之取求。迨夫积资既巨,以之开辟富源,扶助实业,或为政府债券之代表,均无不可。外洋若英美等国,其民间资本之积聚于保寿公司者,不亚于银行。而其裨益国家,且视银行尤过之。盖银行之储蓄,不论何时,皆可提取,仅为暂时之存储。若保寿公司,则有年限契约为之保障,最短者以十年,推至十五年,二十年或且至二十年以上。凡在约定年期之内,定例不得提回,是为永久之存贮,而且有保证者。至各国之业此者,尤以美属及坎拿大为最盛。其政府刊行之蓝皮书中,于各该公司之统计,言之甚详,兹谨摘录于下,以见一斑。

现上统计可知保寿一业之重要者,若夫保寿事业,足以直接扶植其国家者又大而著,更得举其最著者而言之,如美西之战,美政府需募战事国内公债一万万金元。而大多数乃为保寿公司所输。其中有一公司,输至二千三百万金元之巨,几占全债额四分之一。是保寿公司裨益于国家者,亦大可见矣。返观吾国,此项公司本属寥寥,往者政府又不为提倡,致洋商保险公司,设立日多,耗蚀无限。即以寿险一项言之,我同胞输金钱于外国公司者,每年何止几千百万,莫大漏卮,可胜慨叹。董事目击心伤,乃于去夏组设此公司于海上。以期利权渐挽，裕国福民。惟事属专门，必需有专门学识及富有经验者，为之佐理。而吾国此项人材，今尚缺乏，审慎再三，乃延揽深谙各种保险学且经验久著之洋员为总理，益以英国计核会中之统计专家为计核员。自公司成立以来，仅十二阅月，而承保之数，已达二百余万，成效之速，实为他公司初创一年中所未曾有。然董等辄不敢自满，犹当竭尽智力，务谋扩充，俾公司所至之处，国人莫不欢迎而信恃之。公司苟能为国人所信恃，则其效力之大，实有不可限量者。譬如保寿者有五万人，人以保二千金扯计，其总数当为一万万，其岁入保费即应得七百万，以我国号称四万万人，而仅求五万人保寿，是仅八千分之一，然其岁入之数，已如此之巨。试以此岁入之数逐年递增，其数之巨大，当更何如，况吾国人口之众，甲于全球。外洋华侨，尤多富庶，在在可以分设公司。由是言之，董等所抱志愿，欲以裨益个人社会始，而以裨益国家终者，实有确凿可凭之理势，而决非梦幻夸张可比者也。第吾国保寿风气，尚未大开，社会上对于保寿之利益，亦未能如外国人民深知底蕴，今欲开通社会，维系信用，不得不赖在上者之赞助扶持。伏念钧座为一国代表，人民莫不以大总统之意思为意思，倘蒙钧座赞助，则公司事业之扩充，当易如反掌。用特仰照大总统鉴其微忱，力予赞助，他日集资既巨，浸成巨大之金融机关，不独可开办固有之富源，为振兴实业之枢纽，即政府债票、地方公债，均可利用。而量力供给之。义务所在，聊尽国民之负担。权利斯存，不让外邦以独步，庶几不负钧座振兴实业之盛意，而亦得遂董等之初心，实如任惶恐祈祷之至。谨呈。

（上海市档案馆藏档案：《华安合群保寿公司创办初期请北洋政府为总统、国务院和各方赞助的函稿以及开幕词暨广告等件》，档号：Q336-1-11。）

# 主要征引文献

## 一、未刊档案

1. 上海市档案馆藏保险档案及其他相关档案
2. 广州市档案馆藏保险档案及其他相关档案
3. 广东省档案馆藏保险档案
4. 中国第二历史档案馆藏有关保险档案

## 二、民国保险出版物及史料汇编

### 1. 保险业出版物

(1)华安合群公司出版:

《癸亥通书》

《华安合群保寿公司二十周年纪念刊》

《华安合群保寿公司两广分公司新厦落成纪念册(1937年)》

《华安杂志》第2卷第1—4号、6号

(2)金星人寿保险有限公司出版:

《甲子年刊》

(3)上海市保险业同业公会年度报告册:

《上海市保险业同业公会1931年度报告册》

《上海市保险业同业公会 1934 年度报告册》
《上海市保险业同业公会 1936 年度报告册》
《上海市保险业同业公会 1937 年度报告册》

## 2. 资料汇编

(1)《全国工商会议汇编》,1931 年。

(2)严中平等编:《中国近代经济史统计资料选辑》,科学出版社 1955 年版。

(3)中国科学院上海经济研究所、上海社会科学院经济研究所编:《上海解放前后物价资料汇编(1921 年—1957 年)》,上海人民出版社 1958 年版。

(4)中国社会科学院近代史研究所编:《五四爱国运动档案史料》,中国社会科学出版社 1980 年。

(5)中国人民银行上海市分行金融研究室编:《金城银行史料》,上海人民出版社 1983 年版。

(6)聂宝璋编:《中国近代航运史资料 · 第一辑(1840—1895)》上下册,上海人民出版社 1983 年版。

(7)聂宝璋编:《中国近代航运史资料 · 第二辑(1895—1927)》上下册,上海人民出版社 1983 年版。

(8)天津市档案馆等编:《天津商会档案汇编 · (1903—1911)》上下册,天津人民出版社 1989 版。

(9)章开沅等主编:《苏州商会档案丛编 · 第一辑(1905—1911 年)》,华中师范大学出版社 1991 年版。

(10)周华孚、颜鹏飞主编:《中国保险法规暨章程大全(1865—1953)》,上海人民出版社 1992 年版。

(11)中国第二历史档案馆编:《中华民国史档案资料汇编 · 第五辑第一编 · 财政经济》,江苏古籍出版社 1994 年版。

(12)广东省档案馆编:《〈申报〉广东资料选辑(1872 年 4 月—1949 年 5 月)》,1995 年。

(13)季啸风、沈友益主编:《中华民国史史料外编——前日本末次研究所情报资料》,广西师范大学出版社 1996 年版。

(14)天津市档案馆等编:《天津商会档案汇编(1928—1937)》上下册,天津人民出版社 1996 版。

(15)中国第二历史档案馆编:《中华民国史档案资料汇编 · 第五辑第二编 · 财政

经济》,江苏古籍出版社 1997 年版。

(16)财政部财政科学研究所、中国第二历史档案馆编:《国民政府财政金融税收档案史料(1927—1937 年)》,中国财政经济出版社 1997 年版。

(17)中国第二历史档案馆编:《中华民国史档案资料汇编 · 第五辑第三编 · 财政经济》,江苏古籍出版社 2000 年版。

(18)中国第二历史档案馆、中国海关总署办公厅编:《中国旧海关史料(1859—1948)》,京华出版社 2001 年影印版。

(19)马敏、祖苏主编:《苏州商会档案丛编 · 第二辑(1912—1919 年)》,华中师范大学出版社 2004 版。

(20)《近代来华百大保险公司》,《近代史资料》,总第 87 号。

### 3. 年鉴资料

(1)《全国银行年鉴 · 1934 年》(第 14 章为保险公司)

(2)《中国经济年鉴 · 1934 年》

(3)《保险年鉴 · 1935 年》

(4)《申报年鉴 · 1935 年》

(5)《中国保险年鉴 · 1936 年》

(6)《申报年鉴 · 1936 年》(其中有关于保险的内容)

(7)《中国保险年鉴 · 1937 年》

(8)《中国保险年鉴 · 1939 年》

(9)《中国金融年鉴》(1939 年 1 月 22 日)

## 三、民国报刊

### 1. 报纸

《申报》

《时事新报》

《上海新报》

《广州民国日报》

《大公报》

《公评报》
《现象报》
《民生日报》
《广州日日新闻》
《香港华字日报》
《香港工商日报》

## 2. 期刊

(1)保险类期刊
《保险界》
《简易人寿》
《寿险季刊》
《寿险界》
《保险季刊》
《人寿》
《保险月刊》
《保险与储蓄杂志》
《保联月刊》

(2)其他经济类期刊
《财经评论》
《工商半月刊》
《金融导报》
《金融月刊》
《金融知识》
《钱业月报》
《信托季刊》
《银行周报》
《中行月刊》
《商业杂志》
《实业部月刊》
《经济汇报》

《经济半月刊》

# 四、近代著述

1. 陈掖神:《保险业》,商务印书馆1930年版。

2. 陈克勤译:《人寿保险经济学》,商务印书馆1934年版。

3. Edward.A.Woods,《人寿保险社会学》,郭佩贤、陈克勤译,中华人寿保险协进社1934年出版。

4. 费孟福编:《人寿保险招徕学》,郭佩贤译,中华人寿保险协进社1933年出版。

5. 管怀琮编:《保险从业须知》,商务印书馆1936年版。

6. 广东公立法政专门学校阮明新讲述:《保险学讲义》,出版信息不详,广东省地方文献馆藏。

7.《广东省财政纪实》,载沈云龙等主编:《近代中国资料丛刊三编》第52辑第518种,(台湾)文海出版社有限公司1988年版。

8. 洪仁玕:《资政新篇》,载中国史学会编:《中国近代史资料丛刊·太平天国(二)》,上海人民出版社1957年版。

9. [美]汉白纳:《人寿保险学》,徐兆荪译,商务印书馆,出版时间不详。

10. 钱承绪编:《中国金融之组织:战前与战后》,中国经济研究会1941年版。

11. 沈雷春:《人寿保险学概论》,中外出版社1934年版。

12. 上海市社会局编:《上海之商业》,载沈云龙等主编:《近代中国资料丛刊三编》第42辑第418种,(台湾)文海出版社有限公司1988年版。

13. 魏源撰、王继平等整理:《海国图志》,山东画报出版社2004年版。

14. 夏东元编:《郑观应集》,上海人民出版社1982年版。

15. 王韬著,楚流等选注:《弢园文录外编》,辽宁人民出版社1994年版。

16. 王效文、孔涤庵编著:《保险学》,商务印书馆1939年版。

17. 王孝通:《保险法论》,会文堂书局,出版时间不详。

18. 王效文:《五十年来之中国保险业》,载中国通商银行编:《五十年来之中国经济(1896—1947)》见沈云龙等主编:《近代中国资料丛刊续辑》第9辑第81种,(台湾)文海出版社有限公司1974年版。

19. 王正莘编:《中国之储蓄银行史》,载沈云龙等主编:《近代中国资料丛刊三编》第44辑第436种,(台湾)文海出版社有限公司1988年版。

20. 张法尧:《社会保险要义》,华通书局 1931 年版。

21. 赵树贵、曾丽雅编:《陈炽集》,中华书局 1997 年版。

22. 祝世康:《社会保险》,南京书店 1932 年版。

23. 朱斯煌编:《民国经济史》,载沈云龙主编:《近代中国资料丛刊三编》第 47 辑第 468 种,(台湾)文海出版社有限公司 1988 年版。

## 五、方志、文史资料

1. 曹韵清:《英商"保安保险股份有限公司"概述》,载《文史资料选辑》编辑部编:《文史资料选辑》第 126 辑(合订本第 43 卷),中国文史出版社 1999 年版。

2. 广东省志、广州市志、上海市志等中的金融志、保险志等。

3.《旧上海的金融界》,载文史资料工作委员会编:《上海文史资料选辑》第 60 辑,上海人民出版社 1988 年版。

4. 林豹岑、王新厚:《美商美亚代理保险公司记略》,载《文史资料选辑》编辑部编:《文史资料选辑》第 126 辑(合订本第 43 卷),中国文史出版社 1999 年版。

5. 寿充一、寿墨卿、寿乐英编:《近代中国工商人物志》,中国文史出版社 1996 年版。

6. 上海市政协文史资料委员会编:《上海文史资料存稿汇编 · 经济金融》,上海古籍出版社 2001 年版。

7. 徐薛昌、林万里:《回忆汉口安利英洋行》,载全国政协文史资料研究委员会编:《文史资料选辑》第 49 辑,中华书局 1964 年版。

8. 颜鹏飞等主编:《中国保险史志(1805—1949 年)》,上海社会科学院出版社 1989 年版。

9. 王忆南:《忆中国保险公司》,载全国政协文史资料委员会编:《中华文史资料文库》第 14 卷,中国文史出版社 1996 年版。

10. 王伯衡:《从太平保险公司到太平洋保险公司》,载文史资料工作委员会编:《上海文史资料选辑》第 60 辑,上海人民出版社 1988 年版。

11. 张锐:《帝国主义侵华缩影的怡和洋行》,载全国政协文史资料研究委员会编:《文史资料选辑》第 19 辑,中华书局 1961 年版。

## 六、研究著作

1. [法]白吉尔:《中国资产阶级的黄金时代(1911—1937 年)》,张富强、许世芬译,上海人民出版社 1994 年版。

2. [日]滨下武志:《近代中国的国际契机:朝贡贸易体系与近代亚洲经济圈》,朱荫贵、欧阳菲译,中国社会科学出版社 1999 年版。

3. [美]陈锦江:《清末现代企业与官商关系》,王笛、张箭译,中国社会科学出版社 1997 年版。

4. 陈曾年:《近代上海金融中心的形成和发展》,上海社会科学院出版社 2006 年版。

5. 陈潮:《晚清招商局新考:外资航运业与晚清招商局》,上海辞书出版社 2007 年版。

6. 陈杰主编:《抗战时期重庆保险史(1937—1945)》,重庆出版社 2015 年版。

7. 杜恂诚:《民族资本主义与旧中国政府(1840—1937)》,上海社会科学院出版社 1991 年版。

8. 董昭江:《现代保险企业管理》,人民出版社 2003 年版。

9. 丁孜山:《当代中国保险问题研究——社会变迁中的保险业与中国保险发展》,中南大学出版社 2005 年版。

10. 复旦大学历史系等合编:《近代中国资产阶级研究》,复旦大学出版社 1984 年版。

11. 复旦大学历史系、上海市档案馆编,吴景平、马长林主编:《上海金融的现代化与国际化》,上海古籍出版社 2003 年版。

12. 复旦大学中国金融史研究中心编:《上海金融中心地位的变迁》,复旦大学出版社 2005 年版。

13. 费成康:《中国租界史》,上海社会科学院出版社 1991 年版。

14. 付志宇:《中国近代税制流变初探:民间税收问题研究》,中国财政经济出版社 2007 年版。

15. [美]高家龙:《中国的大企业——烟草工业中的中外竞争(1890—1930)》,樊书华、程麟荪译,商务印书馆 2001 年版。

16. 黄逸峰等:《旧中国的买办阶级》,上海人民出版社 1982 年版。

17. [美]郝延平:《十九世纪的中国买办——东西间桥梁》,李荣昌等译,上海社会科学院出版社 1988 年版。

18. [美]郝延平:《中国近代商业革命》,陈潮、陈任译,上海人民出版社 1991 年版。

19. 洪葭管、张继凤:《近代上海金融市场》,上海人民出版社 1989 年版。

20. 洪葭管:《在金融史园地里漫步》,中国金融出版社 1990 年版。

21. 洪葭管主编:《中国金融史》,西南财经大学出版社 1993 年版。

22. 洪葭管:《20 世纪的上海金融》,上海人民出版社 2004 年版。

23. 侯强:《社会转型与近代中国法制现代化:1840—1928》,中国社会科学出版社 2005 年版。

24. 胡波:《香山买办与近代中国》,广东人民出版社 2007 年版。

25. 邝景略主编:《晚清民国时期广州保险业的兴衰(1801—1949)》,广州保险学会,1994 年版。

26. [美]罗兹·墨菲:《上海——现代中国的钥匙》,上海社会科学院历史研究所编译,上海人民出版社 1986 年版。

27. 罗荣渠:《现代化新论——世界与中国的现代化进程(增订本)》,商务印书馆 2004 年版。

28. 李燕编著:《买办文化》,中国经济出版社 1995 年版。

29. 李伯重:《理论、方法、发展趋势:中国经济史研究新探》,清华大学出版社 2002 年版。

30. 李玉:《晚清公司制度建设研究》,人民出版社 2002 年版。

31. 刘志英:《近代上海华商证券市场研究》,学林出版社 2004 年版。

32. 连克:《从代理人到保险公司:台湾商人的产物保险经营(1862—1947)》,(台湾)政大出版社 2017 年版。

33. 马学新、曹均伟、席翔德主编:《近代中国实业巨子》,上海社会科学院出版社 1995 年版。

34. 马作武:《清末法制变革思潮》,兰州大学出版社 1997 年版。

35. 马明哲:《挑战竞争——论中国民族保险业的改革与发展》,商务印书馆 1999 年版。

36. 孟昭亿:《中国保险监管制度研究》,中国财政经济出版社 2002 年版。

37. 聂宝璋:《中国买办阶级的发生》,中国社会科学出版社 1979 年版。

38. 潘君祥主编:《近代中国国货运动研究》,上海社会科学院出版社 1998 年版。

39. 潘君祥、顾柏荣:《买办史话》,社会科学文献出版社 2000 年版。

40. 丘传英主编:《广州近代经济史》,广东人民出版社 1998 年版。

41. 上海市保险学会编:《中国民族保险业创办一百周年纪念专集(1885—1985)》,上海市保险学会 1985 年版。

42. 孙建华:《近代中国金融法制与制度变迁(1840—1945)》,中国财政经济出版社 2008 年版。

43. 吴承明:《帝国主义在旧中国的投资》,人民出版社 1955 年版。

44. 汪敬虞:《唐廷枢研究》,中国社会科学出版社 1983 年版。

45. 汪敬虞:《十九世纪西方资本主义对中国的经济侵略》,人民出版社 1983 年版。

46. 汪敬虞:《外国资本在近代中国的金融活动》,人民出版社 1999 年版。

47. 汪敬虞主编:《中国近代经济史(1895—1927)》上、中、下册,人民出版社 2000 年版。

48. 汪敬虞:《中国资本主义的发展和不发展——中国近代经济史中心线索问题研究》,经济管理出版社 2007 年版。

49. 汪熙、李浩主编:《保险与市场经济》,复旦大学出版社 2000 年版。

50. 王安:《保险中国 200 年》,中国言实出版社 2008 年版。

51. 吴申元、郑韫瑜编著:《中国保险史话》,经济管理出版社 1993 年版。

52. 吴景平主编:《上海金融业与国民政府关系研究(1927—1937)》,上海财经大学出版社 2002 年版。

53. 魏巧琴编著:《保险公司经营管理》,上海财经大学出版社 2002 年版。

54. 魏华林、林宝清主编:《保险学》,高等教育出版社 2006 年版。

55. 许谨良:《保险学原理》(第二版),上海财经大学出版社 2005 年版。

56. 许涤新、吴承明:《中国资本主义发展史》第二卷,人民出版社 1990 年版。

57. 许涤新、吴承明:《中国资本主义发展史》第三卷,人民出版社 1993 年版。

58. 徐鼎新、钱小明:《上海总商会史(1902—1929)》,上海社会科学院出版社 1991 年版。

59. 徐矛主编:《中国十买办》,上海人民出版社 1996 年版。

60. 徐建生、徐卫国:《清末民初经济政策研究》,广西师范大学出版社 2001 年版。

61. 夏东元编:《郑观应集》,广东人民出版社 1995 年版。

62. 严庆泽等:《世界保险史话》,经济管理出版社 1993 年版。

63. 姚遂:《中国金融思想史》,中国金融出版社 1994 年版。

64. 姚庆海主编、童伟明副主编:《保险史话(修订本)》,社会科学文献出版社 2017 年版。

65. 虞宝棠编著:《国民政府与民国经济》,华东师范大学出版社 1998 年版。

66. 叶世昌、施正康:《中国近代市场经济思想》,复旦大学出版社 1998 年版。

67. 易继苍:《买办与上海金融近代化》,知识产权出版社 2006 年版。

68. 易继苍:《浙江籍买办研究》,中国社会科学出版社 2011 年版。

69. 张公权:《中国通货膨胀史(一九三七——一九四九年)》,杨志信译,文史资料出版社 1986 年版。

70. 张后铨主编:《招商局史(近代部分)》,人民交通出版社 1988 年版。

71. 张晓辉:《民国时期广东社会经济史》,广东人民出版社 2005 年版。

72. 张仲礼、陈曾年、姚欣荣:《太古集团在旧中国》,上海人民出版社 1991 年版。

73. 张忠民:《艰难的变迁——近代中国公司制度研究》,上海社会科学院出版社 2002 年版。

74. 章开沅、罗福惠主编:《比较中的审视:中国早期现代化研究》,浙江人民出版社 1993 年版。

75. 赵兰亮:《近代上海保险市场研究(1843—1937)》,复旦大学出版社 2003 年版。

76. 周延礼主编,徐文虎、邓维汉副主编:《上海保险业发展研究》,上海人民出版社 2003 年版。

77. 朱英:《晚清经济政策与改革措施》,华中师范大学出版社 1996 年版。

78. 朱英主编:《中国近代同业公会与当代行业协会》,中国人民大学出版社 2004 年版。

79. 朱华雄:《民国时期保险思想研究》,武汉大学出版社 2013 年版。

80.《中国近代金融史》编写组:《中国近代金融史》,中国金融出版社 1985 年版。

81. 中国人民银行总行金融研究所金融历史研究室编:《近代中国的金融市场》,中国金融出版社 1989 年版。

82. 中国保险学会、《中国保险史》编审委员会编:《中国保险史》,中国金融出版社 1998 年版。

83. 中国保险学会、《中国保险报》编著:《中国保险业二百年(1805—2005)》,当代世界出版社 2005 年版。

## 七、期刊论文

1. 敖文蔚:《1927—1937 年中国保险业发展艰难之原因》,《民国档案》2000 年第 2 期。

2. 蔡晓荣:《陈炽的保险思想探略》,《江西社会科学》2001 年第 6 期。

3. 蔡云辉:《近代中国城市中的保险业》,《赣南师范学院学报》2003 年第 2 期。

4. 曹嘉涵:《华商联合保险公司述论(1933—1937)——兼评抗战之前的上海华商

再保险业》,《兰州学刊》2011 年第 2 期。

5. 曹嘉涵:《抗战前上海华商再保险业发展状况探析——兼论华商保险业与国民政府的关系》,《江海学刊》2011 年第 2 期。

6. 曹嘉涵:《中央信托局与国民政府筹组国营再保险机构述论》,《中国经济史研究》2011 年第 2 期。

7. 陈铃、甘红星:《华安合群保险业务研究》,《通化师范学院学报》2011 年第 7 期。

8. 陈蓉、颜鹏飞:《英国海外火险委员会及其在华机构研究》,《中国经济史研究》2019 年第 6 期。

9. 董鹏:《1927—1937 年中国保险业快速发展原因探析》,《金融教学与研究》2001 年第 2 期。

10. 董鹏:《中国保险业的历史考察——以 1927—1937 年为中心》,河北大学硕士学位论文,2001 年。

11. 杜恂诚:《近代中国的商业性社会保障——以华安合群保寿公司为中心的考察》,《历史研究》2004 年第 5 期。

12. 丁英顺:《晚清海上保险业的发展及评价》,《保险职业学院学报》2010 年第 6 期。

13. 丁霞:《中国近代保险史研究的两个难题》,《保险研究》2015 年第 11 期。

14. 郭岚:《中东铁路对哈尔滨保险业的影响(1900—1931 年)》,《企业技术开发》2014 年第 9 期。

15. 郭佳佳:《〈广东省整理保险事业暂行条例〉与民初中外交涉中的地方保险业》,《探求》2015 年第 1 期。

16. 郭佳佳:《近代中外关系背景下保险制度在广东的发展》,暨南大学硕士学位论文,2015 年。

17. 高蔚依帆:《1912—1919 年〈申报〉的上海保险广告类型探析》,《柳州职业技术学院学报》2017 年第 3 期。

18. 何英、翟海涛:《华商“保险行”在近代中国的兴起》,《安庆师范学院学报(社会科学版)》2003 年第 1 期。

19. 何英:《十九世纪中国保险业的初步研究》,苏州大学硕士学位论文,2003 年。

20. 何勇生:《近现代中国保险业监管机构及监管法制的创立及演变》,《兰台世界》2010 年第 23 期。

21. 贾秀堂:《民国时期邮政简易人寿保险的开办》,《华东师范大学学报(哲学社会科学版)》2010 年第 4 期。

22. 黄鹏:《清末民初江苏自开商埠保险业探析》,《保险职业学院学报》2011 年第 4 期。

23. 梁卫斌:《中国近代史上的保险立法》,《法学杂志》1994 年第 4 期。

24. 李广辉、李钧:《试论海上保险的历史发展》,《史学月刊》1998 年第 4 期。

25. 李新军:《论南京国民政府时期生育保险立法(1927—1937 年)》,《湖南工程学院学报(社会科学版)》2011 年第 2 期。

26. 李新军:《论南京国民政府时期医疗保险立法(1927—1937)》,《上饶师范学院学报》2011 年第 2 期。

27. 李新军:《论南京国民政府时期养老保险立法(1927—1937 年)》,《皖西学院学报》》2011 年第 3 期。

28. 李新军:《论南京国民政府时期工伤保险立法(1927—1937 年)》,《河北经贸大学学报(综合版)》2011 年第 3 期。

29. 李丹青:《20 世纪 30—40 年代保险业期刊视野下的上海保险业》,上海师范大学硕士学位论文,2014 年。

30. 罗艳:《近代买办与晚清民族保险业》,《河北大学学报(哲学社会科学版)》2005 年第 1 期。

31. 罗艳:《近代保险的传入和中国民族保险业的产生》,《清史研究》2005 年第 4 期。

32. 罗艳:《试论洋务运动与近代民族保险业的兴起》,《天府新论》2005 年第 6 期。

33. 罗艳:《中国近代民族寿险业研究(1895—1937)》,中国人民大学博士学位论文,2006 年。

34. 陆春晖:《晚清保险广告研究——以 1872—1911 年〈申报〉保险广告为考察中心》,福建师范大学硕士学位论文,2008 年。

35. 陆春晖:《〈申报〉保险广告及其史料价值初探》,《安徽工业大学学报(社会科学版)》2010 年第 2 期。

36. 刘志英:《抗战时期大后方的保险业述论》,《西南大学学报(社会科学版)》2013 年第 6 期。

37. 麻光炳:《西方近代保险思想在中国的传播及中国民族保险业的兴起》,《贵州大学学报(社会科学版)》2000 年第 9 期。

38. 马翠兰:《论民族保险业发展中的政府行为——以 1927—1937 年上海民族保险业为考察对象》,华中师范大学硕士学位论文,2003 年。

39. 马学强:《论近代上海买办的教育背景》,《史林》2004 年第 4 期。

40. 马学斌:《民国时期的保险企业报刊》,《上海保险》2016 年第 1 期。

41. 牛林豪:《试论近代中国保险业民族本位观念的确立》,《华北水利水电学院学报(社科版)》2004 年第 4 期。

42. 屈利伟:《抗战时期重庆保险业研究(1937—1945)》,西南大学硕士学位论文,2012 年。

43. 裘争平:《近代中国规模最大的民族资本保险公司——华安合群保寿公司》,《上海博论文丛》2005 年第 4 期。

44. 孙建华:《洋务运动时期外商保险业的快速发展及其原因剖析》,《学理论》2011 年第 11 期。

45. 汤铭志:《爱国主义与我国民族保险业的发展》,《上海保险》1995 年第 2 期。

46. 谭文凤:《中国近代保险业述略》,《历史档案》2001 年第 2 期。

47. 唐金成:《中文保险条款的开拓者:胡咏骐》,《上海保险》2012 年第 4 期。

48. 谈彦云、王美蓉:《保险招商局的创办及影响》,《新西部(理论版)》2012 年第 8 期。

49. 吴越:《保险英文条款改用中文的演变》,《上海保险》1996 年第 4 期。

50. 吴越:《人寿小保险兴衰始末》,《上海保险》1997 年第 4 期。

51. 吴艳:《1927—1937 上海地区华商保险业发展概述》,东华大学硕士学位论文,2011 年。

52. 吴念谊:《民国时期云南保险业研究(1913—1949)》,云南大学硕士学位论文,2017 年。

53. 王庆德:《民国年间中国邮政简易寿险述论》,《历史档案》2001 年第 1 期。

54. 王洪涛:《成长与迟滞:近代中国华商保险业发展历程的历史考察(1865—1945)》,厦门大学硕士学位论文,2006 年。

55. 王红曼:《北洋政府时期的金融立法与金融发展》,《江淮论坛》2014 年第 6 期。

56. 王小晖:《民国时期汉口保险业研究(1912—1949)》,武汉大学博士学位论文,2017 年。

57. 王小晖:《民国时期汉口华商保险同业公会初探》,《保险职业学院学报》2019 年第 2 期。

58. 谢放:《抗战前中国城市工业布局的初步考察》,《中国经济史研究》1998 年第 3 期。

59. 鑫燃:《1840 年—1937 年中国民族保险业发展初探》,《中国保险管理干部学院学报》2000 年第 6 期。

60. 徐华:《民国时期银行业投资创办保险公司的动机分析》,《内蒙古社会科学(汉文版)》2003 年第 5 期。

61. 徐华:《20 世纪 20 至 40 年代银保关系》,《史林》2004 年第 5 期。

62. 许建平:《福州"小保险"揭秘(上)》,《上海保险》2005 年第 5 期。

63. 许建平:《福州"小保险"揭秘(下)》,《上海保险》2005 年第 6 期。

64. 颜鹏飞:《我国民族保险业溯源》,《江汉论坛》1987 年第 3 期。

65. 颜鹏飞:《谁是中国近代保险的掌控者(上)》,《中国银行保险报》2017 年 6 月 23 日。

66. 颜鹏飞:《谁是中国近代保险的掌控者(下)》,《中国银行保险报》2017 年 7 月 7 日。

67. 岳宗福:《试探晚清和北洋政府时期的保险立法》,《中国保险管理干部学院学报》2002 年第 6 期。

68. 杨东霞:《中国近代保险立法移植研究》,中国政法大学博士学位论文,2003 年。

69. 杨锦銮:《近代中国保险思想启蒙述论》,《湖北社会科学》2006 年第 10 期。

70. 杨锦銮:《买办与近代民族保险业的初创》,《史学月刊》2008 年第 8 期。

71. 杨锦銮:《"火险联保":清末民初广州民间社会的保险应对》,《华南师范大学学报(社会科学版)》2011 年第 2 期。

72. 杨锦銮:《传统与现代之间:民国时期闽粤人寿小保险述论》,《社会科学研究》2014 年第 4 期。

73. 杨锦銮:《近代民族保险业发展迟滞原因探论》,《湖北科技学院学报》2015 年第 3 期。

74. 杨锦銮:《民国时期国民保险教育的开展——以 20 世纪 30 年代的上海为中心》,《华南师范大学学报(社会科学版)》2015 年第 6 期。

75. 杨锦銮:《相互保险在近代中国的早期形态——以"火险联保"和"人寿小保险"为中心的探讨》,《上海保险》2015 年第 12 期。

76. 杨锦銮:《民国时期保险欺诈的盛行与惩治——以〈申报〉和〈太安丰保险界〉的记载为主要资料》,《中国社会经济史研究》2016 年第 1 期。

77. 杨锦銮:《保险救国:近代华商保险业的民族立场与责任担当——以 20 世纪二三十年代为中心》,《江西社会科学》2016 年第 3 期。

78. 杨锦銮:《外资保险在近代中国之历史回眸》,《中国外资》2016 年第 9 期。

79. 杨锦銮:《扶持与约束——民国政府在民族保险业发展中的双重角色扮演》,

《广东社会科学》2017 年第 3 期。

80. 殷唯青:《南京国民政府时期(1927—1937)保险法立法浅析》,华东政法大学硕士学位论文,2009 年。

81. 袁媛:《抗战时期重庆保险业述论》,西南政法大学硕士学位论文,2011 年。

82. 姚寒松:《南京国民政府时期保险立法的历史考察》,河南大学硕士学位论文,2012 年。

83. 尹英杰:《近代哈尔滨保险业探究(1900—1931 年)》,《学理论》2014 年第 3 期。

84. 尹英杰:《从保险学的角度探析近代哈尔滨保险业特点(1900—1931 年)》,《北方文物》2014 年第 1 期。

85. 张世红:《晚清买办与实业家徐润研究》,暨南大学博士学位论文,2005 年。

86. 赵兰亮:《中国保险业的源头:自轮船招商局到保险招商局》,《中国金融》2011 年第 8 期。

87. 赵兰亮:《银行保险在近代中国的发展历程(上)》,《上海保险》2018 年第 5 期;。

88. 赵兰亮:《银行保险在近代中国的发展历程(下)》,《上海保险》2018 年第 6 期。

89. 赵珂:《近代福州小保险业的兴起及其原因》,《株洲师范高等专科学校学报》2007 年第 4 期。

90. 赵珂:《清末民初广州地区的火险联保》,《保险职业学院学报》2008 年第 2 期。

91. 朱华雄、孔捷:《民国时期(1912—1949)保险思想研究——基于民族保险业的考察》,《经济学动态》2011 年第 11 期。

92. 朱华雄、饶丹雪、刘念念:《民国时期(1912—1949)人寿保险思想概述》,《经济学动态》2013 年第 5 期。

93. 周文蕾:《 近代中国第一个保险学博士:邓贤的人寿保险思想》,中南财经政法大学硕士学位论文,2018 年。

## 八、主要外文资料

1. C.F.Remer, *the Foreign Trade of China*, The Commerical Press LTD., 1926.

2. G.C.Allen & A.G.Donnithorne, *Western Enterprise in Far Eastern Economic Develop-*

*ment*, Routledge, 1954.

3. Sherman Cochran, *Encountering Chinese Networks: Western, Japanese and Chinese Corporations in China*, 1880–1937, University of California Press, 2000.

4. Frederic D.Grant, Jr., *The Chinese Cornerstone of Modern Banking: The Canton Guaranty System and the Origins of Bank Deposit Insurance 1780–1933*, Martinus Nijhoff, 2014.

# 后　记

本书是在我博士论文的基础上修订而成的。2003 年，我有幸在硕士研究生毕业 6 年后，拥有了在仰慕已久的中山大学历史系继续求学的机会，从而开启了一段奇妙而难忘的生命旅程。

中大求学的岁月，我自始至终得到了导师邱捷教授学术上的指引。博士论文的撰写，先后数易其稿，先生每次都会先对文稿进行细致批阅，并与我就史料、行文、学术规范、理论深度等方面进行指导。在职读博，是一段痛并快乐的旅程。工作、学业、家庭等多重压力，常常一起袭来，难免令人身心俱疲。多少次想过放弃，但感谢自己最终在家人师友的鼓励下选择了坚持。2010 年 6 月，博士论文顺利通过答辩。2011 年和 2014 年，我以博士论文为基础申报科研项目资助，先后获得广东省哲学社会科学基金和国家社会科学基金的立项。呈现在大家面前的这本书，就是 2014 年国家社会科学基金一般项目的结项成果。

这是我人生的第一本书。每每回望自己的求学之路，虽然波澜不惊，但依然会心生感动。1991 年大学毕业后，我在长江之滨的湖北家乡一所高中任教。日子像东去的长江水一样不紧不慢地流逝，恬静而闲适。但每当夜深人静之时，内心总有一个声音响起：难道就此满足吗？思虑再三之后，在工作闲暇，我捧起了厚厚的考研资料。在职考研，困难重重，但我竟得到了幸运之神的眷顾——在1994年第一次考研时,夙愿得偿。于是,我来到了美丽的羊城,来到了华南师范大学。1997年硕士研究生毕业后,还能继续留在华南师范大学工作和生活,也是我当初所不曾料想到的。

我深知,一个人哪怕是微不足道的成绩,都离不开众多师友的帮助。这些年,我有幸得到了许多师友的提携和帮助。特别是我的硕士生导师宋德华教授,是他将我领进学术之门,让我得以初窥史学殿堂的奥妙。在博士论文写作和本课题研究过程中,先生时常关切地询问进展,并在框架结构方面给予了有价值的指导。

我要感谢我所在的华南师范大学的领导和同事们一直以来给予我的鼓励、支持和帮助,他们是:历史文化学院先后三位院长陈长琦、陈文海、刘晓东教授,中国近现代教研室的刘圣宜、宋德华、左双文、陈向阳、肖自力、夏蓉、黄珍德等教授,以及马克思主义学院陈金龙教授、哲学与社会发展学院的林济教授、教育信息技术学院新闻系的张立勤教授等。我也要感谢其他同事在工作上的诸多支持和照顾!

我还要感谢武汉大学经济与管理学院的颜鹏飞教授在资料上慷慨而热情的帮助和精神的鼓励。2005年5月,我在广州各大图书馆搜寻由他主持编写的《中国保险史志》和《中国保险法规暨章程大全》两书,均告无果。无奈之下,冒昧向颜教授去信求助。令我惊喜的是,颜教授很快给我回信,并告知恰巧要来华南师大参加一个学术会议。随后,年近七旬的颜教授不辞辛劳,把两本厚重的资料书带到广州,惠赠于素未谋面的我,并嘱托我做好保险史的研究。虽然事过经年,想来依然令我感佩不已!

我要感谢我的学生们给予我的理解和帮助:2014级硕士生邵伟直接参与了该项目的研究。2013级硕士生邓杰光、赖媚苑就个别篇章提出过很好的修改建议,激发了我不少灵感。2018级硕士生郑桦明承担了文末参考文献排序编辑的繁杂工作。还有2009级硕士生李艳红、2010级硕士生阮莎莎、2014级硕士生廖学渊、2016级硕士生黄嘉泳等许多同学都以不同方式给予了我支持和理解。这些年,在与学生的朝夕相处中,我对“教学相长”又有了更深的体会。

我要感谢家人对我多年的爱护。父母双亲文化程度不高,但是为人敦厚纯良,对教育的力量有着朴素的信仰。所以,他们愿意倾其所有把我们五兄妹中的四个送进大学,接受高等教育——这在20世纪80年代是极其难得的。如今,他们年过八旬,依然健康豁达、乐观向上,这也成为为人子女的我们不敢懈怠的动力源泉。成长与求学的这些年,父母兄长对我的关爱流淌成一条大河,承载着我在这段备感艰辛的旅程中愉快地前行!我还要感谢我那位特别的中学同学、爱人邢新初这些年来对我的支持和理解,本书也见证了我们太多难忘的生活篇章。这些年,时间像被按了快进键,女儿逸凡不经意间就要大学毕业了。看着她,我常常会情不自禁地想起曾经的自己。白驹过隙,当我蓦然回首这一切,又会心生愧疚。十数年的时光就这样从指缝间溜走,只留下这些依旧稚嫩的文字。但庆幸的是,在堆砌这些文字的过程中,我得到了那么多师友的关怀,感受到那么多亲情的温暖,而这些历历在目、清晰如昨的过往,将会成为我永恒的窖藏和前行的力量……

在这里,我还要感谢《史学月刊》《中国社会经济史研究》《社会科学研究》《广东社会科学》等刊物不吝提供版面,让本书的部分内容得以先期面世,接受学界的批评与检验,从而有了改进的机会。

最后,本书得以顺利出版,也承蒙人民出版社的厚爱和责任编辑王淼女士的辛勤付出。

再一次向所有在我求学路上给我教导、关心和帮助的良师益友们致以深深的谢意!

杨锦銮

2021年3月21日